즉석에서
바로바로
활용하는 **베스트**
일상
일본어

즉석에서 바로바로 활용하는

베스트 일상 일본어

저 자 FL4U컨텐츠
발행인 고본화
발 행 반석출판사
2013년 1월 05일 초판 2쇄 인쇄
2013년 1월 10일 초판 2쇄 발행
반석출판사 ㅣ www.bansok.co.kr
이메일 ㅣ bansok@bansok.co.kr
트위터 ㅣ @bansok_books

157-779 서울시 강서구 염창동 240-21 우림블루나인 비즈니스센터 B동 904호
대표전화 02) 2093-3399   팩 스 02) 2093-3393
출 판 부 02) 2093-3395   영업부 02) 2093-3396
등록번호 제 315-2008-000033호

Copyright ⓒ FL4U컨텐츠

ISBN 978-89-7172-684-6 (13730)

즉석에서
바로바로
활용하는

베스트
일상
일본어

Bansok

端書き

일본어를 배우는 단계를 보면 [혼자서 교재로 공부하기 → 우리나라 사람들끼리 서툴지만 프리토킹 해보기 → 최종적으로 원어민과 대화하기]가 일반적입니다. 결국 원어민에게 모르는 것도 물어보고 발음도 세련되게 바로잡고 다양한 표현도 익혀야 하는데 막상 원어민 앞에 서면 잘 알고 있는 기본인사조차도 잘 떠오르지 않습니다.

그래서 필요한 것이 회화사전입니다. 온갖 상황에 따른 대화가 나오는 회화사전을 가지고 다니면서 하고 싶은 말을 뒤적이며 찾노라면 의외로 기억에 오래 남습니다. 회화사전이란 깊은 학문을 연구하는 책이 아니라 지극히 실용적인 책일 수밖에 없습니다. 따라서 찾아보기 편한 장점을 갖고 있어야 합니다.

혼자서 이 책을 볼 때는 일본어 부분을 가리고 우리말만 보고 일본어 문장을 추측해보는 훈련이 필요합니다. 특히 일본어는 우리말과 문법이 유사하여 이런 방식으로 공부하면 학습효과가 큽니다. 이렇게 이 책을 전부 소화한다면 거의 모든 기본표현들을 머리에서 자유자재로 꺼내어 쓸 수 있을 겁니다.

독자 여러분, 다른 나라의 언어를 정복한다는 것은 외롭고도 힘든 일입니다. 앞으로 큰 성취를 이루시길 바라며 인생의 교훈이 되는 이에야스(家康)의 경구를 전합니다. "사람의 일생은 무거운 짐을 지고 먼 길을 가는 것과 같으니 서두르지 말라."

FL4U컨텐츠

일러두기

각 상황별
설명과 해설

상황에 맞는
대화문 삽입

한자발음 병기

주제에 따른 다양한 표현

別に何も。

A. どうしてる?
   (무슨 일 있어?)
B. 別に何も。君は?
   (별일 없어. 너는?)

仕事はどう?

A. 仕事はどう?
   (일은 어때?)
B. まあまあだよ。
   (그럭저럭.)

気分はどうですか。

この頃はいかがですか。

事業はうまくいっていますか。

相変わらずだよ。

相変わらず忙しいの?

A. 相変わらず忙しいの?
   (여전히 바쁘니?)
B. 前ほどではないよ。
   (예전만큼은 아니야.)

忙しそうだね。

24

효과적인 활용법

일어회화를 정복하기 위해서는 자나 깨나 일어로 생각하고 일본어에 미쳐야 합니다. 그래서 여기 몇 가지 학습방법을 제시해 보고자 합니다.

1 언제 어디서나 휴대할 것

새로 익힌 표현은 꼭 메모하여 본 사전에서 찾아볼 것. 책에서 열 번 읽은 것보다 native에게 직접 들은 말은 기억에 오래 남는다. 이 책의 장점이 바로 휴대에 편한 사이즈이므로 언제나 갖고 다닐 것. 언제 어디서나, 특히 대중교통 수단을 이용하면서 활용이 가능하다.

2 본 사전을 활용하여 매일 일어로 일기를 쓸 것

머릿속에서 자꾸 문장을 만드는 것은 직접적인 writing 연습이며 간접적으론 speaking 훈련이 된다. 꾸준히 계속하는 것이 가장 중요하다.

3 틈만 나면 소설책처럼 읽을 것

책을 자주 접하다보면 자기가 필요한 부분을 찾을 때도 순식간에 찾아낼 수 있고 문장 암기에도 효과적이다. 자투리 시간에도 늘 펼쳐 읽는다면 책이 너덜거리기 전에 당신은 이미 이 책이 필요가 없게 될 것이다.

4 동시통역사를 준비하는 기분으로 연습할 것

책갈피 가리개를 이용하여 일어 부분을 가리고 우리말만 보고 일어 문장을 추측해보는 훈련이 필요하다. 이런 식으로 소리 내어 읽는 연습을 겸한다면 네이티브 앞에서 상당한 자신감을 유지할 수 있을 것이다.

5 일본 드라마, 영화를 활용할 것

외국어 학습의 가장 중요한 과정은 반복 학습이다. 하지만 반복은 필연적으로 지루함을 동반한다. 그래서 드라마나 영화, J-pop을 교재로 삼으면 재미와 학습이라는 일석이조의 효과를 얻을 수 있다.

목차

VOL.ONE
日常日本語会話

PART 1

基本会話 기본 회화

PART 2 日常会話 일상 회화

PART 4 ビジネス会話 비즈니스 회화

VOL.TWO
実用日本語会話

PART 5 対話表現 대화 표현

PART 6 意見表現 의견 표현

VOL.ONE
日常日本語会話

일상 일본어회화

PART
1

基本会話
기본 회화

만남의 인사

出会いのあいさつ

UNIT

01

인사는 모든 인간관계의 출발점입니다. 우리는 아는 사람을 만났을 때 보통 쓰는 말이 「안녕하세요?」이지만, 일본어의 인사는 영어처럼 아침(おはようございます), 낮(こんにちは), 저녁(こんばんは)을 구분하여 씁니다. 서양인들도 그렇지만 일본인들도 낯선 사람에게 인사를 건네는 데 익숙한 편입니다. 인사를 잘하는 것만으로도 인간관계가 부드러워집니다.

01-1

일상적으로 만날 때

안녕!	やあ!
안녕하세요(아침).	おはようございます。
안녕하세요(낮).	こんにちは。
안녕하세요(저녁).	こんばんは。
어디 가십니까?	今、どこへ?
날씨가 좋네요.	いい天気ですね。
다녀올게요.	行って来ます。
다녀오겠습니다.	行って参ります。
잘 다녀오세요.	いってらっしゃい。
다녀왔습니다.	ただいま。

어서 오세요.	お帰りなさい。

근황을 물을 때

잘 지내십니까?	お元気ですか。
잘 지내세요?	元気ですか。
잘 지내니?	元気?
요즘 어때?	調子はどう?
잘 지내고 있어.	元気だよ。

> A: 元気ですか。
>   (잘 지내세요?)
> B: 元気だよ。
>   (잘 지내고 있어.)

좋아 보인다.	元気そうだね。
별일 없으세요?	お変りありませんか。
그럭저럭.	まあまあだよ。

> A: 調子はどう?
>   (요즘 어때?)
> B: まあまあだよ。
>   (그럭저럭.)

무슨 일 있어?	どうしてる?

| 별일 없어. | 別^{べつ}に何^{なに}も。 |

> A: どうしてる?
> 　(무슨 일 있어?)
> B: 別^{べつ}に何^{なに}も。君^{きみ}は?
> 　(별일 없어. 너는?)

| 일은 어때? | 仕事^{しごと}はどう? |

> A: 仕事^{しごと}はどう?
> 　(일은 어때?)
> B: まあまあだよ。
> 　(그럭저럭.)

| 기분은 어떠세요? | 気分^{きぶん}はどうですか。 |

| 요즘은 어떠십니까? | この頃^{ごろ}はいかがですか。 |

| 사업은 잘 되십니까? | 事業^{じぎょう}はうまくいっていますか。 |

| 여전해. | 相変^{あいか}わらずだよ。 |

| 여전히 바쁘니? | 相変^{あいか}わらず忙^{いそが}しいの? |

> A: 相変^{あいか}わらず忙^{いそが}しいの?
> 　(여전히 바쁘니?)
> B: 前^{まえ}ほどではないよ。
> 　(예전만큼은 아니야.)

| 바쁜 것 같구나. | 忙^{いそが}しそうだね。 |

A: 来週、仕事で中国に行かなくちゃならないんだ。
(다음 주에 일 때문에 중국에 가야 해.)

B: 忙しそうだね。
(바쁜 것 같구나.)

무슨 별다른 일이라도 있어?

何か変わったことは?

아니, 별로.

いや、別に。

작별의 인사

お別れのあいさつ

UNIT
02

매일 만나는 친근한 사이에서는 **じゃね**, **また明日**, **またね**와 같은 가벼운 인사를 건넵니다. 늘 건네는 짧은 인사말에서도 그때그때 기분에 따라 상대에 대한 감정이 묻어나기도 합니다. 밤에 헤어질 때는 **おやすみなさい**, 친근한 사이라면 **おやすみ**라고 합니다. 또한 「~**によろしくおつたえください**(~에게 잘 안부 전해 주십시오)」는

헤어지면서 다른 상대의 안부를 전할 때 쓰이는 표현입니다.

 02-1

일상적인 작별 인사

잘 가.	さようなら。
바이바이.	バイバイ。
또 가까운 시일 내에 보자.	またね。
곧 다시 만나자.	また近^{ちか}いうちに。
내일 보자.	また明日^{あした}。
그럼 갈게.	じゃあ、行^いくね。

> A: 出^でかける時間^{じかん}だ。じゃあ、行^いくね。
> (갈 시간이네. 그럼 갈게.)
>
> B: さようなら。
> (안녕.)

이제 가봐야 돼.	もう行^いかなければ。

A: 遅くなってきたね。もう行かなければ。
（늦었네. 그만 가봐야겠어.）

B: わかったわ、またね。
（그래, 또 보자.）

좋은 하루 보내세요.
よい一日を。

좋은 주말 보내세요.
よい週末を。

즐거운 여행되세요.
よいご旅行を。

휴가 잘 보내요.
休暇を楽しんでね。

잘 지내라.
元気でね。

A: じゃあね。中村。
（잘 가. 나카무라.）

B: バイバイ、吉岡。元気でね。
（바이바이, 요시오카. 잘 지내라.）

힘내요!
頑張ってね!

언제든 들러.
いつでも立ち寄ってね。

A: いつでも立ち寄ってね。
（언제든 들러.）

B: ありがとう。そうさせてもらうわ。
（고마워. 그럴게.）

만나서 반가웠습니다.
お会いできてうれしかったです。

A: もう行かなければ。お会いできてうれしかったです。
（이제 가봐야겠습니다. 만나서 반가웠습니다.）

B: こちらこそ、お会いできてよかったです。
（저야말로 만나서 반가웠습니다.）

 02-2

안부를 전할 때

부인에게 안부 전해줘.

奥さんによろしく。

A: 奥さんによろしく。
（부인께 안부 좀 전해줘.）

B: 伝えておくよ。ありがとう。
（전할게. 고마워.）

메구미 씨에게 안부 전해 주세요.

恵美さんによろしくお伝えください。

아버님께 안부 전해 주세요.

お父さんによろしく。

기무라 선생님께 부디 안부 전해 주십시오.

木村先生にどうぞよろしくお伝えください。

부모님께 안부 전해 주세요.

ご両親によろしく。

세키야마에게 안부 전해 줘.

関山によろしく言っておいてね。

첫만남의인사

最初出会いのあいさつ

UNIT

03

처음 만나 나누는 일본어 인사말을 보면 같은 문화권이라 우리나라 인사와 동질감이 뚜렷이 느껴집니다. 처음 소개받았을 때는 はじめまして。私は ~です。どうぞよろしくお願いしま す를 기계적으로 말해도 좋습니다. 그리고 자신을 낮추는 겸양 표현이 발달되어 있으므로 잘 알아두면 상대 에게 좋을 인상을 줄 것입니다.

 처음 만났을 때

처음 뵙겠습니다.	はじめまして。

> A: こんにちは。中村といいます。
> (안녕하세요. 나카무라라고 합니다.)
> B: はじめまして、中村さん。
> (처음 뵙겠습니다, 나카무라 씨.)

저야말로.	こちらこそ。

> A: はじめまして。(만나서 반갑습니다.)
> B: こちらこそ。(저야말로.)

야마다라고 합니다.	山田といいます。
히로라고 불러 주세요.	ヒロと呼んでください。
만나뵙게 되어 기쁩니다.	お会いできてうれしいです。
나카무라 씨, 만나게 되어 영광입니다.	中村さん、お会いできて光栄です。

29

만나 뵙기를 고대했습니다. お会いすることを楽しみにしていました。

늘 만나 뵙고 싶었습니다. ずっとお会いしたいと思っていました。

03-2 소개할 때

요시모토 씨를 소개하겠습니다. 吉本さんを紹介しましょう。

친구 기무라 씨를
소개하겠습니다. 友人の木村さんを紹介します。

괜찮으시다면 이번에 그를
소개할까요? よかったら今度彼に紹介しましょうか。

만난 적이 없으면 소개해
드리지요. 会ったことがなければ紹介しておきましょう。

김 씨, 사토 씨를 만나는
것은 처음이지요. キムさん、佐藤さんに会うのは初めてですね。

이 씨, 이분은 다나카씨입니다. 李さん、こちらは田中さんです。

이 아이는 우리 집 딸이고,
이쪽이 아내입니다. こちらがうちの娘で、こちらが妻です。

김 씨, 이분은 제 상사인
다나카입니다. キムさん、こちらが私の上司の田中です。

이분이 오늘 부임한 야마다
과장님입니다. こちらが本日着任された山田課長です。

이분이 이 책의 저자인
오가와 선생입니다. こちらがこの本の著者の小川先生です。

03-3 소개받았을 때

| 잠깐 제 소개를 하겠습니다. | ちょっと自己紹介させてください。 |

처음 뵙겠습니다. 이시하라 사토미라고 합니다.

はじめまして、石原里美と申します。

어디서 만난 적이 없습니까?

どこかでお会いしたことはありませんか。

성함만 알고 있었습니다.

お名前だけは存じていました。

A: こんにちは。中村です。
(안녕하세요. 나카무라입니다.)

B: お名前だけは存じていました。お会いできてうれしいです。
(성함만 알고 있었습니다. 만나서 반갑습니다.)

전에 만난 적이 있나요?

以前にお会いしたことがありますか。

A: 以前にお会いしたことがありますか。
(전에 만난 적이 있나요?)

B: いいえ、ないと思います。
(아니오, 없는 것 같은데요.)

전에 만난 적이 있는 것 같습니다만.

前にお会いしたことがあるように思うのですが。

당신과는 전화로 통화한 적이 있습니다.

あなたとは電話でお話ししたことがあります。

A: あなたとは電話でお話ししたことがあります。(당신과 전화로 통화한 적이 있습니다.)

B: ええ、覚えています。
(예, 기억하고 있습니다.)

31

뵌 적이 없는 것 같은데요.	お目にかかったことはないと思いますが。
당신과는 처음인 것 같은데요.	あなたとは初めてだと思いますが。
죄송합니다. 다른 사람으로 착각했습니다.	すみません、別の人と間違えてしまいました。

03-4

상대와 친해지기 위한 질문

어디 태생입니까?	どこのお生まれですか。
이곳 생활은 어떻습니까?	こちらの生活はどうですか。
어디에 근무하십니까?	どちらへお勤めですか。
어느 학교에 다닙니까?	学校はどちらですか。
어느 대학을 나왔습니까?	大学はどこでしたか。
취미는 무엇입니까?	ご趣味は何ですか。
가족은 몇 분입니까?	ご家族は何人ですか。
일본어를 할 줄 아나요?	日本語が話せますか。
일본에는 언제까지 있습니까?	日本にはいつまでいるんですか。
앞으로도 서로 연락합시다.	これからも連絡を取り合いましょうね。
어떻게 하면 연락이 됩니까?	どうしたら連絡がつきますか。
여기는 업무로 오셨습니까?	ここへは仕事で気ていますか。
한국의 생활에는 이제 익숙해졌습니까?	韓国の生活にはもう慣れましたか。

感謝の表現

UNIT
04

선진국 국민들이 가장 잘 하는 인사가 바로 감사와 사과 인사입니다. 한국인들은 친근한 사이일수록 이런 인사를 잘 못하는 경우가 많은데 일본인뿐 아니라 외국인과의 원만한 인간관계를 위해서 언제나 입에서 나오도록 연습합시다. 감사 표현은 どうもありがとうございます, 친근한 사이에선 ありがとう나 どうも로도 통합니다.

 04-1

감사할 때

고마워요.	ありがとう。

> A: これはあなたへのプレゼントです。
> (이것은 당신에게 드리는 선물입니다.)
>
> B: ありがとう。
> (고맙습니다.)

네, 고마워요.	はい、どうも。
대단히 감사합니다.	どうもありがとう。
대단히 고맙습니다.	どうもありがとうございます。
정말로 고맙습니다.	本(ほん)当(とう)にありがとうございます。
아무튼 고마워요.	何(なに)はともあれ、ありがとう。
감사합니다.	感(かん)謝(しゃ)します。

33

도움을 받았을 때

여러 가지로 감사합니다.	いろいろありがとう。
아무튼 고마워.	とにかくありがとう。

> A: 寒いけれど、今日は手伝えないんだ。
> 　（춥지만, 오늘은 도울 수가 없어.）
>
> B: いいんだ。とにかくありがとう。
> 　（괜찮아. 아무튼 고마워.）

여러모로 신세를 많이졌습니다.	いろいろお世話になりました。
일전에는 고마웠어.	先日はどうも。
당신 덕택에 도움이 되었습니다.	あなたのおかげで助かりました。
거들어 줘서 고마워요.	お手伝いありがとう。
수고를 끼쳐드렸습니다.	ご面倒をおかけしました。
늘 도와 주셔서 고맙습니다.	いつも助けてくれてありがとう。
여러분의 응원, 진심으로 감사드립니다.	みんなの応援、心から感謝します。
뭐라 감사드려야 할지 모르겠습니다.	お礼の言葉もありません。

 감사의 이유를 말할 때

칭찬해줘서 고마워.	ほめてくれてありがとう。

A: あなたの新しい髪型、とてもいいわね。
(당신의 새로운 헤어스타일이 너무 멋있어요.)

B: ほめてくれてありがとう。
(칭찬해 줘서 고마워.)

그렇게 말해줘서 고마워요.
そう言ってくれてありがとう。

알려줘서 고마워.
知らせてくれてありがとう。

격려해주셔서 고마워요.
励ましてくださってありがとう。

만나러 와줘서 고마워.
会いに来てくれてありがとう。

음악회 표, 고마웠습니다.
音楽会の切符、ありがとうございました。

초대해 주셔서 고맙습니다.
ご招待ありがとうございます。

마중을 나와 주셔서 정말로 고맙습니다.
お出迎えいただいて本当にありがとうございます。

당신께 매우 감사하고 있습니다.
あなたにはとても感謝しています。

UNIT4 감사의 表現

선물을 주고받을 때

선물 무척 고마워요.
プレゼントをどうもありがとう。

저에게 주시는 겁니까? 너무 고마워요.
私にくださるのですか。どうもありがとう。

아, 기뻐! 정말 고마워.
うわあ、うれしい! 本当にありがとう。

뜻밖입니다. 너무 고마워요.
思いがけないことです。どうもありがとう。

| 이런 것을 전부터 갖고 싶었습니다. | こういう物を前から欲しいと思っていました。 |
| 고마워요. 이렇게 하시지 않아도 되는데…. | ありがとう。そんなことなさらなくてもよかったのに。 |

격식을 차려 감사를 표현할 때

그렇게 해주시면 무척 고맙겠습니다만.	そうしていただければ、とてもありがたいのですが。
친절을 베풀어 주셔서 정말 감사하고 있습니다.	ご親切に、本当に感謝しております。
뭐라 감사의 말씀을 드려야 좋을지 모르겠습니다.	何と御礼を申したらいいのかわかりません。
아무리 감사를 드려도 부족할 정도입니다.	いくら感謝してもしきれないほどです。

감사에 대한 응답

| 천만에요. | どういたしまして。 |

> A: ありがとう。
> 　　(고마워요.)
> B: どういたしまして。
> 　　(천만에요.)

| 별 것 아니에요. | お安いご用です。 |

PART 1

A: お時間をいただき、ありがとうございます。
（시간을 내주셔서 감사합니다.）
B: お安いご用です。
（별것 아닌 걸요.）

대단치 않아.

大したことじゃないよ。

A: いろいろとやってくれてありがとう。
（여러 가지로 수고해줘서 고마워.）
B: いや、大したことじゃないよ。
（아냐, 대단한 것도 아닌데.）

도움이 되었다니 기쁩니다.

お役に立ててうれしいです。

A: 親切にしていただき、ありがとうございます。
（친절하게 대해 주셔서 감사합니다.）
B: お役に立ててうれしいです。
（도움이 되었다니 기쁩니다.）

또 언제든지 도와줄게.

またいつでもどうぞ。

A: 教えてくれてありがとう。
（가르쳐 줘서 고마워.）
B: またいつでもどうぞ。
（언제든지 또 물어봐.）

언제라도 기꺼이 도와
드릴게요.

いつでも喜んでお手伝いしますよ。

37

도움이 필요할 때는 서슴없이 말해.	お手伝いが必要なときは、遠慮なく言ってね。

A: ありがとう。とても助かったよ。
　(고마워. 많은 도움이 됐어.)
B: 手伝いが必要なときは、遠慮なく言って
　ね。
　(도움이 필요할 때는 언제든 말해.)

천만에요. 감사할 것까지는 없습니다.	どういたしまして。礼にはおよびません。

저야말로 감사합니다.	こちらこそ、どうもありがとう。

A: ご招待いただき、ありがとう。
　(초대해 줘서 고마워요.)
B: こちらこそ。気てくれてうれしいわ。
　(나야말로. 와줘서 기뻐요.)

원 별말씀을 다 하십니다.	取り立てて言うほどでもありません。

38

謝りの表現

UNIT

05

우리나라를 지배하는 이념이 경로효친 사상이라면 일본을 지배하는 이념은 「남에게 피해를 주지 말라」는 것입니다. 따라서 전철에서도 휴대폰 사용을 극히 자제하는 편입니다. 하지만 사회생활을 하다보면 본의 아니게 폐를 끼치는 일은 발생할 수밖에 없으므로 사과 인사를 제대로 알아둡시다. 대표적인 인사로 す みません, ごめんなさい는 기억해 둡시다.

사죄를 표할 때

미안해요.	ごめんなさい。

> A: また遅刻だね。
> (또 지각이구나.)
>
> B: すみません。寝過ごしてしまって。
> (미안해. 늦잠을 잤어.)

미안합니다.	すみません。
너무 죄송했습니다.	どうもすみませんでした。
제가 잘못했습니다.	私がいけなかったんです。
뭐라고 사죄를 드려야 좋을지 모르겠습니다.	何とお詫びしてよいかわかりません。
죄송합니다.	申し訳ありません。

사죄드립니다.	おわび申し上げます。
진심으로 사과드립니다.	心からおわびいたします。
제 잘못이에요.	私が悪かったんです。
그 점에 대해 죄송하게 생각합니다.	それはどうもすみませんでした。

A: これは私が注文したものとは違います。
   (이것은 제가 주문한 것이 아닙니다.)

B: それはどうもすみませんでした。
   (그 점에 대해 죄송스럽습니다.)

05-2

사과 · 사죄의 이유를 말할 때

늦어서 미안합니다.	遅くなってすみません。
기분 나쁘게 했다면 미안해.	気を悪くしたならごめんなさい。
이렇게 되어버려 죄송합니다.	こんなことになってしまってごめんなさい。
기다리게 해서 죄송했습니다.	お待たせしてすみませんでした。
바보같은 짓을 해서 죄송합니다.	ばかなことをして申し訳ありません。
약속을 지키지 못해서 죄송합니다.	約束を守らないですみません。
비위에 거슬렸다면 미안해요.	お気にさわったらごめんなさい。
지나쳤다면 죄송해요.	行き過ぎてたらごめんなさい。

실수나 폐를 끼쳤을 때

착각했습니다. 미안합니다.	間違えました。すみません。
실례했습니다.	失礼しました。
미안해요. 부주의였습니다.	すみません。不注意でした。
정말로 미안합니다. 깜빡했습니다.	本当にすみません。うっかりしました。
폐를 끼쳐 드려서 죄송합니다.	ご迷惑をおかけして申し訳ありません。
귀찮게 해드려 죄송합니다.	ご面倒をおかけして申し訳ありません。
폐가 되지 않으면 좋겠습니다만.	お邪魔にならなければよろしいんですが。

 실례를 할 때

실례합니다만, 일본분입니까?	失礼ですが、日本の方ですか。
잠깐 실례합니다. 지나가도 될까요?	ちょっとすみません。通り抜けてもいいでしょうか。
실례합니다만, 성함을 여쭤도 되겠습니까?	失礼ですが、お名前をうかがってよろしいですか。
잠깐 실례하겠습니다. 곧 돌아오겠습니다.	ちょっと失礼します。すぐ戻ります。
무척 실례가 많았습니다.	どうも失礼いたしました。
실례가 되지 않는다면 좋겠습니다만.	ぶしつけじゃなければいいんですが。

41

잘못을 인정하고 용서를 구할 때

저야말로 죄송합니다.	私のほうこそごめんなさい。
제가 잘못했습니다.	私がいけませんでした。
저야말로 잘못했습니다.	私こそ悪かったんです。
다시는 같은 실수를 하지 않겠습니다.	二度と同じ間違いはしません。
용서해 주시겠습니까?	許していただけますか。
제가 한 짓을 용서해 주십시오.	私のしたことをお許しください。
어쩔 수 없었습니다.	仕方がなかったんです。
제발 용서해 주세요.	どうか許してください。
앞으로는 주의하겠습니다.	今後は気をつけます。
폐를 끼쳐 드릴 생각은 없었습니다.	ご迷惑をおかけするつもりはなかったのです。

사과 · 사죄의 응답

괜찮아요.	いいんですよ。

> A: ごめんなさい。忘れていました。
> (죄송해요. 잊고 있었어요.)
>
> B: いいんですよ。
> (괜찮아요.)

괜찮아요. 아무것도 아닙니다.	大丈夫。何でもありませんよ。
대수로운 것은 아닙니다.	たいしたことじゃないんです。
상관없어요.	かまいませんよ。
괜찮아요. 걱정하지 말아요.	いいんですよ。気にしないでください。
아무것도 아니에요. 걱정하지 말아요.	何でもないですよ。ご心配なく。
괜찮아요. 누구라도 틀려요.	いいんですよ。誰だって間違えますよ。
어쩔 수 없는 일이지.	しかたがないよ。

A: 遅れてすみません。電車が遅れたんです。
(늦어서 죄송합니다. 전철이 늦어서요.)

B: いいんだ。しかたがないよ。
(괜찮아. 어쩔 수 없는 일이지.)

저야말로 죄송합니다.	私のほうこそごめんなさい。
사과하실 필요 없어요.	謝っていただく必要はありません。
네 탓이 아니야.	あなたのせいではないわ。

A: 謝らなければならないんだけど。
(사죄를 해야겠어.)

B: いいえ、あなたのせいではないわ。
(아니야, 네 잘못이 아니야.)

| 누구나 실수는 할 수 있어. | 誰にだって間違いはあるよ。 |

43

A: ばかなことをしてしまってごめんね。
  (어처구니없는 짓을 저질러서 미안해.)
B: いいんだ。誰にだって間違いはあるよ。
  (괜찮아. 누구나 실수할 수 있어.)

앞으로 조심해.

これから気をつけてね。

祝いと歓迎

U N I T
06

친근한 사이라면「おめでとう(축하해)」라고 하지만, 정중하게 말할 때는 ございます를 덧붙여「おめでとうございます(축하드립니다)」라고 합니다. 축하에 대한 응답으로는「ありがとう(고마워)」나「おかげさまで(덕분에)」라고 하면 됩니다. 또한 よくいらっしゃいました나 おいでくださいました를 생략하여「ようこそ(잘 오셨습니다)」만으로 방문한 사람을 맞이하는 환영의 인사말로 쓰입니다.

 06-1

축하할 때

축하해요.	おめでとう。
축하하자!	お祝いしよう!
축하합니다.	おめでとうございます。
승진을 축하드립니다.	ご昇進おめでとうございます。
합격을 축하해요.	合格おめでとう。
결혼을 축하드립니다.	ご結婚おめでとうございます。
출산을 진심으로 축하드립니다.	お誕生を心からお祝い致します。
졸업 축하해.	ご卒業おめでとう。
생일 축하해.	誕生日おめでとう。

축하해요. 다행이네요.	おめでとう。良かったですね。
축하해요. 선물입니다.	おめでとう。プレゼントです。
취직이 결정되어 다행이군.	就職が決ってよかったね。
이렇게 멋진 일은 없어.	こんなすばらしいことはないわ。
건배하자!	乾杯しよう!
건강을 위해 건배!	健康のために乾杯!。

축복을 기원할 때

다행이군요. 행복을 빌게요.	よかったですね。しあわせを祈ります。
부디 행복하세요.	どうぞお幸せに。
새해 복 많이 받아요.	新年おめでとう。
새해 복 많이 받아요.	あけましておめでとうございます。
어머니날, 축하해요.	母の日、おめでとう。
당신과 함께 올 수 있어서 다행이야.	あなたと歩いてこられてよかった。
행운을 빌겠습니다.	幸運を祈ります。

06-3

환영할 때

어서오세요!	いらっしゃい!
자 들어오십시오!	どうぞお入りください!
대환영입니다.	大歓迎です。
잘 오셨습니다.	ようこそ。
참으로 잘 와주셨습니다.	ようこそおいでくださいました。
입사를 환영합니다.	入社を歓迎します。
기무라 씨, 진심으로 환영합니다.	木村さん、心より歓迎いたします。
꼭 오십시오.	ぜひいらしてください。
학수고대하고 있었습니다.	首を長くしてお待ちしていました。
이 날이 오기를 기다렸습니다.	この日が来るのを待っていました。

感歎と褒め言葉

U N I T 07

「すばらしい！ すごい！ すて
き!」 등 칭찬과 감탄을 나타내는 표현은
상대방의 자존심을 세워주고 대화에
활력을 불어넣어줍니다. 또한 일본인은
잘 알지 못하는 상대에 대해서도 칭찬을
곧잘 하는 편입니다. 하지만 칭찬을
들었다고 그 말을 액면 그대로 받아들여
우쭐해하는 것은 곤란합니다. 자신에
대한 칭찬을 조금 걸러서 듣고 남에겐
적절한 타이밍에 칭찬을 건네는 사람이 됩시다.

07-1

감탄을 나타낼 때

멋지군요.	素晴らしいですね。
멋져!	素敵!
굉장하군.	すごいね。
역시(대단하군).	さすがだね。
정말 대단하다.	それは大したもんだ。

> A: 中村は自分の会社を立ち上げたんだよ。
> (나카무라가 자신의 회사를 설립했대.)
> B: それは大したもんだ。
> (정말 대단하다.)

정말 예쁘죠.	なんて綺麗なんでしょう。
정말 감동했어.	とても感動したよ。

48

재미있군요!	面白いですね！
음, 이거 대단하군!	へえ、これはすごい！
꿈만 같아.	夢みたいだ。

> A: 君に奨学金がでることになったよ。
> (네가 장학금을 타게 됐어.)
> B: 本当？ 夢みたいだ。(정말? 꿈만 같아.)

우와, 멋지다.	うわあ、素晴らしい。
아름답구나.	美しいなあ。
정말 전망이 멋지죠.	なんていい眺めでしょう。
경치가 좋군요.	いい景色ですね。
무척 좋은 날씨이죠.	なんていい天気なんでしょう。
해냈어!	やったあ！

> A: 中村、君がコンテストに優勝したんだよ！
> (나카무라, 네가 콘테스트에서 우승했대.)
> B: やったあ！ (해냈어!)

UNIT7 感歎と褒め言葉

칭찬할 때

잘 했어.	よくやった。

> A: 自己最高記録を更新したんだ。
> (개인 최고기록을 갱신했어.)
> B: よくやった！ (잘 했어!)

49

어울려.	似合ってるわよ。

> A: どうかしら? (어때 보여?)
> B: 似合ってるよ。 (잘 어울려.)

멋있어.	かっこいいよ。
귀엽군.	かわいいね。
좋아!	いいぞ!

> A: やっと論文を書き上げたよ。
> (겨우 논문을 완성했어.)
> B: いいぞ!
> (좋아!)

훌륭해.	えらいぞ。
착한 아이구나.	いい子だね。
대단해.	大したもんだね。
좋은 일이야.	いいことだね。

> A: フランス語の勉強を始めたの。
> (프랑스어 공부를 시작했어.)
> B: いいことだね。
> (좋은 일이야.)

잘 어울려요.	とても似合いますよ。
훌륭합니다.	お見事です。

나도 우쭐한데.

私も鼻が高いわ。

A: ABC社に就職が決まったよ。
　　(ABC사에 취직이 결정됐어.)

B: すごいわね! 私も鼻が高いわ。
　　(대단해! 나도 우쭐한데.)

믿음직스러워.

頼りになるなぁ。

A: 心配しないで。あとはやっておくから。
　　(걱정마라. 나머지는 내가 할게.)

B: ありがとう。頼りになるなぁ。
　　(고마워. 믿음직스러워.)

기쁨과 즐거움

喜びと楽しみ

UNIT
08

유교 도덕이 남아있는 우리나라 사람들은 기쁜 일이 있을 때도 감정표현을 하는 것이 서툰 편입니다. 하지만 칭찬을 듣거나 선물을 받았을 때 적절한 감정표현은 상대방에게 훌륭한 예의가 됩니다. 기쁨을 나타내는 표현으론 「感動しました, 最高です, うれしいな！」가 있는데 한자어는 우리말 표현과 비슷하므로 기억하기 쉽습니다.

08-1

기쁘거나 즐거울 때

와! 기쁘다!	わー！うれしいな！
잘됐다!	よかったあ！

> A: 君、試験に受かったよ。
> (네가 시험에 합격했어.)
>
> B: よかったあ！すごくうれしいよ。
> (잘됐다! 너무 기뻐.)

최고예요.	最高ですよ。
감동했습니다.	感動しました。
기분이 좋아.	いい気分だ。
오늘은 기분이 최고야.	今日は上機嫌だ。
기분이 최고야.	最高の気分だぜ。

내가 했지만 만족해.

われながらよくやったよ。

> A: 成功おめでとう。
> 　（성공한 거 축하해.）
>
> B: ありがとう。われながらよくやったよ。
> 　（고마워! 나도 만족스러워.）

이보다 더 기쁠 수는 없습니다.

これにまさる喜びはありません。

꿈을 실현했어!

夢を実現したよ!

합격했어!

合格したよ!

그거 근사한 일이구나!

それはすてきなことね!

기뻐 보여.

うれしそうだね。

> A: うれしそうだね。
> 　（기뻐 보인다.）
>
> B: ええ。中村に誘われたの。
> 　（맞아. 나카무라가 데이트 신청했거든.）

기뻐서 말이 안 나옵니다.

うれしくて言葉になりません。

그거 다행이군요.

それはよかったですね。

이만큼 기쁜 일은 없습니다.

これほどうれしいことはありません。

빨리 하고 싶다!

待ちきれないよ!

> A: 今度の週末、スキーに行こうよ。
> 　（이번 주말에 스키 타러 가자.）
>
> B: いいね。待ちきれないよ!
> 　（좋아. 빨리 가고 싶어.）

53

기뻐서 어찌할 바를 모르겠어.	有頂天だ。
꿈꾸고 있는 것 같아.	夢見てるようだ。
이보다 더 기쁠 수는 없습니다.	これにまさる喜びはありません。

 08-2

행운을 얻었을 때

운이 좋군!	ついてる!
그저 운이 좋았던 거야.	ただ運がよかったのさ。
당첨됐어!	当たった!
복 터졌어.	大当たりだ。
그거 다행이야.	それはよかった。
여기서 너를 만날 수 있다니 운이 좋아.	ここで君に会えるなんてついてる。
믿을 수 없어!	信じられない!

08-3

행복하거나 안심할 때

행복해!	幸せ!
너무 행복해.	とっても幸せ。
좋아 죽겠어.	うれしくてたまらない。

54

아이고, 이제야 한시름 놓겠군.	やれやれ、これで一安心だ。
얼마나 다행스런 이야기야.	なんて幸運な話なんだろう。
아, 한숨 돌렸어!	ああ、ほっとした!
다행이야.	よかったね。
그걸 듣고 가슴이 시원했어.	それを聞いて胸がすっきりした。

怒り

UNIT
09

일본인들의 국민성은 분노를 잘 감추는 편입니다. 한국인들이 조금씩 자주 화를 낸다면 일본인은 한꺼번에 터뜨리는 성격입니다. 하지만 한국인처럼 큰 소리를 내는 경우는 별로 없습니다. 인간관계에서 이런 경우는 대처가 쉽지 않은데 훌륭한 표현이 상대방의 분노를 누그러뜨리고 좋은 인간관계를 유지시켜 줄 것입니다.

09-1
화가 날 때

열받네.	頭にきたよ。
화가 납니다.	怒っています。
화가 나.	腹が立つよ。
너한테 너무 화가 나.	あなたに腹を立てているのよ!

> A: どうかしたの?
> (무슨 일 있어?)
> B: あなたに腹を立てているのよ!
> (너한테 너무 화가 나!)

더 이상 참을 수 없어.	これ以上、我慢できないよ。
이제 한계야.	もう限界だね。
이제 지겨워.	もううんざりだ。

| 그건, 너무해. | それって、あんまりだよ。 |

| 바보 취급하지 마! | ばかにするな! |

| 더 이상은 못 참겠어. | もう我慢_{がまん}できない。 |

> A: なぜ僕_{ぼく}がこの仕事_{しごと}をしなければならない
> んだ?
> (왜 내가 이 일을 해야 하지?)
> B: 文句_{もんく}を言_いうのはやめろ! もう我慢_{がまん}できな
> いよ。
> (불평 좀 그만 해라! 더 이상은 못 참겠어.)

| 너는 도대체 무슨 생각을 하는 거니? | 君_{きみ}はいったい何_{なに}を考_{かんが}えているんだ! |

| 말했잖아! | 言_いっただろ! |

> A: 言_いっただろ! そんなに簡単_{かんたん}に人_{ひと}を信_{しん}じちゃ
> ダメだよ。
> (말했잖아! 그렇게 쉽게 사람을 믿어서는 안
> 된다고.)
> B: そうだったわね。失敗_{しっぱい}だったわ。
> (그랬지. 실수였어.)

| 나에게 명령하지 마! | 私_{わたし}に命令_{めいれい}しないで! |

| 그런 것은 잘 알고 있어. | そんなことは百_{ひゃく}も承知_{しょうち}だ。 |

| 누구에게 말하고 있는지 알고 있나? | 誰_{だれ}に言_いっているのかわかってるか? |

| 나를 모욕하지 마. | 私_{わたし}を侮辱_{ぶじょく}するなよ。 |

| 그걸로 충분해. | もうたくさんだ! |

57

	A: 文句を言いたいことはまだあるんだ。 (불만이 몇 가지 더 있어.) B: やめてくれ! もうたくさんだ! (그만 좀 해라! 그쯤 했으면 됐어.)

정말 뻔뻔스럽구나!　なんて厚かましいんだ!

쓸데없는 간섭이야.　よけいなお世話だ。

	A: 中村と仲直りするべきだと思うよ。 (나카무라와 화해해야 한다고 생각해.) B: よけいなお世話だ! (쓸데없는 간섭이야!)

너, 머리가 이상한 거 아냐?　君、頭がおかしいんじゃないの?

저질!　最低!

	A: 彼ったら、私のことを無視したのよ。 (그가 나를 무시했어.) B: 最低ね! (저질이군!)

닥쳐!　黙れ!

그만해.　やめろよ!

뻔뻔스런 녀석이야!　図々しい奴だ。

58

화를 달랠 때

진정해요!	落ち着いて!
그렇게 굳어 있지 마.	そんなにかたくならないで。
그렇게 정색하고 대들지 마.	そうむきになるなよ。
느긋하게 해.	のんびりとやっていて。
당황할 필요는 없습니다.	あわてる必要はないです。

悲しみとさびしさ

U N I T
10

인생에선 늘 기쁜 일만 있을 수는 없고 슬픈 일이 찾아오게 마련입니다. 슬프거나(悲しい) 우울할(憂うつな) 때도 모두 한 때입니다. 그때를 잘 넘기면 즐거운 일이 찾아옵니다. 일본인은 장례식에서도 눈물을 잘 보이지 않습니다. 어떤 경우에도 큰 소리를 내지 않도록 교육을 받은 것처럼 보입니다. 하지만 인간관계에서 결별과 같은 하기 어려운 말은 단호하게 잘 하는 것 같습니다.

슬플 때

슬프구나.	悲しいな。
왠지 슬퍼.	何だか悲しい。
가슴이 찢어지는 아픔이었어.	胸が張り裂ける思いだった。
나는 쭉 슬픔에 잠겼어.	私はずっと悲しみにくれている。
얼마나 무정한가!	なんと無情な!
너무 가슴 아파.	本当に傷ついたわ。

> A: あなた、本当に中村と別れたの?
> (너, 정말 나카무라와 헤어졌니?)
> B: ええ、本当に傷ついたわ。
> (응, 정말 상처받았어.)

내 마음은 아무도 몰라.	私の心の内を誰にもわからない。

60

| 울고 싶어. | もう泣きたいよ。 |

> A: 元気がないね。どうしたの?
> (기운이 없구나. 무슨 일 있니?)
> B: 財布をなくしたんだ。もう泣きたいよ。
> (지갑을 잃어버렸어. 울고 싶은 심정이야.)

| 정말로 상처받았어. | 本当に傷ついたわ。 |

외롭고 우울할 때

| 쓸쓸해. | 寂しいよ。 |

| 허무해. | むなしいよ。 |

| 넌 내 기분 이해 못해. | あなたには私の気持ちがわからないのよ。 |

> A: そんなに落ち込むなよ。大したことじゃ
>   ないさ。
>   (너무 우울해 하지 마. 별일도 아닌걸.)
> B: あなたには私の気持ちがわからないのよ。
>   (넌 내 기분 이해하지 못할 거야.)

| 우울해. 일자리를 잃었어. | ゆううつだ。仕事をなくした。 |

| 낙심하고 있습니다. | 落ち込んでいます。 |

| 마음이 우울해. | 気がめいる。 |

| 아무 것도 할 마음이 생기지 않아. | 何もやる気がおきない。 |

| 왜 우울하니? | どうしてゆううつなの? |

오늘 그는 기분이 가라 앉아 있어.	今日、彼は陰気な感じだ。

 10-3
한탄할 때

실망이야.	がっかりだよ。
유감이야.	残念だよ。
재수가 없네.	ついてないな。
난처해.	困ったな。
최악이야.	最悪だよ。
실망했어.	失望したよ。
절망적이야.	絶望的だよ。
너무 괴로워.	つら過ぎるよ。
희망을 가질 수 없어.	希望が持てないよ。

 10-4
지루할 때

지루했어.	つまらなかったわ。

A: ゆうべのパーティーはどうだった?
  (어젯밤 파티는 어땠니?)
B: つまらなかったわ。
  (따분했어.)

62

너무해.

あんまりだよ。

따분해 죽겠어!

退屈で死にそう!

마음이 편치 않아.

居心地が悪いなあ。

놀라움과 무서움

驚きと恐ろしさ

UNIT

11

놀랐을 때는 「びっくりした!(깜짝 놀랐어!)」, 「驚いた!(놀랐어!)」라고 표현합니다. 또한 しまった는 놀랐을 때나 실패하여 몹시 분할 때 쓰는 말로 우리말의 「아차, 아뿔싸, 큰일 났다」 등으로 해석이 가능합니다. 비슷한 표현으로는 「たいへんだ(큰일이다)」가 있습니다. 믿겨지지 않을 때 쓰이는 말로는 「本当なの(정말이니?)」, 「冗談でしょう(농담이겠죠?)」, 「何だか あやしいな(뭔가 이상한데!)」 등이 있습니다.

11-1

놀랐을 때

농담이겠지!	うっそ?!
놀랐어.	驚<small>おどろ</small>いたよ。
이런!	おやおや!
아, 깜짝 놀랐어.	ああ、びっくりした。
그럴 리가!	そんなばかな!

> A: 中村<small>なかむら</small>さんがクビになったんだって。
> (나카무라 씨가 해고됐대.)
>
> B: そんなばかな!
> (그럴 리가!)

아닌 밤중에 홍두깨야.	寝耳<small>ねみみ</small>に水<small>みず</small>だね。

| 충격이야. | ショックだよ。 |

| 그거 놀랍군요. | それは驚きましたね。 |

| 놀라게 하지 말아요. | びっくりさせないでよ。 |

| 그렇게 될 리가 없어! | そうなるはずがないよ! |

| 저런, 어떻게 아니? | おや、どうして分かるの。 |

| 이거 참 놀랐어요. | これはこれは驚きましたね。 |

| 뜻밖이야! | うれしい驚きだ! |

> A: あなたに1等賞が当たりました!
> 　　(당신이 1등상을 맞혔습니다!)
> B: わあ、うれしい驚きだ! (와, 뜻밖이야!)

| 어이없군. | あきれたね。 |

| 저건 도대체 뭐야? | あれはいったい何だ? |

| 생각지도 못했어. | 考えてもみなかったね。 |

> A: 中村と春子が結婚するんだって。
> 　　(나카무라와 하루코가 결혼한대.)
> B: 本当? 考えてもみなかったね。
> 　　(정말? 생각지도 못했어.)

| 말도 안 돼. | ばかげてるよ。 |

| 놀라서 말도 안 나와. | 驚いて言葉も出ないよ。 |

| 망연자실했어. | あっけにとられちゃったよ。 |

11-2 믿겨지지 않을 때

| 설마! | まさか! |

A: 中村と春子が結婚するんだよ。
（나카무라와 하루코가 결혼해.）

B: まさか!
（설마!）

| 진심이야? | 本気なの? |

A: 僕、春子にプロポーズするよ。
（나 하루코한테 프러포즈할 거야.）

B: 本気なの?
（진심이야?）

| 정말? | 本当? |

| 믿을 수 없어. | 信じられないよ。 |

| 어떻게 그런 일이 있나? | どうしてそんなことがあるの? |

| 귀를 의심했어. | 耳を疑ったよ。 |

| 그건 처음 듣는데. | それは初耳だ。 |

A: 春子は妊娠しているのよ。
（하루코가 임신했어.）

B: 本当? それは初耳だ。
（정말? 그것 금시초문인데.）

| 믿기 어려워! | 信じがたい! |

전혀 예상 밖이었어.

まったく意外だったよ。

> A: 君の企画が採用されたんだってね。
> (네 기획안이 채택되었다면서.)
>
> B: うん、まったく意外だったよ。
> (그래, 전혀 예상도 못했던 일이야.)

설마, 그런 일은 없겠죠.

まさか、そんなことないでしょう。

설마, 믿을 수 없어요.

まさか、信じられません。

생각지도 못했어.

考えてもみなかったね。

> A: 中村と春子が離婚するんだよね。
> (나카무라와 하루코가 이혼한대.)
>
> B: 本当? 考えてもみなかったね。
> (정말? 생각지도 못했어.)

설마, 농담이겠죠?

まさか! ご冗談でしょう。

네가 그런 일을 하다니 너무 의외야.

君がそんなことをするなんて、まったく意外だね。

> A: 上司と言い争いをしちゃったよ。
> (상사와 말다툼을 했어.)
>
> B: 君がそんなことをするなんて、まったく意外だね。
> (네가 그런 일을 하다니 너무 의외야.)

무서울 때

무서웠어.	恐かった。
무섭군.	恐ろしいね。
무서운 이야기를 듣고 잠을 못 잤어.	恐い話を聞いて夜眠れなくなったよ。
어젯밤 천둥은 무서웠어.	ゆうべの雷は恐ろしかったわ。
여동생은 벌레에게 멈칫멈칫 다가갔습니다.	妹は虫にこわごわと近付きました。
죽는 줄 알았어.	死ぬかと思った。

위로와 걱정

慰労と心配

UNIT

12

불의의 사고, 재난, 병 등에 대한 동정을 나타내는 것은 인간의 자연스런 감정이기도 합니다. 희망했던 일이 이루어지지 않았거나 예정이나 기대에 어긋났을 때는 「残念ですね(유감이군요)」를 쓰며, 갑작스런 사고나 불행한 일을 당한 사람에게는 「お気の毒ですね(안 됐습니다)」라고 위로합니다. 또한 실의에 빠졌거나

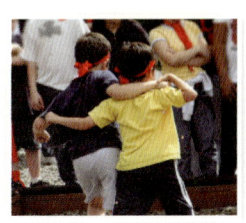

슬픔에 젖어 있는 사람에게 용기를 북돋을 때는 「頑張ってね(힘내요)」가 쓰입니다.

위로할 때

그건 유감이야.	それはお気の毒に。
네 기분 이해해.	あなたの気持ち、わかるわ。
힘들겠구나.	大変だね。
그렇게 우울해 하지 마.	そんなに落ち込まないで。

> A: 何もかもうまくいかないんだ。
> (잘되는 일이 하나도 없어.)
> B: そんなに落ち込まないで。
> (그렇게 우울해 하지 마.)

실망하지 마.	がっかりするなよ。

> A: 試験に落ちたんだ。
> (시험에 떨어졌어.)

B: がっかりするなよ。また受ければいいじゃないか。
(실망하지 마. 다시 보면 되잖아.)

괜찮아.

大丈夫よ。

걱정하지 마.

気にするなよ。

A: バカなことをしちゃったよ。
(바보같은 짓을 했어.)
B: 気にするなよ。大丈夫だから。
(걱정하지 마. 괜찮으니까.)

그렇게 심각하게 생각할 것은 없어.

そんなに深刻に考えることないよ。

운이 나빴을 뿐이야.

運が悪かっただけよ。

누구에게나 있을 수 있는 일이야.

誰にだってあることだよ。

A: 会議で大失敗しちゃった。
(회의에서 크게 실수했어.)
B: 大丈夫。誰にだってあることだよ。
(괜찮아. 누구에게나 있을 수 있는 일이야.)

자주 있는 일이야.

よくあることだよ。

A: 面会の時間に遅れたなんて、自分でも信じられないわ。
(면회시간에 늦다니 내 자신도 믿어지지 않아.)
B: 心配しないで。よくあることだよ。
(걱정하지 마. 자주 있는 일이야.)

70

그렇게 자신을 탓하지 마.

そんなふうに自分を責めないで。

A: 僕がもっと注意するべきだったんだ。
(내가 더 주의했어야 했어.)

B: そんなふうに自分を責めないで。
(그렇게 자신을 탓하지 마라.)

대수로운 일이 아니야.

大した問題じゃないよ。

기회는 또 있어.

またチャンスはあるわ。

A: コンクールで入賞できなかったよ。
(대회에서 입상 못했어.)

B: 大したことじゃないわよ。またチャンス
はあるわ。
(대수로운 일이 아니야. 기회는 또 있을 거야.)

네 잘못 만은 아니야.

あなただけのせいじゃないわ。

A: 僕のエラーのためにチームが負けたんだ。
(내 실수로 팀이 졌어.)

B: いいえ、あなただけのせいじゃないわ。
(아니야, 네 탓만은 아니야.)

UNIT12 慰労と心配

격려할 때

기운 내!

元気を出して!

A: もう泣きたいわ。(울고 싶어.)

B: 泣いちゃダメだよ。元気を出して!
(울면 안 돼. 기운 내!)

행운을 빌어!

幸運を祈ってるよ!

A: 来週、大事な試合があるんだ。
(다음주에 중요한 시험이 있어.)

B: 幸運を祈ってるよ!
(행운을 빌어!)

꼭 잘할 거야.

きっとうまくやれるわ。

A: 緊張するなぁ。
(긴장돼.)

B: 心配しないで。きっとうまくやれるわ。
(걱정하지 마. 꼭 잘할 거야.)

힘내!

頑張って!

A: 舞台のオーディションを受けてみるべき
だと 思う?
(무대의 오디션을 봐야 한다고 생각해?)

B: もちろんだよ。頑張って!
(물론이지. 힘내!)

낙심하지 말고 힘내.

気を落とさないで頑張って。

포기해서는 안 돼.

諦めてはダメよ。

마음을 굳게 먹어.

気<ruby>持<rt>も</rt></ruby>ちを<ruby>強<rt>つよ</rt></ruby>く<ruby>持<rt>も</rt></ruby>つんだ。

너라면 할 수 있어!

<ruby>君<rt>きみ</rt></ruby>ならできるよ!

A: <ruby>試<rt>し</rt></ruby><ruby>験<rt>けん</rt></ruby>に<ruby>受<rt>う</rt></ruby>かるかどうか、<ruby>自<rt>じ</rt></ruby><ruby>信<rt>しん</rt></ruby>がないよ。
(시험에 합격할 수 있을지 없을지, 자신이 없어.)

B: <ruby>君<rt>きみ</rt></ruby>ならできるよ!
(너라면 할 수 있어!)

자신감을 가져.

<ruby>自<rt>じ</rt></ruby><ruby>信<rt>しん</rt></ruby>を<ruby>持<rt>も</rt></ruby>って。

A: <ruby>試<rt>し</rt></ruby><ruby>合<rt>あい</rt></ruby>の<ruby>前<rt>まえ</rt></ruby>はいつも<ruby>緊<rt>きん</rt></ruby><ruby>張<rt>ちょう</rt></ruby>するんだ。
(시합 전에는 항상 긴장이 돼.)

B: <ruby>自<rt>じ</rt></ruby><ruby>信<rt>しん</rt></ruby>を<ruby>持<rt>も</rt></ruby>って。
(자신감을 가져.)

나는 네 편이야.

<ruby>僕<rt>ぼく</rt></ruby>は<ruby>君<rt>きみ</rt></ruby>の<ruby>味<rt>み</rt></ruby><ruby>方<rt>かた</rt></ruby>だよ。

기회는 있어.

チャンスはあるわ。

A: <ruby>僕<rt>ぼく</rt></ruby>たちが<ruby>試<rt>し</rt></ruby><ruby>合<rt>あい</rt></ruby>に<ruby>勝<rt>か</rt></ruby>つとは<ruby>思<rt>おも</rt></ruby>えないよ。
(우리들이 시합에 이길 거라고 생각되지 않아.)

B: <ruby>諦<rt>あきら</rt></ruby>めちゃダメ。チャンスはあるわ。
(포기하지 마. 기회는 있어.)

PART

2

日常会話
일상 회화

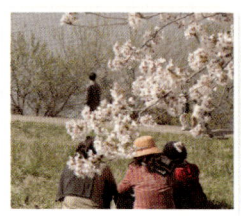

날씨와계절

天気と季節

UNIT

01

일본은 국토가 길어 남북의 차이가 크고 지방에 따라서 기후에 관한 인사 표현이 다양합니다. 평상시에 이웃들과 나누는 기본적인 인사인 おはよう, こんにちは, こんばんは만으로 질리면 날씨에 관한 인사를 다양하게 알아두어 멋진 일본어를 구사하도록 합시다. 겨울에 하는 인사말로는 「寒いですね(춥군요)」 라고도 하지만 「ひえますねぇ」라고 하면 아주 한겨울의 추위가 뼛속까지 스며드는 느낌이 듭니다.

일기에 대해서

거기 날씨는 어때?	そちらの天気_{てんき}はどう?

A: そちらの天気はどう?
　　(거기 날씨는 어때?)
B: とてもいい天気だよ。
　　(너무 좋은 날씨야.)

날씨가 좋구나.	いい天気だね。
너무 좋은 날씨야!	何ていい天気なんだろう!
이런 날씨가 계속되면 좋겠군.	この天気が続くといいね。
오후에는 개일 거야.	午後には晴れるよ。
지독한 날씨다.	ひどい天気だね。
오늘 비가 내릴까?	今日、雨が降るかな?

A: 今日、雨が降るかな?
(오늘 비가 내릴까?)

B: 降るかもね。傘を持っていきなさい。
(내릴지도 몰라. 우산을 가지고 가라.)

일기예보를 보자.
天気予報を見てみよう。

한차례 비가 올 것 같아.
ひと雨きそうだよ。

점점 흐려진다.
だんだん曇ってきたね。

갑자기 구름이 끼었어.
急に曇ってきたよ。

비가 오지 않았으면 좋겠어.
雨にならないといいんだけど。

금방이라도 비가 쏟아질 것 같아.
いまにも雨が降り出しそうだ。

비가 내리기 시작했어.
雨が降り始めたよ。

A: 雨が降り始めたよ。
(비가 내리기 시작했어.)

B: しまった! 洗濯物を取り込まなくちゃ。
(아뿔싸! 빨래를 걷어야 하는데.)

비가 오고 있어.
雨が降っているわ。

소나기를 만났어.
夕立に遭っちゃったよ。

바람이 세다.
風が強いね。

날씨에 달려 있어.
天気次第だよ。

77

<table>
<tr><td></td><td>A: 明日、海に行くの?
(내일 바다에 갈까?)
B: 天気次第だよ。
(날씨에 달렸어.)</td></tr>
</table>

일기예보가 빗나갔어.	天気予報がはずれたわ。
구질구질해요. (습하고 더운 모양)	じめじめしていますね。
화창하군요.	からっとしていますね。
오늘은 햇볕이 강하군.	今日は日ざしが強い。
날씨가 궂습니다.	天気がくずれてきます。
길이 얼어 있습니다.	道が凍っています。
꽃가루가 날립니까?	花粉は飛んでいますか。
올 여름은 기온이 낮습니다.	今年は冷夏です。
따뜻한 겨울입니다.	暖冬です。

 01-2

일기예보에 대해서

일기예보를 보았습니까?	天気予報を見ましたか。
예보에서는 맑다고 했습니다.	予報では快晴だと言ってました。
주말 날씨는 어떻습니까?	週末の天気はどうですか。

오늘 일기예보는?	今日の天気予報は?
일기예보에 의하면 내일은 비가 온답니다.	天気予報によると明日は雨だそうです。
어제는 맑은 후에 흐렸습니다.	昨日は晴れのち曇りでした。
내일은 흐리고 때때로 비가 오겠습니다.	明日は曇り時々雨でしょう。
공기가 건조합니다.	空気が乾燥しています。
상쾌한 하루가 되겠습니다.	さわやかな一日になるでしょう。
비구름이 퍼지고 있습니다.	雨雲が広がっています。
비가 오기 시작했습니다.	雨が降ってきましたよ。
비가 오다말다 하겠습니다.	雨が降ったり止んだりでしょう。
요사이 비가 안 와.	このところ雨が降っていない。
이 비는 곧 그칠 것입니다.	この雨はもうすぐやむと思います。
햇빛이 비치기 시작했습니다.	日が差してきました。
비가 올 확률은 몇 퍼센트입니까?	雨の降る確率は何パーセントですか。

기후에 대해 말할 때

따뜻해졌어요.	暖かくなってきたね。
따뜻하고 좋은 날씨야.	暖かくていい天気だ。
이제 곧 봄이야.	もうすぐ春だね。

79

오늘은 코트가 필요 없어.	今日はコートはいらないよ。
무척 덥군.	すごく暑いね。
무더워.	蒸し暑いよ。
오늘도 더울 것 같아.	今日も暑くなりそうだ。

> A: 日差しがすごく強いわ。(햇볕이 너무 강해.)
>
> B: 今日も暑くなりそうだ。
> (오늘도 더울 것 같아.)

더위는 싫어.	暑いのは苦手なの。
이 더위는 못 견디겠어.	この暑さには耐えられないよ。
이 더위, 언제까지 계속될까.	この暑さ、いつまで続くんだろう。
서늘해져서 좋아.	涼しくなってきてうれしいわ。
오늘은 약간 쌀쌀하군.	今日は少し肌寒いね。
4월이라는데 너무 추워.	4月だというのに、すごく寒いね。
얼 정도로 추워.	凍えそうに寒いよ。
올 겨울은 여느 때보다 추워.	今年の冬はいつもより寒いよ。
그런 차림으로 춥지 않니?	そんな格好で寒くないの?
기온은 몇 도니?	気温は何度?
서울의 겨울은 춥니?	ソウルの冬は寒いの?
기온이 영하로 떨어지는 날도 있어.	気温が氷点下になることもあるんだ。

80

A: 12月のソウルはどれぐらい寒いの?
(12월의 서울은 어느 정도 춥니?)

B: 気温が氷点下になることもあるんだ。
(기온이 영하로 떨어지는 날도 있어.)

장마가 시작되었습니다.	梅雨に入りました。
환절기에는 날씨가 변덕스러워.	季節の変わり目は天気が不安定だね。
밖에는 바람이 세차겠죠?	外は風が強いでしょう?
바람이 심하게 불고 있군요.	風がひどく吹いていますね。

 01-4

봄에 대해 말할 때

이제 곧 봄이군요.	もうすぐ春ですね。
포근하군요.	ぽかぽか暖かいですね。
아주 봄다워졌군.	すっかり春めいてきたね。
차츰 따뜻해졌어.	だんだん暖かくなってきた。
해가 길어졌군요.	日が長くなりましたね。
벚꽃이 피었어.	桜が咲いたよ。
꽃구경하는 계절이야.	花見の季節だね。
신록이 아름답군.	新緑がきれいだね。

여름에 대해 말할 때

장마가 들었어.	梅雨(つゆ)に入(はい)ったよ。
드디어 장마가 끝났어.	ようやく梅雨(つゆ)が明(あ)けた。
날씨가 변덕스럽군요.	天気(てんき)が変(か)わりやすいですね。
더워졌어.	暑(あつ)くなってきたね。
너무 더워.	暑過(あつす)ぎるよ。
열대야가 계속되고 있어.	熱帯夜(ねったいや)が続(つづ)いている。
이제 여름도 막바지야.	もう夏(なつ)も終(お)わりだね。
더위가 가셔서 지내기가 좋아졌군요.	暑(あつ)さがやわらいで、過(す)ごしやすくなりましたね。

가을에 대해 말할 때

가을이 되었어.	秋(あき)になったね。
독서의 계절 가을이네요.	読書(どくしょ)の秋(あき)ですね。
식욕의 가을이야.	食欲(しょくよく)の秋(あき)だね。
단풍을 구경하기에 좋은 때입니다.	紅葉(もみじ)が見(み)ごろです。
오늘은 초겨울의 따뜻한 날씨군.	今日(きょう)は小春日和(こはるびより)だね。
바람이 차가워졌어.	風(かぜ)が冷(つめ)たくなった。

겨울에 대해 말할 때

찬바람이 불었어.	木枯らしが吹いた。
꽤 추워졌어.	ずいぶん寒くなったね。
해가 무척 짧아졌어.	すっかり日が短くなった。
서리가 내렸어.	霜が降りているよ。
이거 첫눈이군요.	これは初雪ですね。
드디어 겨울이군.	いよいよ冬だね。
아침저녁의 냉기가 심해졌어.	朝晩の冷え込みが厳しくなった。
빨리 안 따뜻해지려나.	早く暖かくならないかなあ。

日付と時間

때에 관한 표현은 일상생활에서 언제 어디서든 입에서 술술 나올 때까지 익혀두어야 합니다. 시간을 물을 때는 「何時ですか(몇 시입니까?)」라고 하며, 이에 대한 응답으로 정각이면 ちょうど를 쓰고 정각을 지났을 때는 すぎ를 써서 표현합니다. 월, 요일 또는 날짜를 물을 때는 의문사 何를 써서 何月(なん がつ), 何曜日(なんようび), 何日(なんにち)라고 묻고, 연도를 물을 때는 何年(なんねん)이라고 하면 됩니다.

 02-1

시간을 말할 때

지금 몇 시입니까?	今、何時ですか。
8시 5분입니다.	8時5分です。
9시 5분전입니다.	9時5分前です。
11시 15분이 지났습니다.	11時15分過ぎです。
정각 정오입니다.	ちょうど正午です。
벌써 6시가 넘었어.	もう6時を過ぎたよ。

> A: もう6時を過ぎたよ。 (벌써 6시가 지났어.)
>
> B: あら、家にらなくちゃ。
>   (어머, 집에 가야겠어.)

2시가 좀 지났습니다.	2時をちょっとまわりました。

84

시간은 3시 반입니다.	時間は3時半です。
5시가 다 됐습니다.	5時近くです。
그 시계는 2~3분 느려.	その時計は2~3分遅れているよ。
저 시계는 맞니?	あの時計、合ってる?
그 시계는 5분 빨라.	その時計は5分進んでいるよ。

> A: その時計は5分進んでいるよ。
>   (그 시계는 5분 빨라.)
>
> B: そうだね。直しておこう。
>   (맞아. 고쳐 놓을게.)

 02-2

시간에 대해서

몇 시에 약속이 있습니까?	何時に約束がありますか。
4시 무렵에는 돌아오겠습니다.	4時頃には戻って来ます。
15분만 일찍 가도 되겠어요?	15分だけ早退していいでしょうか。
이제 갈 시간입니다.	もう行く時間ですよ。
잠시 시간을 내주실 수 없을까요?	ちょっと時間をいただけないでしょうか。
10시까지 들어가야 해요.	門限が10時なんです。
아침에는 몇 시 무렵에 일어납니까?	朝は何時ごろ起きますか。
어젯밤은 몇 시에 잤습니까?	昨夜は何時に寝ましたか。

일은 아침 9시부터 시작됩니다.	仕事は朝9時から始まります。
내 시계는 11시입니다.	わたしの時計では11時です。
몇 시에?	何時に?

> A: 明日のテニスコートを予約したよ。
> 　　(내일 테니스코트를 예약했어.)
> B: 何時に? (몇 시에?)

이제 갈 시간입니다.	そろそろ失礼する時間です。
시간이 없어요.	時間がないのよ。
시간이 다 됐어.	時間がなくなってきたよ。
시간 됐어.	もう時間だ。

> A: あと5分待ってくれる?
> 　　(앞으로 5분만 기다려 줄래?)
> B: ダメだよ。もう時間だ。(안 돼. 시간 됐어.)

시간이 돈이다.	時は金なり。

연월일에 대해서

오늘은 며칠입니까?	今日は何日ですか。
당신의 생일은 언제입니까?	あなたの誕生日はいつですか。

> A: お誕生日はいつ? (생일이 언제니?)
> B: 5月26日です。(5월 26일입니다.)

모레는 돌아오겠습니다.	明後日には帰ってきます。
시험은 언제부터입니까?	試験はいつからですか。
모의고사는 며칠입니까?	模擬テストは何日ですか。
오늘은 무슨 요일입니까?	今日は何曜日ですか。
일요일에는 무엇을 할 예정입니까?	日曜は何をする予定ですか。
오늘은 몇 월 며칠입니까?	今日は何月何日ですか。
다음 회의는 6월 28일 금요일입니다.	次の会合は6月28日、金曜日です。
이번 일요일에는 하루 종일 집에 있어.	今度の日曜日は、一日中家にいるよ。
중순이라면 시간이 있어.	中旬なら時間があるよ。
올해는 헤이세이 몇 년입니까?	今年は平成何年ですか。
몇 년 생입니까?	何年の生まれですか。
무슨 띠입니까?	何年ですか。
내년에 일본으로 유학을 갈 예정입니다.	来年日本へ留学する予定です。

인상생활

日常生活

UNIT 03

여기서는 하루 일과를 일본어 표현으로 다루었습니다. 아침에 일어나서(起きる) 이불을 개고(布団を畳む) 신문을 보고(新聞を読む) 이를 닦고(歯を磨く) 세수를 하고(顔を洗う) 아침을 먹고(朝御飯を食べる) 출근하여 (出勤する) 일한(働く) 다음 퇴근 하여(退社する) 집으로 돌아와서(うちへ帰る) 샤워를 하고(シャワーを浴びる) 저녁을 먹은(晩御飯を食べる) 후 텔레비전을 보고(テレビを見る) 잡니다(寝る).

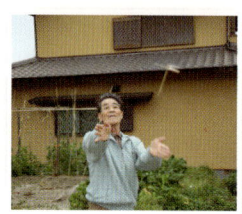

03-1

아침에 일어나서

빨리 일어나라.	早_{はや}く起_おきなさい。
이제 일어날 시간이야.	もう起_おきる時間_{じかん}よ。
조금 더 자게 해줘요.	もうちょっと寝_ねかせて。
벌써 아침이야.	もう朝_{あさ}よ。
아직 안 일어나니?	まだ起_おきないの?
이제 슬슬 일어나야지.	もうそろそろ起_おきなくっちゃ。
아직 졸려.	まだ眠_{ねむ}いよ。
잔 것 같지가 않네.	寝_ねた気_きがしない。
수면 부족이야.	睡眠不足_{すいみんぶそく}だ。

자명종시계 소리를 전혀 듣지 못했어.	目覚まし時計の音にまったく気づかなかった。
늦잠을 너무 잤어.	すっかり寝坊した。
왜 깨워주지 않았니?	どうして起こしてくれないの?
잘 잤니?	よく眠れた?
잘 자지 못했어.	あまり眠れなかった。
평소보다 일찍 일어났어.	いつもより早起きした。
무서운 꿈을 꾸어서 벌떡 일어났어.	怖い夢を見て、飛び起きた。
어젯밤 몇 시에 잤니?	昨日の夜、何時に寝たの?
아침에 잘 못 일어나.	朝起きが悪い。
잠을 잘 못 자서 목이 아파.	寝違えて、首が痛い。
아직 잠이 덜 깬 얼굴이지?	まだ寝ぼけた顔してる?

 03-2

세면 · 이닦기

벌써 세수했니?	もう顔を洗ったの?
세수하면 잠이 깰 거야	顔を洗ったら、目が覚めるわよ。
세수를 했더니 산뜻해.	顔を洗ったら、さっぱりしたよ。
추우니까 더운 물로 세수하고 싶어.	寒いからお湯で顔を洗いたい。

찬물로 세수를 했어.	冷たい水で顔を洗った。
세숫비누를 사용하면 피부가 매끈매끈해져.	洗顔石けんを使うと肌がつるつるになる。
아, 비눗물이 눈에 들어가 버렸어.	あ、石けんが目に入っちゃった。
얼굴 닦는 타월을 갖다 줄래?	顔をふくタオルを取ってくれない?
하루 세 번 이를 닦자.	1日に3回は歯を磨こう。
식후에 이를 닦아.	食後に歯磨きをする。
이를 닦고 나서 잠자.	歯磨きしてから寝るのよ。
새 칫솔을 쓸게.	新しい歯ブラシを使おう。
닦다 보니 잇몸에서 피가 났어.	磨いていたら歯茎から血が出た。
치석이 안 없어져.	歯垢が落ちないわ。
전동 칫솔은 상당히 좋아.	電動歯ブラシはけっこういい。

목욕 · 샤워

목욕하고 있어.	お風呂、入ってるわよ。
목욕 먼저 하세요.	お風呂、お先にどうぞ。
목욕물 온도가 알맞았어.	いい湯加減だったわ。
너무 오래 목욕했어.	長風呂した。
목욕 후 한기 안 들도록 해.	湯冷めしないようにね。

빨리 목욕해라.	早くお風呂に入りなさい。
벌써 목욕했니?	もうお風呂に入ったの?
목욕물은 적당하니?	湯加減はどう?
너무 뜨거웠어.	熱過ぎたよ。
목욕물이 좀 식었어.	お湯が少し冷めていた。
오늘 밤은 조금 뜨거운 물로 목욕하고 싶어.	今晩は熱めのお風呂に入りたい。
미지근한 물이 좋아.	ぬるめのお湯がいい。
등 밀어 줄까요?	背中、流しましょうか。
샤워를 할까?	シャワーを浴びようかな。
머리를 감았어.	髪を洗った。
아침에 간단하게 샤워를 합니다.	朝、さっとシャワーを浴びます。
샤워가 안 나와.	シャワーが出ないよ。
샤워를 해서 상쾌해졌어.	シャワーを浴びて、さっぱりした。

화장실

화장지가 다 떨어질 것 같아.	トイレットペーパーがなくなりそうだ。
화장실 물이 안 빠져.	トイレの水が流れないよ。
화장실 전등이 나갔어.	トイレの電灯が切れた。

화장실 물이 안 멈춰.	トイレの水が止まらない。
이번 화장실은 겨울에는 좌변기가 따뜻해.	今度のトイレは冬は便座が温かい。
아침에는 화장실이 붐벼.	朝はトイレが込み合う。
아버지는 화장실에 오래 계셔서 모두 힘들어해.	父はトイレが長いので、みんなが困っている。
우리 아이는 양식 화장실밖에 몰라.	うちの子は洋式トイレしか知らない。
우리 아이는 아직 혼자서 용변을 못 봐.	うちの子はまだ一人で用が足せない。
화장실은 매일 청소합니다.	トイレは毎日掃除します。
화장실에서 신문 보는 건 그만두세요.	トイレで新聞を読むのはやめてください。
나는 원래 화장실에 자주 가.	私はもともとトイレが近い。

 잠들기 전에

잠이 잘 안 와.	寝つきが悪い。
잠이 잘 와.	寝つきがよい。
언제까지 안 잘 거야?	いつまで起きているの?
자, 잠잘 시간이야.	さあ、寝る時間よ。
일찍 잘게요.	早く寝るんですよ。
아직 안 졸려.	まだ眠たくない。

밤샘하면 안 돼.	夜ふかししちゃだめよ。
불을 꺼줘요.	明かりを消してね。
좋은 꿈꿔요.	いい夢を見ますように。
문단속이 되어 있는지 보고 올게.	戸締まりを見てくるわ。
창문을 열어 둔 채 자는 것은 좋지 않아.	窓を開けたまま寝るのはよくないわ。
자기 전에는 먹지 않는 게 좋아.	寝る前には食べないほうがいい。
시트가 새것이라 기분이 좋군.	シーツが新しいので気持ちがいい。

수면

보통 몇 시간 정도 잡니까?	いつも睡眠時間はどれくらいですか。
오늘밤은 일찍 자자.	今晩は早く寝よう。
안녕히 주무세요.	ゆっくりお休みください。
오늘밤도 늦게 잘 것 같아.	今夜も寝るのが遅くなりそうだ。
바빠서 잠자는 시간을 줄일 수밖에 없어.	忙しくて、睡眠時間を削るしかない。
결국 철야를 했어.	結局、徹夜した。
어젯밤은 한 잠도 못 잤어.	昨夜は一睡もできなかった。
어젯밤은 푹 잤어.	昨晩は熟睡した。
나는 선잠을 자.	私は眠りが浅い。

밤중에 몇 번이나 잠이 깼어.	夜中に何度も目覚めた。
잠버릇이 안 좋아.	寝相がよくない。
코를 골았어.	いびきをかいていたよ。
잠꼬대를 했어.	寝言を言っていたよ。
몇 번이나 뒤척였어.	何度も寝返りを打ってたよ。
가위눌렸어.	夢でうなされていたわよ。
식은땀을 흘렸어.	寝汗をかいちゃった。
나는 위를 보고 누워 자.	私はあおむけで寝る。
그는 큰 대자로 자고 있어.	彼は大の字になって寝ている。

가정생활

家廷生活

UNIT
04

여기서는 집안일을 할 때 흔히 접할 수 있는 적절한 일본어 표현을 배웁니다. 집안일은 주부만 하는 것이 아닙니다. 요즘은 맞벌이를 하는 부부가 많아 부부가 적절하게 가사를 분담하는 일이 많습니다. 휴일이나 평소에 집안일을 하는 것은 어쩌면 당연한 일인지도 모르겠습니다. 집안에서 하는 일은 청소(掃除)나 세탁(洗濯), 다림질(アイロンがけ), 요리(料理), 설거지(皿洗い) 등 무수히 많습니다.

청소

나는 매일 방청소를 합니다.	私は毎日部屋の掃除をします。
분담해서 방청소를 시작합시다.	手分けして掃除を始めましょう。
내가 걸레질을 할게.	私がぞうきん掛けをするわ。
내가 창문유리를 닦을게.	私が窓ガラスをふくわ。
자잘한 실내 장식물은 마른 천으로 닦아요.	細かい置物は乾いた布でふいてね。
타일바닥은 솔로 팍팍 닦아야 해.	タイルの床はブラシでゴシゴシ洗わないと。
일주일에 한 번은 집 전체를 청소기로 밉니다.	週に一度、家全体に掃除機をかけます。
쓰레받기는 어디에 있어요?	ちり取りはどこですか。
부엌은 항상 깨끗이 합니다.	台所はいつもきれいにしています。
가구 뒤쪽은 청소기가 안 닿아.	家具の裏は掃除機が届かない。

95

부엌의 기름때는 진절머리가 나요.	キッチンの油汚れにはうんざりします。
컴퓨터 청소는 어떻게 하고 있습니까?	コンピューターの掃除はどうしてますか。
화장실은 꼼꼼히 청소합니다.	トイレはこまめに掃除します。
겨울에는 베란다 청소를 안 합니다.	冬はベランダの掃除はしません。

세탁 · 다림질

빨래는 말랐을까?	洗濯物、乾いたかな？
비가 와서 좀처럼 안 말라.	雨でなかなか乾かないわね。
건조기를 틀까.	乾燥機にかけようかしら。
날씨가 좋으니까 빨래가 잘 마르네.	いいお天気だから、洗濯物がよく乾くわね。
이불을 널까?	布団を干そうかな。
빨래를 널어 줄래?	洗濯物を干してくれないかしら。
이것은 그늘에 널어 줘요.	これは日陰に干してね。
빨래를 거두어 들여줬으면 하는데.	洗濯物を取り入れてほしいんだけど。
세탁물을 개어 줘요.	洗濯物をたたんでね。
이 티셔츠 빨았더니 늘어났어.	このTシャツ、洗ったら伸びちゃったわ。
이거, 색깔이 빠져 버렸어.	これ、色落ちしちゃった。
빨아도 이 얼룩은 빠지지 않아.	洗っても、このシミは取れないわね。

이것은 세탁소에 보내는 게 좋을까.	これはクリーニングに出^だしたほうがいいかな。
세탁소에 갖다 주고 와요.	クリーニングに出^だしてきてね。
간신히 다림질을 마쳤네.	やっとアイロンをかけ終^おわったわ。
다림질을 해줄래?	アイロンをかけてくれない?
천을 대고 다림질을 해줘요.	当^あて布^{ぬの}をしてアイロンをかけてね。

 04-3

요리 · 설거지

이거, 어떻게 굽지?	これ、どうやって焼^やくの?
곁들임은 무엇을 하지?	つけ合^あわせは何^{なに}にしよう。
생선 얇게 잘라 줄래?	魚^{さかな}を薄切^{うすぎ}りにしてくれる?
야채를 먹기 좋은 크기로 잘라 줘요.	野菜^{やさい}を食^たべやすいサイズに切^きってね。
모두 더러워진 식기를 싱크대까지 나릅시다.	みんなで汚^{よご}れた食器^{しょっき}を流^{なが}しまで運^{はこ}びましょう。
우리가 설거지를 맡읍시다.	僕^{ぼく}たちがお皿洗^{さらあら}いを担当^{たんとう}しましょう。
그럼, 우리가 닦아서 찬장에 정리할게요.	じゃあ、私^{わたし}たちがふいて食器棚^{しょっきだな}に片^{かた}づけます。
냄비를 씻는 것도 잊지 않도록.	お鍋^{なべ}を洗^{あら}うのも忘^{わす}れないように。
이 집에는 식기세척기가 없나요?	この家^{いえ}には食器洗^{しょっきあら}い機^きがないのですか。
테이블 주위의 바닥도 청소해 주세요.	テーブルのまわりの床^{ゆか}も掃除^{そうじ}してください。

은행

銀行

UNIT
05

일본의 화폐단위는 ¥(엔)으로서 시중에서 사용되고 있는 화폐의 종류는 경화가 1, 5, 10, 50, 100, 500¥(엔)의 여섯 가지이며, 지폐는 1000, 2000, 5000, 10000¥(엔) 네 가지입니다. 은행을 이용해본 경험이 있는 사람이라면 일본에서 은행을 이용하는 데는 별 어려움이 없고 통장을 개설할 때는 외국인등록증이나 여권을 지참해야 합니다. 자유롭게 입출금할 수 있는 예금통장을 만드는 것이 편리하며, 업무시간은 오후 3시까지입니다.

05-1

은행에서

은행은 어디에 있습니까?	銀行はどこにありますか。
현금자동인출기는 어디에 있습니까?	現金自動支払機はどこにありますか。
은행의 창구는 3시까지입니다.	銀行の窓口は3時までです。
55번 번호표를 가지신 손님은 창구로 오십시오.	55番のカードをお持ちのお客様、窓口へどうぞ。
여기에 성함과 전화번호를 기입해 주십시오.	ここにお名前と電話番号をご記入ください。
대출 상담을 하고 싶은데요.	ローンの相談をしたいのですが。
입금 수수료가 듭니다.	振込手数料がかかります。
구좌를 개설하고 싶은데요.	口座を設けたいのですが。
보통예금구좌로 해주세요.	普通預金口座にしてください。

구좌를 이 은행으로 옮기고 싶은데요.	口座をこの銀行に移したいんですが。
정기예금과 적금 중 어느 것이 좋겠어요?	定期預金と積立預金ではどちらがいいでしょうか。
이율은 몇 퍼센트입니까?	利息は何パーセントですか。
용지에 기입했습니다.	用紙に記入しました。
당좌예금 구좌로 직접 입금해 주시겠어요?	当座預金口座に直接振り込んでもらえますか。
투자신탁은 취급합니까?	投資信託は扱っていますか。
융자는 이용할 수 있습니까?	ローンは利用できますか。
장기대출 제도에 대해 알고 싶은데요.	長期貸付制度について知りたいのですが。
예금하고 싶은데요.	預金したいのですが。
5만 엔을 인출하고 싶은데요.	5万円引き出したいのですが。
출금 후 잔액은 얼마가 됩니까?	引出残高はいくらになりますか。
은행에 계좌를 열었어.	銀行に口座を開いた。
보통예금 계좌를 해약했어.	普通預金口座を解約した。
통장에 기장했어.	通帳に記帳した。
월말에는 은행이 붐벼.	月末は銀行が込んでいる。
집세를 송금했어.	家賃を振り込んだ。
잔고는 얼마나 될까?	残高はどれくらいかな。

돈을 찾아 와야 해.	お金をおろしてこなくっちゃ。
편의점에 은행의 현금인출기가 설치되었어.	コンビニに銀行のATMが設置された。

 05-2

환전할 때

환전 창구는 어디인가요?	両替の窓口はどちらですか。
환전을 하려면 어떻게 하면 됩니까?	両替をするにはどうしたらいいのですか。
오늘 환율은 얼마입니까?	今日の交換レートはいくらですか。
여행자수표를 사고 싶은데요.	旅行者小切手を買いたいのですが。
여행자용 수표를 현금으로 바꾸고 싶은데요.	旅行者用小切手を現金に換えたいのですが。
수표 한 장 한 장에 전부 서명이 필요합니까?	小切手の一枚一枚に署名が必要ですか。

05-3

저금

저금하고 있니?	貯金してる?
나 적금을 들었어.	私、積立貯金を始めたの。
결혼자금으로 하고 싶어.	結婚資金にしたいわ。
정기예금으로 하는 게 좋을까?	定期預金にしたほうがいいかな。
정기예금이 만기가 되었어.	定期預金が満期になったのよ。

교육보험을 들었어.	学資保険を始めた。
우체국과 은행 어느 쪽이 좋을까?	郵便局と銀行とどっちがいいかしら。
예금처는 분산시키는 게 좋을까?	預け先は分散させたほうがいいかな。
지금 이자는 몇 퍼센트니?	今利息は何パーセントなの?
이자는 기대하면 안 돼.	利息は期待しちゃいけないよ。
주식은 크게 손해볼 가능성이 있어.	株だと大損する可能性があるよね。
현명한 재산 운용을 해야겠어.	賢い資産運用をしなくっちゃ。
저금을 해약할까?	貯金を解約しようかな。
저금이 줄어가고 있어.	貯金が減っていく一方だよ。

05-4

절약

절약해야겠어.	節約しなくっちゃね。
이제 낭비는 안 할 거야.	もう無駄遣いしないわ。
쓸데없는 지출을 없애야겠어.	無駄な出費をなくさなくっちゃ。
좀 더 줄이는 게 좋겠어.	もう少しは切り詰めたほうがいいね。
어디를 줄일까?	どこを倹約しようかな。
가계가 큰일이야.	家計が大変なのよ。
용돈을 올리는 건 무리야.	お小遣いの値上げは無理ね。

101

적자가 날 것 같아.	赤字になりそうだね。
생각지 않은 지출이 늘어났어.	思わぬ出費がかさんじゃったね。
낭비하지 말아요.	無駄遣いしないでね。
가계부 쓰고 있나?	家計簿つけてる?
절약한 보람이 있었어.	節約した甲斐があったわ。
지출을 이 이상 억제하기란 어렵구나.	出費をこれ以上抑えるのは難しいなあ。
가계를 재검토 해야겠어.	家計を見直さなくっちゃ。

우체국

郵便局

UNIT 06

일본의 우체국은 각처에 있고 편지, 소포배달 이외에 저금, 보험 등의 업무도 취급합니다. 보통 우체국의 업무시간은 월요일부터 금요일까지로 오전 9시부터 오후 5시까지이며 토·일요일 및 경축일은 쉽니다. 또 우표나 엽서는 우체국 외에 kiosk(전철역에 있는 매점) 등 [〒]mark가 있는 상점에서도 판매합니다. post box는 도로 여기 저기에 설치되어 있고 적색으로 mark가 붙어 있습니다.

 06-1

우체국을 가기 전에

근처에 우체국이 있습니까?	近くに郵便局はありますか。
편지가 와 있어.	手紙が来てるよ。
서류로 보냈습니다.	書類で送りました。
엽서를 사다 줄래?	はがきを買ってきてくれない?
이 편지를 우체통에 넣고 와요.	この手紙をポストに出してきてね。
이 엽서, 수신지 불명으로 되돌아 왔네.	このはがき、宛て先不明で戻ってきたわ。
우편번호가 7자리가 되었어.	郵便番号が七ケタになった。
우편번호는 몇 번이지?	郵便番号は何番かしら。

편지를 부칠 때

빠른우편으로 부탁합니다.	速達でお願いします。
왕복엽서를 주셨으면 하는데요.	往復はがきをいただきたいのですが。
몇 장입니까?	何枚ですか。
우표를 5장 주세요.	切手を5枚ください。
80엔짜리 우표를 10장 주세요.	80円切手を10枚ください。
이 기념우표는 아직 있습니까?	この記念切手はまだありますか。
이 편지 요금은 얼마입니까?	この手紙の送料はいくらですか。
항공편이라면 얼마나 듭니까?	航空便だといくらかかりますか。
이걸 등기로 보내주세요.	これを書留にしてください。
이 편지를 서울로 부치고 싶은데요.	この手紙をソウルに出したいんですが。
서울까지 도착하는 데 어느 정도 걸립니까?	ソウルまで着くのにどのくらいかかりますか。
더 빠른 방법으로 보내고 싶은데요.	もっと速い方法で送りたいんですが。
이걸 한국에 보내는 데에 얼마나 듭니까?	これを韓国に送るのにいくらかかりますか。
발신인 이름과 주소를 어디에 쓰면 됩니까?	発信人の名前と住所はどこに書いたらいいですか。
우편번호는 313-631입니다.	郵便番号は313-631です。
이 소포의 무게를 달아 주세요.	この小包の重さを計ってください。
내용물은 인쇄물입니다. 우송료는 얼마입니까?	中身は印刷物です。郵送料はいくらですか。

이발과 미용

理髪と美容

UNIT
07

이발소는 理容室(りようしつ), 床屋(とこや)라고도 하며, 친근감을 담아 「床屋(とこや)さん」이라고 부르는 경우도 많습니다. 정기 휴일은 대개 월요일(도쿄 부근)이며 가게 안에 흔히 남자 모델 사진이 있으므로 그것을 보고 머리 모양을 정해도 됩니다. 미용실의 미용은 머리 손질만을 말하는 것이 아니라, 얼굴이나 모습을 아름답게 하는 일 전반을 가리키며 美容室(びようしつ), beauty salon, hair salon 등 여러 가지로 불리고 있습니다.

UNIT7 理髪と美容

이발소에서

머리를 자르고 싶은데요.	髪を切りたいのですが。
이발과 면도를 부탁합니다.	散髪とひげそりをお願いします。
이발만 부탁합니다.	散髪だけお願いします。
면도는?	ひげ剃りは?
어떻게 자를까요?	どのように切りましょうか。
어느 정도 짧게 자를까요?	どのくらい短く切りましょうか。
가르마는 어느 쪽으로 할까요?	分け目はどこにつけましょうか。
스포츠형으로 해 주세요.	スポーツ型にしてください。
지금과 같은 헤어스타일로 해 주세요.	今と同じ髪型にしてください。

귀는 보이도록 해 주세요.	耳は見えるようにしてください。
앞머리는 그대로 해 주세요.	前髪はそのままにしてください。
머리를 조금 잘라 주세요.	髪を少し刈ってください。
콧수염을 남겨 주세요.	口ひげを残してください。
머리카락을 염색해 주세요.	髪の毛を染めてください。

미용실에서

주말에 미용실에 갈까?	週末、美容院に行こうかな。
내일 오후 1시에 예약을 하고 싶은데, 비어 있습니까?	明日の午後1時に予約したいのですが、空いていますか。
누군가의 소개로 오셨습니까?	どなたかのご紹介でいらっしゃいましたか。
오늘은 어떻게 하시겠습니까?	今日はどうなさいますか。
꽤 길었네요.	ずいぶん伸びましたね。
커트와 파마를 부탁합니다.	カットとパーマをお願いします。
얼마나 커트를 할까요?	どれくらいカットしますか。
다듬어 자르는 정도로 할까요?	切りそろえるくらいですか。
짧게 자르고 싶은데요.	ショートにしたいのですが。
어떤 느낌인 숏커트가 좋겠습니까?	どんな感じのショートカットがいいですか。

106

앞머리는 어떻게 하겠습니까?	前髪はどうしますか。
지금 기르고 있는 중입니다.	今、伸ばしているところなんです。
뒤는 어느 정도 길이로 할까요?	後ろはどれくらいの長さにしましょうか。
파마약이 눈에 안 들어가겠어요?	パーマ液が目に染みませんか。
샴푸하는 곳으로 오세요.	シャンプー台のほうへどうぞ。
가볍게 파마하고 싶은데요.	軽くパーマをかけたいんですが。
헤어스타일을 바꾸고 싶은데요.	ヘアスタイルを変えたいのですが。
스타일북을 보시겠습니까?	スタイルブックをご覧になりますか。
이 정도 길이면 여러 가지로 변화를 줄 수 있습니다.	このくらいの長さだと、いろいろアレンジできますよ。
네일 트리트먼트를 해 주신다고 들었는데요.	つめのトリートメントをしていただけると聞いたのですが。

슈퍼마켓

スーパーマーケット

UNIT

08

일본의 슈퍼마켓은 주택가 근처에 많이 있으며 가격은 백화점보다 저렴합니다. 식품, 주방기구 그리고 그 밖의 일상잡화가 진열되고 있으며, 자유로이 물건을 고를 수 있습니다. 주요 슈퍼마켓 체인으로는 다이에이, 세이유, 자스코, 이토요카도 등이 있습니다. 또한 할인점은 철도역이나 기타 번화한 지역에 있으며, 다량의 물품을 다른 곳보다 염가로 판매하여 경쟁력을 확보하고 있는 할인점은 현금만 취급합니다.

식료품을 구입할 때

오늘은 고기를 특가 판매하는 날입니다.	今日は肉の特売日です。
별로 싸진 것도 없군.	大して安くなってないわね。
아, 이거 어제 반값으로 내렸네.	あっ、これ昨日半額になってる。
폐점 직전에는 30퍼센트 할인이 될 거야.	閉店間際には30パーセント引きになるはずよ。
먹을 수 있는 기한은 언제까지일까?	賞味期限はいつかしら。
시식해 보자.	試食してみよう。
역 근처 가게 쪽이 싸고 신선하다.	駅の近くの店のほうが安くて新鮮だ。
과일은 항상 정해진 가게에서 삽니다.	フルーツはいつも決まった店で買います。
좀 비싸도 야채는 농약을 안 친 게 좋아.	ちょっと高くても、野菜は無農薬のほうがいい。

닭다리 세 개 주세요.	鶏のもも肉を三枚ください。
햄은 몇 그램 드릴까요?	ハムは何グラムにしますか。
야채도 사가야 해.	野菜も買っていかなくちゃ。
오늘 양배추는 다 팔렸어요?	今日はキャベツ終わっちゃったの?
도시락은 무엇으로 쌀까?	お弁当は何にしようかしら。
시제품 반찬도 상당히 맛있어.	出来合いのお惣菜ってけっこういけるのよ。
저녁식사는 편의점 도시락으로 때울까?	夕ご飯はコンビニのお弁当で済まそうかな。
술안주는 무엇이 좋을까?	酒のさかなは何がいいかしら。
쌀은 배달해 주세요.	お米は配達してください。
디저트는 무엇으로 할까?	デザートは何にしようかしら。
식료품은 주말에 한꺼번에 삽니다.	食料品は週末にまとめ買いします。
오늘은 간장이 싸니까 한 병 더 사 두자.	今日はしょうゆが安いから、もう一本買っておこう。
요즘, 야채가 무척 비싸.	最近、野菜がとても高い。

생필품을 구입할 때

건전지를 3개 사올래?	電池を三本買ってきてくれない?
슬슬 쓰레기봉지가 떨어질 것 같아.	そろそろごみ袋がなくなりそうだよ。

전구 사둔 것이 다 떨어졌어.	電球の買い置きがなくなった。
그 밖에 필요한 것 없니?	ほかに要るものない?
오늘은 살 게 많으니까, 함께 안 올래?	今日は買うものが多いから、一緒に来てくれない?
일용품 매장은 어디지?	日用品売場はどこかな。
매장이 바뀌어서 찾기가 어렵게 됐어.	売場が変わってわかりにくくなった。
카트를 가져올래?	カートを持ってきてくれる?
오늘은 화장지가 싸.	今日はトイレットペーパーが安い。
사면 이익이야.	お買い得だね。
한 사람에 한 개만 판대.	お一人様一個限りだって。
이 화분은 얼마입니까?	この植木はおいくらですか。
좋은 꽃이 있는지 모르겠네.	お花はいいのがあるかしら。
이제 새 칫솔로 바꿀까?	そろそろ歯ブラシを買い替えようか。
치약은 아직 있던가?	歯磨き粉ってまだあったっけ?
주방용 스펀지도 사두자.	台所用のスポンジも買っておこう。
주방세제는 어느 것이 좋지?	台所洗剤はどれがいいの?
방향제는 무슨 향기로 할까?	芳香剤は何の香りにしようかな。
비누 사는 것을 잊어버렸어.	石けんを買い忘れちゃった。

미안합니다. 1회용 반창고는 어디에 있습니까?	すみません。バンドエイドはどこに置いてありますか。
뭔가 잊고 안 산 생각이 드는데, 뭐였지?	何か買い忘れた気[き]がするけど、何だっけ?
앞으로는 살 것을 메모해 두는 게 좋겠어.	今度は買うものをメモしておいたほうがいいね。
나는 쓸데없는 것을 사버리기도 해.	私って無駄なものを買っちゃったりするのよね。

111

세탁과 이사

洗濯と引っ越し

UNIT
09

우리는 세탁소 하면 흔히 주택가를 떠올리지만, 일본에는 주택가가 아닌 도심 한가운데에 「미사즈 히트」라는 작은 세탁소가 붐을 일으키고 있습니다. 더러워진 옷을 급히 세탁해야 하는 경우에도 이용되지만 주로 출근길에 맡기고 퇴근길에 찾아가는 독신 남녀, 맞벌이 부부들이 애용하고 있습니다. 클리닝을 부탁할 때는 「クリーニングをお願いします」, 다림질을 부탁할 때는 「アイロンをお願いします」라고 하면 됩니다.

세탁을 맡길 때

클리닝을 부탁해요.	クリーニングをお願いします。
언제 됩니까?	いつ仕上がりますか。
세탁에 대해서 묻고 싶은데요.	洗濯についてお尋ねしたいんですが。
와이셔츠 3장과 바지가 있습니다.	ワイシャツ3枚とズボンがあります。
이 얼룩은 지워질까요?	この染みは取れるでしょうか。

> A: この染み、とれるかしら?
> (이 얼룩 지워질까?)
> B: クリーニング屋へ持って行った方がいいよ。
> (세탁소에 가져가는 것이 좋겠어.)

내일 아침까지 부탁합니다.	明日の朝までにお願いします。
이 바지를 다려 주셨으면 하는데요.	このズボンをプレスしてもらいたいんですが。

사이즈를 고칠 수 있나요?	サイズを直してもらえますか。
옷단을 조금 길게 해주세요.	すそを少し長くしてください。
이 셔츠는 세탁하면 줄어듭니까?	このシャツは洗濯したら縮みますか。

> A: このシャツは洗濯したら縮みますか。
> (이 셔츠는 세탁하면 줄어듭니까?)
> B: ええ、少し縮みます。
> (예, 조금 줄어듭니다.)

소매를 조금 줄여주세요.	袖を少し短くしてください。
언제 됩니까?	いつできますか。

이사할 때

다음 달에 이사해.	来月、引っ越しするんだよ。
더 큰 집으로 이사합시다.	もっと大きな家に引っ越しましょうよ。

> A: もっと大きな家に引っ越しましょうよ。
> (더 큰 집으로 이사합시다.)
> B: それは無理だよ。
> (그건 무리야.)

어디로 이사하니?	どこに引っ越すの?
언제 이사하니?	いつ引っ越すの?
넓혀 가니?	広くなるの?
이번에는 단독주택입니다.	今度は一戸建てです。

회사에서는 멀어집니다.	会社からは遠くなります。
어느 이삿짐센터에 맡길까?	どこの運送会社に頼もうかな。
이삿짐센터에서 이사 견적서를 받았어.	運送会社に引っ越しの見積もりを出してもらった。
이사 비용이 상당히 드는군.	引っ越し代ってけっこうかかるね。
크고 쓸모없는 쓰레기가 많이 나왔어.	粗大ごみが大量に出た。
이사 준비를 하는 게 힘들어.	引っ越しの準備は大変だ。
이사를 도우러 와줄래?	引っ越しの手伝いに来てくれない?
이사 준비가 좀처럼 진척이 안 돼.	引っ越しの準備がなかなかはかどらないんだ。
판지박스가 모자라.	段ボール箱が足りない。
어느 상자에 뭘 넣었는지 모르겠어.	どの箱に何を入れたか、わからなくなったよ。
이사하고 당장 필요한 것은 이 상자에 넣었어.	引っ越してすぐに必要なものはこの箱に入れたよ。
이 상자는 책이라 무거워요.	この箱は本だから重いよ。
그 상자에는 "파손주의"라고 써 두어요.	その箱には「ワレモノ注意」って書いておいてね。
트럭은 몇 시에 오지?	トラックは何時に来るの?
이 상자를 날라줄래?	この箱を運んでくれない?
이거, 컴퓨터니까 조심해서 날라 주세요.	これ、コンピューターだから気をつけて運んでください。

이사는 했지만, 아직 집안이 정리되어 있지 않아.	引っ越ししたけれど、まだ家の中が片づいていない。
이사란 피곤하군.	引っ越しって疲れるね。
이제 이사는 하고 싶지 않아.	もう引っ越しはしたくない。
집들이를 합시다.	引っ越しパーティーをしましょう。
여러 곳에 주소변경 신고를 해야 해.	いろいろなところに住所変更届を出さなくてはならない。
이사하는 데 돈이 너무 들었어.	引っ越し貧乏だよ。

学校

UNIT 10

일본도 우리와 마찬가지로 6-3-3-4제입니다. 상대가 학생처럼 보일 때는 학생이냐고 물을 때는 보통 学生さんですか, 학년을 물을 때는 何年生ですか라고 합니다. 어느 학교를 졸업했는지를 물을 때는 どこの学校を出ましたか라고 하고, 전공에 대해서 물을 때는 専攻は何ですか라고 합니다. 또한 시험에 대해서 물을 때는 今度の試験はどうでしたか, 시험이 어려웠으면 予想意外に難しかったです, 쉬웠으면 易しかったです라고 표현합니다.

출신학교에 대해서

대학은 이미 졸업했습니다.	学校はもう卒業しています。
대학에 다니고 있습니다.	大学へ行っています。
어느 대학을 나왔습니까?	どちらの大学を出ましたか。
도쿄 대학 출신입니다.	東京大学の出身です。
와세다 대학 출신입니다.	早稲田大学の出身です。

> A: 出身大学はどちらですか。
> (어느 대학 출신입니까?)
> B: 早稲田大学の出身です。
> (와세다 대학 출신입니다.)

어느 대학을 다니고 있습니까?	どちらの大学に行っていますか。
미시간 대학에서 석사학위를 취득했습니다.	ミシガン大学で修士号をとりました。

10-2 전공에 대해서

전공은 무엇입니까?
せんこう なん
専攻は何ですか。

무엇을 전공하셨습니까?
なに せんこう
何を専攻なさいましたか。

대학에서는 무엇을 공부했습니까?
だいがく なに べんきょう
大学では何を勉強しましたか。

역사를 전공하고 있습니다.
れきし せんこう
歴史を専攻しています。

せんこう なん
A: 専攻は何ですか。(전공은 뭐예요?)

れきし せんこう
B: 歴史を専攻しています。
(역사를 전공하고 있어요.)

학부와 대학원에서 일본 문학을
전공했습니다.
がくぶ だいがくいん にほん ぶんがく せんこう
学部と大学院で日本の文学を専攻しました。

경제를 전공하고 있습니까?
けいざい せんこう
経済を専攻していますか。

교사자격증을 따기 위해서
공부하고 있어요.
きょうし しかく べんきょう
教師の資格をとるための勉強をしています。

요리를 공부하고 있어요.
りょうり べんきょう
料理を勉強しています。

전문학교에 다니고 있어요.
せんもんがっこう かよ
専門学校へ通っています。

だいがくせい
A: あなたは大学生ですか。
(당신은 대학생입니까?)

せんもんがっこう かよ
B: いいえ、専門学校へ通っています。
(아니오, 전문학교에 다니고 있어요.)

외국에 유학가고 싶어요.
がいこく りゅうがく
外国に留学したいんです。

일본유학을 계획하고 있어요.
にほんりゅうがく けいかく
日本留学を計画しています。

학년과 선후배

몇 학년입니까?	何年生ですか。
학생입니까?	学生さんですか。
내년에 졸업합니다.	来年卒業します。
대학원 진학을 생각하고 있어요.	大学院への進学を考えています。
학교는 집에서 가깝습니까?	学校は家から近いですか。
지금 다니고 있는 학교는 어때요?	今、通っている学校はどうですか。
캠퍼스는 넓고 조용합니다.	キャンパスは広くて静かです。
이 학교는 남녀공학입니다.	この学校は男女共学です。
저게 도서관입니까?	あれが図書館ですか。
식당도 있습니까?	食堂もありますか。
운동장은 상당히 넓군요.	運動場はなかなか広いですね。
고등학생의 가정교사를 하고 있어요.	高校生の家庭教師をしています。

A: アルバイトはしていますか。
(아르바이트는 하고 있어요?)
B: ええ、高校生の家庭教師をしています。
(예, 고등학생의 가정교사를 하고 있어요.)

10-4 통학

다녀오겠습니다.	行ってきます。
도시락은 가방에 넣었니?	お弁当はカバンに入れた?
잊은 것 없니?	忘れ物はない?
도중에 한눈팔지 말고 가야 해.	道草しないで行くのよ。
아직 학교에 안 가니?	まだ学校へ行かないの?
오늘은 학교에 가고 싶지 않아.	今日は学校に行きたくないな。
벌써 시간이 이렇게 됐구나. 빨리 가야 해.	もうこんな時間だ。早く行かなくっちゃ。
좀더 일찍 집에서 나서는 게 좋지 않겠니?	もう少し早く家を出たほうがいいじゃないの?
오늘 아침은 평소보다 늦어도 돼.	今朝はいつもより遅くていいんだよ。
서둘지 않으면 지각해.	急がないと、遅刻するよ。
이제 곧 스쿨버스가 올 거야.	もうすぐスクールバスが来るわよ。
버스를 놓쳤어.	バスに乗り遅れた。
자전거로 통학하고 있어.	自転車で通学している。
통학 정기권이 다 되었어.	通学定期券が切れた。
친구와 함께 학교에 가기로 했어.	友達といっしょに学校へ行くことにしている。
월수금은 학교에서 돌아가는 길에 입시학원에 가.	月水金は学校の帰りに予備校に行く。

119

| 뭔가 잃어버린 것 같은 느낌이 들어. | 何か忘れ物したような気がする。 |

10-5 학교생활

무슨 동아리에 들었어요?	何のクラブに入ってるんですか。
대학시절에 뭔가 동아리 활동을 했습니까?	大学時代に何かクラブ活動をしましたか。
어느 동아리에 소속되어 있습니까?	どのクラブに属していますか。
아르바이트는 하고 있니?	アルバイトはしてるの?
파트타임으로 일하고 있습니까?	パートで働いているんですか。
졸업하면 어떻게 할 겁니까?	卒業したらどうするんですか。
학창시절, 아르바이트를 한 적이 있습니까?	学生時代、アルバイトをしたことがありますか。
어떤 강의를 받을지 정했니?	どの講義を受けるか決めた?
이 강의는 재미있을 거 같아.	この講義はおもしろそうだね。
이 강의는 꼭 수강할래.	この講義は絶対、取るよ。
학부 게시판 봤니?	学部の掲示板を見た?
휴강과 보강이 있었어.	休講と補講があったよ。
그럼, 강의가 끝나면 학생회관으로 갈 거야.	じゃあ、講義が終わったら、学生会館に行くよ。
지금부터 아르바이트야.	これからアルバイトなんだ。

무슨 아르바이트를 하고 있니?	何のアルバイトをしているの?
과외선생이야.	家庭教師だよ。
이제 곧 대학축제구나.	もうすぐ大学祭だね。

수업

자, 수업을 시작합시다.	さあ、授業を始めます。
교과서를 펴세요.	教科書を開けて。
칠판을 잘 보세요.	黒板をよく見てください。
다시 한번 설명해 주세요.	もう一度説明してください。
뒤에서 잘 보입니까?	後ろからよく見えますか。
알겠습니까?	分かりますか。
질문은 없습니까?	質問はありませんか。
잠깐 쉽시다.	ちょっと休みましょう。
시작합시다.	始めましょう。
오늘은 이만 마치겠어요.	今日はこれで終わりましょう。
숙제를 해왔습니까?	宿題をやってきましたか。
이 문제를 풀고 싶은 사람 없습니까?	この問題をやりたい人はいませんか。
이 답은 무엇입니까?	この答えは何ですか。

선생님, 질문이 있습니다.	先生、質問があります。
네, 무엇입니까?	はい、何ですか。
좋은 질문이군요.	いい質問ですね。
누군가 아는 사람 없습니까?	だれか、わかる人いませんか。
이것은 매우 중요해요.	これはとても重要ですよ。
확실히 알아 두세요.	しっかり理解しておいてくださいね。
다음 주에는 테스트를 합니다.	来週はテストをします。
그럼, 시간을 줄 테니까 생각하세요.	じゃあ、時間をとりますから、考えてください。
그럼, 오늘은 여기까지.	では、今日はここまで。
다음에 이어서 합시다.	この続きは次回にしましょう。
그럼, 이것을 숙제로 하겠습니다.	じゃあ、これは宿題にします。
3교시가 자습이 되었어.	3時間目が自習になった。
1교시, 빼먹었어.	1時間目、サボっちゃった。

10-7 시험과 성적

언제부터 중간고사가 시작됩니까?	いつから中間テストが始まりますか。
내일부터 기말시험입니다.	明日から期末試験です。
시험공부는 했습니까?	試験勉強はしましたか。

벼락치기로 공부할 수밖에 없어요.	一夜漬けしかありませんよ。
이번 시험은 어땠어요?	今度の試験はどうでしたか。
상당히 어려웠어요.	なかなか難しかったですよ。
예상 외로 쉬웠습니다.	予想外に易しかったです。
시험 결과는 어땠어요?	試験の結果はどうでしたか。
예상대로 잘 됐어.	予想どおりうまくいったよ。
요행으로 붙었어.	まぐれで当たったよ。
합격했어요.	合格でした。
떨어졌어요.	不合格でしたよ。
당시 학교 성적은 그저 그랬습니다.	当時、学校の成績はまあまあでした。
시험 시간표가 발표되었어.	試験の時間割が発表された。
시험에 나오는 범위는 어디입니까?	試験に出る範囲はどこですか。
커닝이 발각되었어.	カンニングがばれた。
추가시험을 봤어.	追試を受けたよ。
반 평균은 나빴어.	クラスの平均点は悪かった。
이제 곧 모의시험 결과를 알 수 있어.	もうすぐ模擬試験の結果がわかる。
시험 대신에 리포트를 써야 해.	試験の代わりにレポートを書かなければならない。
논술문제 뿐이었어.	論述問題ばかりだった。

암기시험은 잘해.	暗記問題は得意なんだ。
국가시험에 합격했어.	国家試験に合格した。
사법고시에 떨어졌어.	司法試験に落ちた。
국가공무원 시험을 볼까?	国家公務員試験を受験しようかな。

도서관

도서관에서 책을 빌려 올게.	図書館で本を借りてくるよ。
대출 기간은 2주일입니다.	貸し出し期間は2週間です。
한 번에 다섯 권까지 빌릴 수 있습니다.	一度に5冊まで借りられます。
지금은 컴퓨터로 검색할 수 있어.	今はコンピューターで検索できる。
이 책은 대출 중입니다.	この本は貸し出し中です。
열람 수속은 어떻게 하면 됩니까?	閲覧の手続きはどうすればいいのですか。
이것은 빌릴 수 있는 것입니까?	これは借りられるのですか。
이 논문은 복사해두자.	この論文はコピーしておこう。
도서관에 책을 돌려주고 올게.	図書館に本を返してくるよ。
수업이 끝나면 도서관에 가는 것이 일과입니다.	授業が終わったら、図書館に行くのが日課です。
열람실은 다 찼어.	閲覧室は満席だ。

학교 행사

오늘은 아들 입학식입니다.	今日は息子の入学式です。
이제 곧 신학기가 시작돼.	もうすぐ新学期が始まる。
담임선생님은 누굴까?	担任の先生はだれかな。
이번은 몇 반일까?	今度は何組かな。
저 아이와 처음으로 같은 반이 되었어.	あの子と初めて同じクラスになったよ。
수학여행은 즐거웠어.	修学旅行は楽しかった。
소풍은 어디로 가니?	遠足はどこに行くの?
매일 운동회 연습이야.	毎日、運動会の練習だよ。
5학년 1반 교실은 어디입니까?	5年1組の教室はどこですか。
문화제 때 반에서 연극을 해.	文化祭のとき、クラスで芝居をするんだ。

家族関係

UNIT 11

일본어로 자신의 가족을 상대에 말할 때는 윗사람이건 아랫사람이건 모두 낮추어서 말하고 상대방의 가족을 말할 때는 비록 어린애라도 존경의 의미를 나타내는 접두어 ご(お)나 접미어 さん을 붙여서 높여 말하는 것이 우리와 큰 차이점입니다. 단 가족간에 부를 때 윗사람인 경우는 さん을 붙여 말하며, 아랫사람인 경우는 이름만 부르거나, 이름 뒤에 애칭인 ちゃん을 붙여 부릅니다.

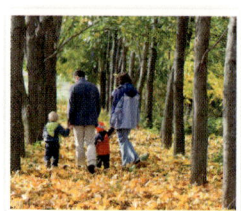

11-1

가족에 대해서

가족은 몇 명입니까?	何人家族ですか。
가족은 몇 명입니까?	ご家族は何人ですか。

> A: ご家族は何人ですか。
> (가족은 몇 명입니까?)
> B: 4人です。
> (네 명입니다.)

부모님과 남동생, 그리고 저입니다.	両親と弟、それに私です。
부모님과 여동생이 있습니다.	両親と妹がいます。
5인 가족입니다.	5人家族です。
우리 집은 대가족입니다.	うちは大家族です。
가족과 함께 자주 외출하십니까?	よく家族でお出掛けですか。

가족을 보러 몇 번 정도 고향에 갑니까?	ご家族に会いに何回くらい帰省しますか。
부모님 연세는 몇입니까?	ご両親はおいくつですか。
부모님과 함께 살고 있습니까?	ご両親といっしょに住んでいるんですか。
할아버지와 할머니는 건강하십니까?	おじいさんとおばあさんはご健在ですか。

 11-2

형제자매에 대해서

형제자매는 있으십니까?	兄弟姉妹はおありですか。

> A: 兄弟姉妹はおありですか。
> (형제(자매)는 있습니까?)
>
> B: はい、姉がひとりいます。
> (네, 누나가 한 명 있습니다.)

형과 여동생이 있습니다.	兄と妹がいます。
저는 외동입니다.	私はひとりっ子です。
형제는 몇 분입니까?	ご兄弟は何人ですか。
당신이 형제자매 중에서 제일 위입니까?	あなたが兄弟姉妹でいちばん年上ですか。
남동생은 몇 살입니까?	弟さんはいくつですか。

127

11-3 친척과 자녀에 대해서

일본에 친척분이라도 계십니까?	日本にどなたか親戚の人がおありですか。
아이는 있나요?	お子さんは?
아이는 없습니다.	子供はいません。
자녀분은 있으세요?	お子さんはいますか。

A: お子さんはいますか。
　　(자녀분은 있습니까?)

B: はい、3人します。
　　(네, 세 명 있습니다.)

아들 하나, 딸 둘 있습니다.	息子がひとり、娘がふたりいます。
초등학생인 딸이 하나 있습니다.	小学生の娘がひとりいます。

취미와 여가

趣味と余暇

UNIT

12

취미와 여가만큼 다양한 소재를 가지고 있는 화제도 많지 않으므로 「ご趣味は何ですか(취미는 무엇입니까?)」로 시작해서 여러 상황에 응용할 수 있도록 이곳에 언급된 표현을 잘 익혀두길 바랍니다. 서로가 좋아하는 것과 관심을 가지고 있는 것에 대해 이야기하면 훨씬 대화가 부드럽게 진행됩니다. 무슨 일에 흥미가 있는지를 물을 때는 「何に興味をお持ちですか(무엇에 흥미를 가지고 계십니까?)」라고 합니다.

취미에 대해서

취미는 무엇입니까?	ご趣味は何ですか。
뭔가 취미가 있습니까?	何かご趣味はありますか。

> A: 何か趣味はありますか。
> (무슨 취미가 있나요?)
> B: 釣りが好きです。 (낚시를 좋아합니다.)

일 이외에 무슨 특별한 흥미가 있습니까?	仕事以外に何か特に興味のあることはありますか。
취미 중에 하나는 기념우표를 모으는 것입니다.	趣味の1つは記念切手を集めることです。
골동품 수집에 흥미가 있습니다.	骨董品集めに興味があります。
내 취미는 기타를 치는 것입니다.	僕の趣味はギターをひくことです。
특별히 취미라고 할 수 있는 것은 없습니다.	特に趣味と言えるものはありません。

129

이렇다 할 취미가 없어요.	これといった趣味がないんですよ。
취미는 즐거운 것이군요.	趣味は楽しいですね。
취미와 실익을 겸하고 있습니다.	趣味と実益を兼ねています。
어떤 것에 흥미가 있습니까?	どんなことに興味を持っていますか。

A: どんなことに興味を持っていますか。
(어떤 것에 흥미가 있습니까?)

B: コンピューターに興味を持っています。
(컴퓨터에 흥미를 가지고 있습니다.)

여가 활동에 대해서

기분전환으로 어떤 것을 하십니까?	気晴らしにどんなことをなさいますか。
일이 끝난 후에 어떻게 즐기십니까?	仕事の後はどうやって楽しんでますか。
한가할 때는 무엇을 하십니까?	暇なときは何をしていますか。

A: 暇なときは何をしていますか。
(한가할 때는 무엇을 합니까?)

B: カラオケにはよく行きますね。
(노래방에 자주 갑니다.)

여행을 좋아합니다.	旅行が好きです。
매년 해외여행을 갑니다.	毎年のように海外旅行に行くんですよ。
내년에는 일본 여행을 계획하고 있습니다.	来年は日本旅行を計画しています。

| 온천에는 자주 갑니다. | 温泉にはよく行きます。 |
| 온천욕을 하면 정말 피로가 풀립니다. | 温泉につかると本当にリラックスします。 |

유원지

가족과 함께 유원지에 갔어.	家族で遊園地に行った。
새로 생긴 테마파크에 갈까?	新しくできたテーマパークに行こうか。
입장권은 얼마지?	入場券はいくら?
휴일이라서 어디고 붐벼.	休日だから、どこも込んでるね。
2시간 기다려야 한대요.	2時間待ちですって。
제트코스터를 타고 싶어.	ジェットコースターに乗りたいの。
스릴 만점이야.	スリル満点だよ。
아아, 무서웠어,	ああ、怖かった。
무서워서 눈을 뜰 수 없었어.	怖くて、目が開けられなかったよ。
도깨비 집에 들어갔니?	お化け屋敷に入った?
이것은 하루 놀 수 있는 티켓이야.	これは一日遊べるチケットだよ。
여기서 도시락을 먹자.	ここでお弁当を食べよう。
불꽃놀이가 멋있었어.	花火がきれいだったね。
오늘 즐거웠니?	今日は楽しかった?

낚시

이 근처에서는 뭐가 잡히니?	この辺(あた)りでは何(なに)が釣(つ)れるの?
낚시 성과는 어땠어요?	釣果(ちょうか)はどうでしたか。
잡힙니까?	釣(つ)れますか。
별로 안 잡히네.	あまり釣(つ)れないなぁ。
오늘도 한 마리도 낚지 못했어.	今日(きょう)も1匹(びき)も釣(つ)れなかった。
오늘은 많이 낚았어.	今日(きょう)は大漁(たいりょう)だ。
어느 루어(가짜미끼)를 쓸까?	どのルアーを使(つか)おうかな。
감촉이 있었어!	あたりがあった!
자아, 빨리 릴을 감아요.	さあ、早(はや)くリールを巻(ま)いて。
뜰채를 갖다 줄래?	たもを取(と)ってくれない?
그 낚싯대는 무척 좋군.	その釣(つ)りざおはとてもいいね。
이런 월척을 낚은 것은 처음이야.	こんな大物(おおもの)を釣(つ)ったのは初(はじ)めてだよ。
어탁을 떴어.	魚拓(ぎょたく)を取(と)った。
낚싯줄이 끊겨 버렸어.	釣糸(つりいと)が切(き)られてしまったよ。
미끼는 뭘 사용하고 있니?	えさは何(なに)を使(つか)ってるの?
잡은 물고기를 풀어줬어.	釣(つ)った魚(さかな)をリリースした。
밤낚시를 갔어.	夜釣(よるつ)りに出(で)かけた。

등산

등산을 좋아합니다.	山登りが好きです。
학생 시절에는 등산부에 가입해 있었어.	学生のころは山岳部に入っていた。
텐트를 쳤어.	テントを張った。
이제 곧 정상이야.	もうすぐ山頂だよ。
정상까지 앞으로 금방이야.	頂上まであと一息だよ。
안개가 개이고 있군.	霧が晴れてきたね。
산의 날씨는 변덕이 심해.	山の天気は変わりやすい。
산에서 악천후를 만났어.	山で悪天候に見舞われたよ。
산은 역시 좋구나.	やっぱり山はいいね。
어느 산에 오르고 싶니?	どこの山に登りたい?
체력에 맞게 등산 계획을 세우자.	体力に応じて登山計画を立てよう。
산을 쉽게 봐서는 안 돼.	山を甘く見てはいけない。

그밖에 취미

도예를 시작했어요.	陶芸を始めたんですよ。
이제 아직 초심자입니다.	まだまだ初心者です。
뭔가 취미를 가져야겠어.	何か趣味をもたなくっちゃ。

뭘 하거나 오래 계속 못해.	何をやっても長続きしないのよね。
잘하지 못하지만 무척 좋아해.	下手の横好きなの。
좋아하는 것이 장기가 된다는 말이 있잖아.	好きこそものの上手なれって言うじゃない。
남편과 함께 즐길 수 있는 취미는 어때?	ご主人といっしょに楽しめる趣味なんてどう?
취미라고 하지만 초보자 수준을 넘었군.	趣味とはいっても素人離れしているね。
옛날에 익힌 솜씨는 지금도 자신 있어요.	昔とったきねづかですよ。
주말에 동호인이 모여요.	週末、同好の士が集まるんですよ。
뭔가 배우고 있니?	何かけいこごとをしているの?
다도를 하고 있습니다.	茶道をしています。
나이가 들고 나서 꽃꽂이를 시작했습니다.	年を取ってから花道を始めました。
하고 싶을 때 시작하는 것이 제일이에요.	やりたいと思ったときに始めるのが一番ですね。
이것이 나의 즐거움입니다.	これが私の道楽です。
골동품에 푹 빠져 있습니다.	骨董品に目がないんですよ。

사랑과 우정

暮す友情

PART 2

UNIT
13

일본어에는 「사랑」이라는 말을 愛(あい)와 恋(こい)로 말합니다. 愛는 넓은 의미의 사랑을 말하고, 恋는 남녀간의 사랑을 말합니다. 또한 「애인」을 恋人(こいびと)와 愛人(あいじん)이라고 합니다. 愛人은 불륜의 관계를 말하므로 우리말로 직역하여 愛人이라고 하지 않도록 주의합시다. 참고로 연애중일 때는 「恋愛中(れんあいちゅう)」,

헤어지다는 「別(わか)れる」, 이성에게 차이다는 「ふられる」라는 표현을 씁니다.

13-1

우정에 대해서

우리들은 사이가 좋습니다.	私たちは仲よしです。
기무라는 제 진짜 친구입니다.	木村は私の親友です。
요시다는 당신 친구이죠?	吉田はあなたの親友でしょ？
그녀는 그저 친구예요.	彼女はほんの友達ですよ。
아키코 양은 언제부터 아는 사이였습니까?	明子さんはいつからの知り合いですか。
이케다 씨는 제 동료입니다.	池田さんは私の同僚です。
이 회사에서 가장 친한 사람은 누구입니까?	この会社でいちばん親しい人は誰ですか。
당신 이외에 외국인 친구가 없습니다.	あなた以外に外国人の友人がいないんです。
그는 이른바 술친구입니다.	彼はいわゆる飲み友達です。

135

13-2

이성과의 교제

이성 친구는 있습니까?	異性の友達はいますか。
기무라 씨는 남자 친구가 있습니까?	木村さんはボーイフレンドがいますか。
특별히 교제하고 있는 여자는 없습니다.	特別に交際している女性はおりません。
여동생과 데이트할 수 있도록 주선해 주지 않겠니?	妹さんとデートできるように計らってくれないかな。
이번 일요일에 그녀와 데이트합니다.	今度の日曜日に彼女とデートします。
데이트 비용은 전부 남자가 내야 한다고 생각합니까?	デートの費用は全部男がもつべきだと思いますか。
첫사랑은 16살 때였습니다.	初恋は16歳の時でした。
그녀와 연애 중입니다.	彼女と恋愛中です。
기무라는 내 여동생에게 첫눈에 반해 버렸습니다.	木村は僕のいもうとに一目ぼれしてしまいました。
요코에게 프러포즈를 했는데 거절당했어.	洋子にプロポーズしたのに、ふられちゃった。
어울리는 커플이야.	お似合いのカップルだ。
우리들은 사이좋게 잘 지내고 있습니다.	私たちの仲はかなりうまく行っています。

13-3

첫만남

첫눈에 반했어.	一目惚れだよ。

처음 만난 느낌이 안 들어.	初めて会ったなんて思えない。
마치 훨씬 이전부터 알고 있던 것 같아.	まるでずっと以前から知っていたみたいだ。
이런 기분은 처음이야.	こんな気持ちは初めてだよ。
웃는 얼굴이 아주 인상적이었어.	笑顔がとても印象的だった。
너를 처음 만났을 때의 일을 잊을 수 없어.	君に初めて会ったときのことが忘れられない。
소개하고 싶은 사람이 있어.	紹介したい人がいるんだよ。
만나 볼래?	会ってみる?
너만을 생각하고 있어.	君のことばかり考えているんだ。
연락처를 알려 주겠어요?	連絡先を教えてもらえますか。
휴대폰 번호를 가르쳐 주세요.	携帯の番号を教えてください。
처음 만났을 때 두근거렸어.	初めて会ったとき、ドキドキしちゃった。
근사한 사람이구나 생각했어.	すてきな人だなと思ったの。
이런 기분이 되리라고 생각도 해보지 않았어.	こんな気持ちになるなんて思ってもみなかったわ。
그를 생각하면 가슴이 두근거려.	彼のことを考えると、わくわくするよ。
짝사랑이야.	片思いなのよ。
이렇게 만나는 일도 있구나.	こういうふうに出会うこともあるのね。
다시 만나다니 꿈만 같네.	また会えるなんて夢みたいだわ。

그녀에게 푹 빠졌어.	彼女に夢中なんだ。
그녀는 내가 좋아하는 타입이야.	彼女は僕の好みのタイプなんだよ。
나를 어떻게 생각하니?	僕のことをどう思ってる?
넌 세상에서 제일 귀여워.	君は世界で一番かわいいよ。

데이트

이번에 데이트 안 할래?	今度、デートしない?
나와 안 사귈래?	僕とつき合ってくれるかな?
다음에 영화보러 가자.	今度、映画を観に行こうよ。
차라도 마시러 가지 않겠어요?	お茶でも飲みに行きませんか。
이번에 함께 식사를 안 하시겠습니까?	今度、お食事をご一緒しませんか。
내일 한가하니?	明日、ひま?
함께 가고 싶은 데가 있어.	一緒に行きたいところがあるんだ。
11시에 늘 만나던 장소에서 기다리고 있을게.	11時にいつもの場所で待っているよ。
또 전화 할게.	また電話するよ。
이번에는 어디로 갈까?	今度はどこに行こうか。
어딘가 가고 싶은 데 있니?	どこか行きたいところある?
몇 시가 좋겠니?	何時がいい?

기다렸지? 늦어서 미안해.	待った? 遅れてごめんね。
그 옷 아주 잘 어울리네.	その服、とてもよく似合うね。
너를 위해서라면 뭐든지 할게.	君のためなら何でもするよ。
이번 주말은 어떻게 하지?	今度の週末はどうする?
또 언제든지 연락해요.	またいつでも連絡してよ。
요전 데이트를 취소해서 미안해.	この間、デートをキャンセルしてごめんね。
결혼할 거니?	結婚するの?
결혼 따윈 아직 생각도 안 하고 있는데요.	結婚なんてまだ考えていないのですが。
집까지 바래다줘서 고마워.	家まで送ってくれてありがとう。

13-5 헤어짐

이제 믿을 수 없어.	もう信じられないわ。
이제 끝이야.	もう終わりよ。
이제 돌이킬 수가 없어.	もう取り返しがつかないわ。
이제 뭐라고 말해도 소용이 없을 것 같아.	もう何を言っても無駄なようね。
헤어지는 게 좋겠어.	別れたほうがいいわ。
헤어집시다.	別れましょう。
다시 시작할 수는 없겠니?	やり直すことはできないの?

미안해. 이제 안 돼.	ごめんなさい、もうダメよ。
다시 한번 기회를 주지 않을래.	もう一度だけチャンスをくれないか。
어떻게 그런 말을 할 수 있니?	なぜそんなことが言えるの?
언제부터 이렇게 되었는지 몰라.	いつからこんなになったのかしら。
변명 따위는 듣기 싫어.	言いわけなんて聞きたくないわ。
네 마음은 이제 모르겠어.	あなたの気持ちがもうわからないの。
무척 멀리 있는 것 같아.	とても遠くにいるみたい。
내 기분 알겠어?	私の気持ちがわかる?
두 사람 사이에 뭐가 남아 있다는 거야?	二人の間に何が残っているって言うの?
혼자서 충분히 생각하고 싶어.	一人になって、よく考えたいの。
어느 쪽이 나쁘다는 건 아니죠.	どちらが悪いというわけじゃないでしょ。
지금까지 고마웠어.	これまでありがとう。
우리 사이도 이걸로 끝이군.	私たちの仲もこれで終りね。
두 사람은 최근에 헤어진 것 같아.	二人は最近別れたらしいよ。

結婚

UNIT

14

일본어에서는 결혼은 현재도 진행 중이므로 과거형으로 말하지 않고 結婚 하고 있습니다로 말을 합니다. 우리말로 직역하여 結婚しました라고 한다면 일본인은 과거에 결혼한 적이 있고 지금은 이혼해서 혼자 사는 것처럼 여기게 됩니다. 일본인의 결혼은 크게 「恋愛結婚(연애결혼)」과 「お見合い結婚(중매결혼)」으로 나눌 수 있습니다. 둘 다 우리나라와 별 차이가 없습니다.

결혼 상대의 타입에 대해 말할 때

어떤 남자를 좋아합니까?	どんな男性が好きですか。
키가 크고 잘생기고, 게다가 농담을 할 줄 아는 사람이 좋아.	背が高くてハンサムで、それに冗談がわかる人がいいわ。
피부가 까맣고 남성적인 사람을 좋아해.	色が黒くて男性的な人が好きよ。
스포츠를 좋아하고 나를 지켜줄 것 같은 사람이 좋아.	スポーツ好きで私を守ってくれるような人がいいわ。
유머가 있는 사람을 좋아해.	ユーモアのある人が好きなの。
포용력 있고 융통성 있는 사람을 좋아해요.	包容力があって融通のきく人が好きですわ。
로맨틱하고 야성적인 남자를 좋아합니다.	ロマンチックで野生的な男性が好きです。
지적이고 온화한 사람과 있으면 가장 편해.	知的で穏やかな人といるといちばんほっとするの。

그는 내가 좋아하는 타입이 아냐.	彼は私の好みのタイプじゃないわ。
어떤 사람과 결혼하고 싶습니까?	どんな人と結婚したいですか。
직장이 안정된 사람과 결혼하고 싶어.	仕事が安定している人と結婚したいわ。
어떤 여자를 좋아해?	どんな女の子が好き?
눈이 크고 머리카락이 긴 여자를 좋아합니다.	目が大きくて髪の長い女性が好きです。
좋아하는 타입의 여자는?	好きなタイプの女性は?
여성스러운 여자가 좋아요.	女らしい人がいいですね。
그녀는 이상형이 아냐.	彼女は僕の理想型じゃないよ。
가정적인 사람과 결혼하고 싶습니다.	家庭的な人と結婚したいと思います。

결혼에 대해서

결혼했습니까, 독신입니까?	結婚してますか、独身ですか。
저는 결혼했습니다.	私は結婚しています。
한 번 이혼한 적이 있습니다.	ばつ一です。
약혼한 상태입니다.	婚約中です。
결혼한 지 3년 됐어요.	結婚して3年になります。
누나는 결혼했습니까?	お姉さんは結婚してるんですか。

여동생은 요전 토요일에 결혼했습니다.	妹はこの前の土曜日に結婚しました。
기무라와 결혼하니?	木村と結婚するの?
언제 그와 결혼하니?	いつ彼と結婚するの?
히로와 하루카가 결혼해.	比呂と春華が結婚するんだよ。

A: 比呂と春香が結婚するんだよ。
(히로와 하루카가 결혼해.)

B: まさか!
(설마!)

몇 살에 결혼하고 싶습니까?	いくつで結婚したいと思いますか。
멋진 사람을 찾아서 마음이 내키면 결혼하겠습니다.	すてきな人を見つけてその気になったら結婚します。
「맞선」이라는 말을 들어본 적이 있습니까?	「お見合い」って聞いたことがありますか。
중매결혼은 중매쟁이가 주선합니다.	見合い結婚は仲人さんが整えます。
당신은 중매로 결혼할 생각입니까?	あなたはお見合いで結婚するつもりですか。
결혼 축하해. 그런데 상대는 누구야?	ご結婚おめでとう。で、お相手は?
신혼여행은 괌으로 갑니다.	新婚旅行はグアムへ行きます。
남편 가족과 함께 삽니다.	夫の家族と同居します。

PART 2

143

14-3

결혼상대에 대해서

마음에 둔 사람이라도 있나?	心に留めている人でもいるのかい。
결혼상대는 신중히 골라야 해요.	結婚相手は慎重に選ぶべきです。
저는 돈보다는 사랑을 선택할 겁니다.	私は金より愛を選びます。
제가 선택한 사람과 결혼할 겁니다.	私が選んだ人と結婚するつもりです。
어울리는 결혼 상대를 찾으세요.	似合いの結婚相手を探してください。
결혼 상대에게 무엇을 바라세요?	結婚相手に何を望みますか。
그녀는 나의 이상형입니다.	彼女は私の理想の人です。
다음 달에 결혼식을 올리기로 했습니다.	来月に結婚式を挙げることにしました。

 14-4

임신과 출산에 대해서

그녀는 아이를 갖고 싶어 해.	彼女は子供を作りたがっている。
곧 아내가 아이를 낳습니다.	妻に近く子供が生まれます。
예정일은 언제입니까?	予定日はいつですか。
그녀는 임신 3개월입니다.	彼女は妊娠3ヶ月です。
저 말이야, 나 임신했어.	あのね。私、妊娠しているの。
자녀는 몇 명 갖고 싶으세요?	お子さんは何人ほしいですか。

| 그녀는 화요일에 여자아이를 낳았습니다. | 彼女は火曜日に女の子を生みました。 |
| 아기는 남자예요, 여자예요. | 赤ん坊は男ですか、女ですか。 |

14-5 별거와 이혼에 대해서

우리들은 자주 싸워.	私たちはよくけんかする。
이제 아내를 사랑하지 않아.	もう妻を愛していないんだ。
내 아내는 바람을 피우고 있어.	ぼくの妻は浮気しているんだ。
우리들은 틀어지기 시작했어.	ぼくらは仲たがいし始めた。
마음이 변했어.	気が変わったんだ。
넌 변했어.	君は変わったよ。
난 너를 이해하는 놈이라고 생각했는데.	ぼくは君を理解しているものと思っていたんだが。
너와 함께 있어도 재미없어.	あなたといてもつまらないの。
난 지금 아내와 별거 중이야.	ぼくは今、妻と別居しているんだ。
이혼하자.	離婚しよう。
헤어진다는 것은 괴로운 일이야.	別れるってことはつらいことだ。
너를 잃고 도저히 견딜 수 없어.	君を失って、とても耐えられない。
나를 버리지 말아 줘.	私を失恋させないでくれ。

145

직장생활

職場生活

U N I T
15

직업 분류에는 크게 「会社員(かいしゃいん)」과 「自営業(じえいぎょう)」으로 나눌 수 있습니다. 일본에서는 공무원을 「役人(やくにん)」이라고도 하며, 회사원을 「サラリーマン」이라고 합니다. 참고로 일본어에서는 자신이 속해 있는 사람을 외부 사람에게 말할 경우 우리와는 달리 자신의 상사라도 높여서 말하지 않습니다. 단, 직장 내에서 호출을 할 때 상사인 경우에는 さん을 붙여 말합니다.

 15-1

직장에 대해서

어느 회사에 근무합니까?	どの会社に 勤めていますか。
저는 이 회사에 근무합니다.	私はこの会社に勤めています。
어느 부서입니까?	部署はどこですか。
저는 이 회사에서 영업을 하고 있습니다.	私はこの会社で営業をやっています。
회사는 어디에 있습니까?	会社はどこにあるんですか。
정년은 언제입니까?	定年はいつですか。

 15-2

출퇴근에 대해서

출근 전에는 분주해.	出勤前はあわただしい。
아침밥을 먹을 시간이 없어!	朝食を食べる 時間がない!

146

다녀올게요.	行ってきます。
역까지 달리는 경우도 있습니다.	駅まで走ることもあります。
통근전철은 꽉 차.	通勤電車はぎゅうぎゅう詰めだ。
건강을 위해 한 역 구간은 걷도록 하고 있습니다.	健康のために一駅分は歩くようにしています。
타임카드를 찍는 걸 잊어버렸어!	タイムカードを押し忘れてしまった!
전철이 늦어서 지각했어.	電車が遅れて遅刻した。
집을 나와 회사에 도착하기까지 꼭 1시간 걸려.	家を出てから会社に着くまでちょうど1時間かかる。
세 번 갈아타야 해.	3回乗り換えしなくてはいけない。
먼저 실례합니다.	お先に失礼します。
수고하셨습니다. 내일 또 봅시다!	お疲れさまでした。また明日!
귀가 길에 식사라도 할까요?	帰りに食事でもしましょうか。
오늘밤은 곧장 돌아갈게요.	今夜はまっすぐ帰ります。
오늘밤은 잔업으로 귀가가 늦어질 거야.	今夜は残業で帰りが遅くなるよ。

 15-3

근무에 대해서

스케줄을 확인해 보겠습니다.	スケジュールを確認してみます。
할 일이 많아.	する事がたくさんあるんだ。

이 일은 그다지 힘들지 않아.	この仕事はそんなに大変じゃないよ。
일을 게을리 하지 마라!	仕事をさぼるな!
그 일에서 손뗐어.	その仕事とは縁が切れた。
이걸 스테이플러로 철해주세요.	これをホチキスでとめてください。
이 서류를 복사해 주겠나?	この書類をコピーしてくれる?
이 복사기는 고장났습니다.	このコピー機はこわれています。
복사기 종이가 떨어졌을 거야.	コピー機の紙切れだと思うよ。
잠깐 쉬자.	ひと休みしよう。
커피 드실래요?	コーヒーはいかがですか。
곧 점심시간이야.	そろそろ昼食の時間だ。
자, 일을 시작하자.	さあ、仕事を始めよう。
일은 어때?	仕事はどうだい?
숨 쉴 틈도 없어.	息をつく暇もないんだ。
왜 늦었나? 서둘러 주게.	どうして遅れてるんだい。急いでくれ。
이 용지는 어떻게 기입하면 되나?	この用紙はどう記入すればいいの?
회의는 잘 되었어.	会議はうまくいったよ。
회의가 길어질 것 같아.	会議は長引きそうだ。
할 수 있는 데까지는 했어.	できるかぎりの事はした。
좋아, 됐어.	よし、確認。

다시 한번 처음부터 해주게.	もう一度最初からやり直してくれ。
서류를 나에게 제출해 주게.	書類を私に提出してくれ。
오늘밤은 잔업 하니?	今夜は残業するの?
이 보고서를 오늘 중으로 마무리하게!	このレポートを今日中に仕上げてくれ!
적당히 해치웁시다.	適当にやっちゃいましょう。

15.4 상사와 부하에 대해서

그와는 마음이 맞니?	彼とはウマが合う?
나는 모두와 잘 지내고 싶어.	私はみんなとうまくやっていきたいんだ。
그 사람 본심을 알 수 없어.	あの人の本心がわからない。
아첨하는 사람은 싫어.	へつらう人は嫌いだ。
난 가족보다 일을 우선해.	私は家族より仕事を優先するんだ。
넌 누구 편이야?	君はどちらの味方なんだ。
넌 상사를 좋아하니?	あなたは上司が好きなの?
아냐, 그는 나를 너무 심하게 다뤄.	いや、彼は私にとてもつらくあたるんだ。
그는 매우 엄격해.	彼は本当にきびしい。
그런 말을 해도 그는 무시해.	あんなこと言っても彼は無視するねえ。
그는 항상 나를 눈엣가시처럼 여겨.	彼はいつもぼくを目のかたきにする。

나는 그에게 무척 감사하고 있어. 私は彼にたいへん感謝しているんだ。

그에게는 많은 신세를 지고 彼にはたいへんお世話になっています。
있습니다.

초대

招待

UNIT 16

아무리 친한 친구라 하더라도 집으로 초대하지 않는다는 일본인도 많습니다. 이것은 집이 좁기 때문이기도 하지만 대개 자기 집안을 남에게 보이는 것을 꺼리기 때문입니다. 그러므로 일본인 집에 초대받는 것은 관계가 상당히 깊어졌다고 볼 수 있습니다. 일단 알게 된 사람이나 친구와 한층 더 친해지기 위해서는 자신의 집이나 파티에 초대해서 대화를 나누는 것은 서로의 거리낌 없는 친분을 쌓는 데 매우 중요한 의미를 갖습니다.

초대할 때

이번에 우리 집에 식사하러 오지 않겠어요?	今度、うちに食事に来ませんか。
오늘밤에 나와 식사 어때?	今晩、わたしと食事はどう?
함께 밖으로 식사하러 가지 않겠어요?	いっしょに外へ食事に出ませんか。
당신을 우리 집에 초대하고 싶은데요.	あなたを家にお招きしたいのですが。
언제 놀러 오세요.	いつか遊びに来てください。
집에 와서 이야기라도 하지 않겠어요?	うちへ来ておしゃべりをしませんか。
나카무라와 스즈키도 초대했어.	中村と鈴木も誘っているんだ。
생일 파티에 와요.	誕生パーティーに来てね。
사정을 알려 주십시오.	ご都合をお知らせください。

가족 모두 함께 오십시오.	ご家族そろってお越しください。
아무쪼록 가벼운 마음으로 오십시오.	どうぞお気軽にいらしてください。
6시 반 쯤 와주겠니?	6時半頃来てくれる?

> A: 何時に行けばいいかな?
> (몇 시에 갈까?)
>
> B: 6時半頃来てくれる? (6시 반 쯤 와주겠니?)

| 역으로 마중 갈게. | 駅まで迎えに行くよ。 |
| 역에 도착해서 전화해. | 駅に着いたら電話してね。 |

16-2

초대에 응할 때

기꺼이 가겠습니다.	喜んでうかがいます。
물론 가겠습니다.	もちろん行きます。
꼭 가겠습니다.	きっと行きます。
초대해 줘서 고마워.	招いてくれてありがとう。
좋지요.	いいですねえ。
기꺼이 갈게.	喜んでうかがうわ。

> A: 私の家に来ない? (우리 집에 안 올래?)
> B: ええ、喜んでうかがうわ。
> (응, 기꺼이 갈게.)

| 물론 갈게. | もちろん行くよ。 |

나 외에 누가 오니?	私のほかに誰が来るの?
뭐 가져갈까?	何か持っていこうか。

> A: 何か持っていこうか。
> (뭐 가져갈까?)
>
> B: ワインを1本持ってきてくれたらうれしいわ。
> (와인 한 병 가져오면 좋겠어.)

디저트를 가져갈게.	デザートを持っていくわ。
일본 가정요리를 대접할게.	日本の家庭料理をごちそうするよ。
그냥 와.	手ぶらで来てね。

> A: 何を持っていけばいいの?
> (뭘 가져가면 좋겠니?)
>
> B: いいのよ。手ぶらで来てね。
> (괜찮아. 그냥 와.)

16-3

초대에 응할 수 없을 때

유감스럽지만 갈 수 없습니다.	残念ながら行けません。
그 날은 갈 수 없을 것 같은데요.	その日は行けないようですが。
공교롭게 그 때는 바쁩니다.	あいにくその時は忙しいんです。
미안하지만, 그 날은 안 됩니다.	すまないけど、その日はだめです。
가고 싶은 마음은 굴뚝같은데….	行きたいのはやまやまですが…。
그 날은 선약이 있어서요.	その日は先約がありますので。

153

언제 다른 날로 하는 게 좋을 것 같군요.	いつか別(べつ)の日(ひ)のほうがよさそうですね。
다시 불러 주세요.	また誘(さそ)ってみてください。
모처럼이지만, 오늘은 사정이 안 좋습니다.	せっかくですが、今日(きょう)は都合(つごう)が悪(わる)いんです。

방문

訪問

UNIT
17

남의 집을 방문할 때는 「ごめんくだ
さい(실례합니다)」라고 상대를 부른
다음 주인이 나올 때까지 현관에서
기다립니다. 주인이 「どちらさまで
すか(누구십니까?)」라면서 나오면
자기소개를 하고, 가볍게 인사를 나눈
뒤 주인의 안내로 집안으로 들어갑니다.
일본도 우리와 마찬가지로 실내에서는
신발을 신지 않습니다. 이때 준비해온
선물을 これをどうぞ(이걸 받으십시오)라고 하면서 건넵니다.

방문했을 때

실례합니다. (들어갈 때 인사)	お邪魔します。
초대해 줘서 고마워.	お招きありがとう。

A: お招きありがとう。
(초대해 줘서 고마워.)

B: 来てくれてうれしいわ。
(와줘서 기뻐.)

우리 집은 금방 찾을 수 있었니?	この家はすぐに見つけられた?

A: この家はすぐに見つけられた?
(우리 집은 금방 찾았니?)

B: ええ、問題なくここまで来られたわ。
(예, 문제없이 여기까지 왔어요.)

외투는 여기에 걸어.	上着はここに掛けてね。

155

| 아내 구미코는 전에 만난 적이 있지? | 妻の久美子には前に会っているよね？ |
| | |

> A: 妻の久美子には前に会っているよね？
> (아내 구미코는 전에 만난 적이 있지?)
>
> B: ええ。久美子さん、また会えてうれしいです。
> (응. 구미코 씨, 다시 만나서 기뻐요.)

| 아들 다로와 딸 하나코야. | 息子の太郎と娘の花子だよ。 |
| | |

| 이건 선물이야. | これ、おみやげだよ。 |
| | |

> A: これ、おみやげだよ。
> (이건 선물이야.)
>
> B: ありがとう。今、開けていいかしら？
> (고마워. 지금 열어봐도 될까?)

이런 거 갖고 싶었어.	こんなのを欲しいと思っていたのよ。
마음에 들어 해서 기뻐.	気に入ってもらえてうれしいよ。
편하게 있어.	どうぞ楽にしてね。
자, 앉아.	どうぞ、座って。
다쿠야와 이시게도 곧 올 거야.	拓也と石毛もすぐに来るはずだよ。
좋은 집이구나.	いいお住まいですね。
멋진 방이야.	素敵なお部屋ね。

> A: 素敵なお部屋ね。
> (멋진 방이야.)
>
> B: ほめてくれてありがとう。
> (칭찬해 줘서 고마워.)

156

| 가족사진이 많이 있구나. | ご家族の写真がたくさんあるわね。 |

| 이 사진은 어디서 찍었니? | この写真はどこで撮ったの? |

> A: この写真はどこで撮ったの?
> (이 사진은 어디서 찍었니?)
>
> B: この前の夏、北海道で撮ったんだよ。
> (지난여름에 홋카이도에서 찍은 거야.)

| 사진에 있는 이 사람은 누구야? | 写真に写っているこの人は誰? |

> A: 写真に写っているこの人は誰?
> (사진에 있는 이 사람은 누구야?)
>
> B: 僕の母だよ。
> (우리 엄마야.)

17-2

방문객을 맞이할 때

| 누구십니까? | どちら様でしょうか。 |

| 어서 들어오세요. | どうぞお入りください。 |

| 잘 오셨습니다. | ようこそいらっしゃいました。 |

| 어머, 기무라 씨! 오랜만이에요. | まあ、木村さん! しばらくですね。 |

| 어서 오세요. 무척 기다리고 있었습니다. | ようこそ。楽しみにお待ちしていました。 |

| 잠깐 기다려 주십시오. | ちょっとお待ちください。 |

| 이런 건 가지고 오시지 않아도 되는데. 고마워요. | そんなことなさらなくても良かったのに。ありがとう。 |

방문객을 대접할 때

뭐 좀 마실래요?	何か飲み物はいかが?

A: 何か飲み物はいかが?
(뭐 좀 마실래요?)

B: ええ、ビールをもらえますか。
(응, 맥주를 줄 수 있습니까?)

뭐 마실래?	何を飲む?

A: 何を飲む?
(뭐 마실래?)

B: まず白ワインをいただくよ。
(우선 백포도주를 마실게.)

맥주 한 잔 더 할래?	ビールをもう一杯どう?
이것은 전형적인 일본 가정요리야.	これは典型的な日本の家庭料理よ。

A: これは典型的な日本の家庭料理よ。
(이것은 전형적인 일본 가정요리야.)

B: すばらしいね!
(근사하다.)

맛있어 보여.	おいしそうだね。
이것을 전부 만들다니 힘드셨겠네요.	これを全部つくるのは大変だったでしょうね。
모두 맛있어.	どれもすごくおいしいわ。
좀 더 먹을래요?	もう少しいかが?

A: もう少しいかが? (좀 더 먹을래요?)	
B: ええ、いただきます。 (예, 더 주세요.)	

튀김은 이 국물에 찍어서 먹는 거야.
天ぷらはこのつゆにつけて食べるんだよ。

이렇게 먹는 거야.
こうやって食べるんだよ。

일본 음식은 좋아하세요?
日本の食べ物は好きですか。

일본 음식으로는 무엇을 가장 좋아해?
日本の食べ物では、何がいちばん好き?

뭐 못 먹는 것은 있니?
何か食べられないものはある?

만드는 법을 가르쳐 줄게.
作り方を教えてあげるわ。

A: この料理はどうやって作るの? (이 요리는 어떻게 만드니?)	
B: 作り方を教えてあげるわ。 (만드는 법을 가르쳐 줄게.)	

만드는 법을 적어줄게.
作り方を書いてあげよう。

많이 먹었니?
十分に食べた?

A: 十分に食べた? (많이 먹었니?)	
B: うん、お腹いっぱいだよ。 (응, 배불러.)	

방문을 마칠 때

슬슬 일어나겠습니다.	そろそろおいとまします。
너무 시간이 늦어서요.	もう時間が遅いですから。
이제 그만 갈 시간이야.	そろそろ失礼する時間だ。
늦었어.	遅くなってきたからね。
가야겠어요….	行かなくちゃならないので…。
이제 실례해야겠어요.	そろそろ失礼しなくては。
좀 더 있으면 좋겠지만.	もっと長くいられたらいいのだけど。

> A: 本当にもう帰るの?
> (정말 벌써 가는 거야?)
> B: もっと長くいられたらいいのだけど。
> (좀 더 있고 싶지만.)

무척 즐거웠어. 정말로 고마워.	とても楽しかった。ほんとうにありがとう。
정말로 말씀 즐거웠습니다.	本当に楽しくお話しできました。
저희 집에도 꼭 오십시오.	私の方にもぜひ来てください。
즐거웠습니다.	楽しかったです。
저녁을 잘 먹었습니다.	夕食をごちそうさまでした。
이번에는 꼭 우리집에 와.	今度はぜひ、私の家に来てね。

A: 今度はぜひ、私の家に来てね。
(이번에는 꼭 우리집에 와.)

B: ありがとう、そうさせてもらうわ。
(고마워. 그렇게 할게.)

17-5

주인으로서의 작별 인사

벌써 가시겠습니까?	もうお帰りですか。
와줘서 고마워.	来てくれてありがとう。
저녁이라도 드시고 가지 않겠습니까?	夕食を召し上がって行きませんか。
저는 괜찮습니다.	わたしの方はかまわないんですよ。
그럼, 만류하지는 않겠습니다.	それじゃ、お引き留めはいたしません。
와주셔서 저야말로 즐거웠습니다.	来ていただいて、こちらこそ楽しかったです。
언제든지 또 오십시오.	いつでもまた来てください。
그럼 조심해서 가세요.	では、気をつけて。
좀 더 계시다 가세요.	もうちょっといいじゃないですか。
또 오세요.	また来てくださいね。

UNIT

18

전화를 걸 때는 「もしもし, キムです が, ～をお願いします(여보세요, 김인데요, ～를 부탁합니다)」라고 먼저 자신의 신분이나 소속단체를 밝히고 통화를 할 상대를 부탁합니다. 전화를 받을 때는 「もしもし, ○○でござい ますが(여보세요, ○○입니다만)」 이라고 자신의 이름 등을 밝혀 상대가 확인하는 수고를 덜어주는 것도 전화

에티켓의 하나입니다. 전화 상대를 바꿔줄 때는 「少々お待ちください (잠깐 기다려 주십시오)」라고 합니다.

전화를 걸 때

여보세요. 스즈키 씨 댁입니까?	もしもし、鈴木さんのお宅ですか。
히로미 양을 부탁합니다.	もしもし、広美さんをお願いします。
여보세요, 기무라 씨입니까?	もしもし、そちらは木村さんでしょうか。
다나카 선생님은 계십니까?	田中先生はおられますか。
나카무라 씨에게 연결해 주십시오.	中村さんにつないでください。
다나까 씨와 연락을 취하고 싶은데요.	田中さんと連絡をとりたいのですが。
경리부 기무라 씨와 통화를 하고 싶은데요.	経理部の木村さんとお話ししたいんですが。
영업부 아무나 통화를 하고 싶은데요.	営業部のどなたかとお話ししたいんですが。

162

편집부로 연결해 주시겠어요?	編集部へつないでいただけませんか。
내선 10번을 부탁합니다.	内線の10番をお願いします。

전화를 받을 때

내가 받을게.	僕が出るよ。
너 전화 받아 주겠니?	あなた出てくれない?
나는 지금 받을 수 없어.	私は今、出られないのよ。

> A: 君、出てくれる? (너 받아 주겠니?)
> B: 私は今、出られないのよ。
>   (나는 지금 받을 수 없어.)

ABC사입니다. 용건을 말씀하십시오.	ABC社です。ご用件をどうぞ。
네, 접니다.	はい、私です。

> A: もしもし、裕美子さんはいますか。
>   (여보세요, 유미코 씨는 있습니까?)
> B: はい、私です。
>   (네, 접니다.)

전화 바꿨습니다, 나카무라입니다.	代わりました、中村です。
죄송합니다만, 잘 들리지 않는데요.	すみません、よく聞こえないのですが。
누구십니까?	どちらさまですか。

A: 鈴木さんをお願いします。
(스즈키 씨를 부탁합니다.)

B: どちらさまですか。
(누구십니까?)

이름 철자를 부탁합니다.

お名前のスペルをお願いします。

히로세사의 나카무라 씨죠?

ヒロセ社の中村様ですね。

어느 쪽 마에다를 찾으세요?

どちらの前田にご用でしょうか。

마에다라는 분이 두 분 계시거든요.

前田という者は二人いるのですが。

A: 前田さんをお願いしたいのですが。
(마에다 씨를 부탁합니다.)

B: 前田という者は二人いるのですが。前田神と前田靖史です。
(마에다라는 분이 두 분 계시는데, 마에다 신과 마에다 야스시입니다.)

용건이 뭔지 여쭤 봐도 될까요?

ご用件をうかがえますか。

A: 社長をお願いします。
(사장님을 부탁합니다.)

B: ご用件をうかがえますか。
(용건이 뭔지 여쭤봐도 될까요?)

잠시만 기다리십시오.

少々お待ちください。

전화를 연결할 때

히로미를 바꿔줄게요.	浩美に代わります。
잠깐만 기다려요. 이치로를 불러올게요.	ちょっと待ってね。一郎を呼んでくるから。
나카무라, 전화 왔어.	中村、君にだよ。

> A: 中村、君にだよ。
> (나카무라 전화 왔어.)
>
> B: 誰から? (누구한테?)

나중에 다시 전화할게.	後でかけ直すことにする。

> A: 今、シャワーを浴びているんだ。
> (지금 샤워 중인데.)
>
> B: 後でかけ直すことにする。
> (나중에 다시 전화할게.)

하츠시바사의 사이토 씨께서 전화하셨습니다.	初芝社の斎藤さんから電話です。
1번에 전화가 와있습니다.	1番に電話が入っています。
나카무라 씨가 2번으로 전화하셨습니다.	中村さんから2番にお電話です。
연결해 드리겠습니다.	おつなぎします。
내선 458로 연결해 드리겠습니다.	内線458におつなぎします。
사사키 씨께 연결해 드릴게요.	佐々木におつなぎします。
담당자 분과 연결해 드리겠습니다.	担当の者におつなぎします。

A: 御社からの請求書についてうかがいたい
のですが。
(귀사의 청구서에 대해 문의 드리고 싶은데요.)

B: 担当の者におつなぎします。
(담당자 분과 연결해 드리겠습니다.)

전화 받을 상대가 없을 때

언제 돌아오십니까?	いつお戻りになりますか。
무슨 연락할 방법은 없습니까?	何とか連絡する方法はありませんか。
그녀에게 연락할 수 있는 다른 번호는 없습니까?	彼女に連絡できる他の番号はありませんか。
나중에 다시 한 번 걸게요.	あとでもう一度かけなおします。

전화를 받을 수 없을 때

지금 다른 전화를 받고 있는데요.　今、ほかの電話に出ているのですが。

A: 三浦さんをお願いします。
(미우라 씨를 부탁합니다.)

B: すみません。ただいま、別の電話に出て
おります。
(죄송합니다. 지금 다른 전화를 받고 있습니다.)

미안합니다. 아직 출근하지
않았습니다.　　　　　　　すみません。まだ出社しておりません。

방금 점심을 먹으러 나갔는데요.　ただいま昼食に出ておりますが。

166

미안합니다, 지금 회의 중입니다.	すみません、ただいま会議中です。
그녀는 지금 집에 없는데요.	彼女は今、留守なんですが。

> A: 洋子さんをお願いします。
> (요코 씨를 부탁합니다.)
>
> B: 彼女は今、留守なんですが。
> (그녀는 지금 집에 없는데요.)

1시간 정도 후에 돌아오실 겁니다.	1時間ほどで戻るはずです。
오후에는 돌아올 겁니다.	午後には戻るはずです。
3시경에는 돌아올 겁니다.	3時頃には戻るはずです。
아직 돌아오지 않았는데요.	まだ帰ってきていないんですが。
잠깐 자리를 비웠습니다.	ちょっと席をはずしております。
미안합니다. 오늘은 쉽니다.	すみません、今日は休みを取っております。
지금 출장중입니다.	今出張中です。

 18-6

메시지를 부탁할 때

전화를 주셨으면 하는데요.	お電話をいただきたいのですが。
전해 주시겠습니까?	伝言していただけますか。
메모를 부탁해도 될까요?	伝言をお願いできますか。

	A: 伝言をお願いできますか。 (메모를 부탁해도 될까요?) B: ええ、どうぞ。(예, 그러세요.)
기무라한테 전화가 왔다고 전해주십시오.	木村から電話があったとお伝えください。
돌아오면 나에게 전화하라고 말해 주세요.	戻りましたら、私に電話をくれるように言ってください。
돌아오면 전화하도록 말할까요?	帰ったら電話するように言いましょうか。
메시지를 전해 드릴까요?	伝言をお伝えしましょうか。
알겠습니다. 메시지를 전해 드리겠습니다.	わかりました。伝言をお伝えしておきます。
기무라 씨, 아까 김 씨에게 전화가 왔었습니다.	木村さん、さっきキムさんから電話がありました。

전화 통화와 끊을 때

지금 얘기해도 괜찮니?	今、話してもいい？
방해가 되지 않으면 좋겠어.	お邪魔にならないといいのだけど。
	A: お邪魔にならないといいのだけど。 (방해가 되지 않으면 좋겠어.) B: いや、構わないよ。(아니, 괜찮아.)
일하는 데 방해해서 미안해.	お仕事中、お邪魔してごめんなさい。

이렇게 아침 일찍 전화해서 미안해.

こんなに朝早く電話してごめんなさい。

잠을 깨운 거니?

起こしてしまったかな?

A: 起こしてしまったかな?
   (잠을 깨운 거니?)

B: いや、起きていたよ。
   (아니, 일어나 있었어.)

얘기해 본지 오래간만이다.

話をするのは久しぶりだね。

A: 話をするのは久しぶりだね。
   (얘기해 본지 오래간만이다.)

B: そうだね。元気だった?
   (그래. 잘 지냈니?)

어제 다시 전화하지 못해서 미안해.

昨日、電話をかけ直さなくてごめんね。

자동 응답기에 남겨진 것 들었어.

留守番電話を聞いたよ。

메시지를 받았어.

メッセージを受け取ったよ。

미안하지만 지금 무척 바빠.

悪いけど、今、手が離せないの。

30분 정도 후에 다시 전화해도 될까?

30分ぐらい後でかけ直していいかしら?

A: 30分ぐらい後でかけ直していいかしら?
   (30분 정도 후에 다시 전화해도 될까?)

B: わかった。電話を待ってるよ。
   (알았어. 전화 기다릴게.)

어디서 전화하는 거야?

どこからかけているの?

169

전화를 기다리고 있었어.	電話を待っていたんだよ。
잠깐 기다려. 누가 왔어.	ちょっと待って。誰か来たわ。
이제 그만 통화해야겠어.	そろそろ失礼しなくては。
통화하게 되서 좋았어요.	お話しできてよかったです。
전화해 주셔서 고맙습니다.	お電話ありがとうございました。
전화를 다시 주셔서 고맙습니다.	電話をかけ直していただき、ありがとうございました。

잘못 걸려온 전화

번호가 틀린 것 같습니다만.	番号をお間違えのようですが。
몇 번에 거셨습니까?	何番へおかけですか。
미안합니다, 번호를 잘못 걸었습니다.	すみません、番号をかけ間違えました。
미안합니다, 여기에는 마츠모토라는 이름을 가진 사람이 없습니다.	すみません、こちらには松本という名の者はおりません。
미안합니다. 잘못 걸었습니다.	すみません、間違えました。

통화에 문제가 있을 때

나중에 다시 걸겠습니다.	後でかけ直します。
실례했습니다. 끊어졌습니다.	失礼しました。切れてしまいました。
통화음이 작은데요.	ちょっと電話が遠いのですが。

아, 다른 전화가 걸려왔습니다.	あっ、ほかの電話が入ってしまいました。
그럼, 또 걸겠습니다.	では、またかけます。
이제 카드가 다 되어 끊어지겠습니다.	もうカードがないんで切れちゃいます。
미안합니다. 아까 전화가 끊어져서.	すみません。さっき、電話が切れちゃって。

국제전화를 걸 때

서울에 국제전화를 걸고 싶은데요.	ソウルへ国際電話をかけたいのですが。
교환을 통해야 합니까?	交換台を通さないといけませんか。
서울에 컬렉트콜로 걸어 줄래요?	ソウルへコレクト・コールにしてくれますか。
한국에 직접 전화하는 방법을 가르쳐 주겠어요?	韓国へ直接電話する方法を教えてくれますか。
미안합니다. 다른 사람에게 연결되어 버렸습니다.	すみません、別の人につながってしまいました。
미안합니다, 통화를 취소해 주시겠어요?	すみません、通話を取り消してもらえますか。
끊어 버렸는데, 다시 한번 연결해 주세요.	切ってしまったので、もう一度つないでください。
상대에게 연결이 되지 않는데, 어떻게 하면 될까요?	相手につながらないのですが、どうしたらいいでしょうか。
통화한 시간과 요금을 알려 주겠어요?	かかった時間と料金を教えてくれませんか。

휴대폰을 이용할 때

휴대폰으로 전화하는 겁니까?
けいたい
携帯からですか。

앗, 이제 지하로 들어가 버리네.
ちか か はい
あっ、これから地下に入っちゃうわ。

여보세요. 들립니까?
き
もしもし。聞こえますか。

휴대폰 감이 안 좋아서 못
알아듣겠는데요.
けいたい でん ぱ き
携帯の電波がよくないので、聞きとれないん
ですが。

여보세요. 지금 어디야?
いま
もしもし。今どこ？

내 휴대폰 번호가 바뀌었어.
わたし けいたい ばんごう か
私の携帯の番号が変わったの。

용건은 문자로 보낼게요.
ようけん い
用件はメールで入れます。

約束

U N I T

19

일본인의 약속에 대한 관념은 철저한 편입니다. 상대와 약속을 할 때는 우선 상대방의 형편이나 사정을 물어본 다음 용건을 말하고 시간과 장소를 말하는 것이 순서입니다. 가능하면 장소와 시간은 상대방이 정하는 게 좋습니다. 또한 약속 장소를 정할 때는 상대가 쉽게 찾을 수 있는 곳을 염두에 둬야 합니다. 그렇지 않고 일방적으로 자신만이 알고 있는 장소를 선택하면 상대에 대한 예의가 아닐 뿐만 아니라 제 시간에 만나지 못할 것입니다.

약속할 때

반드시 하겠습니다.	必ずやります。
약속할게.	約束するよ。
약속이야.	約束だよ。
나를 믿어요.	私を信じて。
이 약속은 절대로 어기지 않을 거야.	この約束は絶対にやぶらないよ。
이번이야 말로 약속을 지켜요.	今度こそ約束を守ってね。
맹세해.	誓うよ。
신에게 걸고 맹세할게.	神にかけて誓うよ。
그런 약속은 못해.	そんな約束はできないよ。

약속을 청할 때

지금 방문해도 될까요?	これからお邪魔してもいいでしょうか。
말씀드리러 찾아뵈도 될까요?	お話ししにうかがってもいいですか。
잠깐 말씀드리고 싶습니다만.	ちょっとお話ししたいのですが。
말씀드릴 게 있습니다.	お話ししたいことがあります。
언제 시간이 있으면 뵙고 싶습니다만.	いつかお時間があればお目にかかりたいのですが。
오늘, 조금 있다가 볼 수 있을까요?	今日、のちほどお目にかかれますでしょうか。

약속 시간과 장소를 정할 때

언제가 가장 시간이 좋습니까?	いつがいちばん都合がいいですか。
금요일 밤은 시간이 됩니까?	金曜の夜は都合がいいですか。
토요일 오후 3시는 어때요?	土曜の午後3時はどうです?
이번 일요일에 무슨 약속이 있습니까?	今度の日曜日、何か約束がありますか。
몇 시까지 시간이 비어 있습니까?	何時まで時間があいてますか。
어디서 만날까요?	どこで会いましょうか。
어디서 만나는 게 가장 좋을까요?	どこがいちばん都合がいいですか。
일이 끝나면 5시에 사무실 앞에서 만날까요?	仕事が終わったら5時に事務所の前で会いましょうか。

174

신주쿠 역에서 3시 무렵에
만나기로 합시다.

新宿駅で3時ごろ待ち合わせましょう。

약속 제안을 승낙할 때

좋아요. 그럼 그 때 만납시다.

いいですよ。じゃ、その時に会いましょう。

그게 좋겠습니다.

それで好都合です。

저도 그 때가 좋겠습니다.

わたしもそれで都合がいいです。

언제든지 좋으실 때 하십시오.

いつでもお好きな時にどうぞ。

그럼, 그 시간에 기다리겠습니다.

では、その時間0にお待ちします。

저는 어디든지 좋아요, 당신은?

私はどちらでも都合がいいですよ。あなたは？

약속 제안을 거절할 때

유감스럽지만, 오늘 오후는
안 되겠습니다.

残念ながら、今日の午後はだめなんです。

미안하지만, 오늘은 하루
종일 바쁩니다.

すみませんが、今日は一日中忙しいのです。

정말로 미안하지만,
이번 주에는 시간이 없습니다.

本当にすまないけど、今週は時間がないんです。

아쉽게도 약속이 있습니다.

あいにくと約束があります。

오늘은 곤란한데, 내일은 어때요?

今日はまずいけど、明日はどうです？

19-6 약속을 변경하거나 취소할 때

다른 날로 해 주실 수 없을까요?	別の日にしていただけないでしょうか。
급한 일이 생겨서 갈 수 없습니다.	急用ができてしまって行けません。
다음 달까지 연기해 주실 수 없습니까?	来月まで延ばしていただけませんか。
폐가 되지 않는다면 괜찮겠습니까?	ご迷惑にならなければよろしいのですが。
정말로 미안합니다만, 약속을 지킬 수 없습니다.	本当にすみませんが、お約束が果たせません。
약속을 못 지켜서 죄송합니다.	約束を守らないで、すみません。
오늘 약속시간을 조금 앞당겼으면 하는데요.	今日の約束時間を少し早めたいんですが。
미안하지만, 약속을 하루 정도 늦출 수 없나요?	すみませんが、約束を一日ぐらい遅らせませんか。
미안합니다만, 오늘 약속을 지킬 수 없게 되어서….	すみませんが、今日の約束が守れなくなりまして…。

오락

娯楽

U N I T

20

대부분 사람들은 한가할 때 자신이 좋아하는 일이나 평소에 관심을 가지고 있는 일을 하게 마련입니다. 한가할 때 무엇을 하는지 물을 때는「お暇なときは何をしますか(한가할 때는 무엇을 합니까?)」라고 하며, 여기서「暇(ひま)」는 시간이 있는 한가로운 상태를 말합니다. 한편 우리는 온라인게임을 즐기는 편이지만,

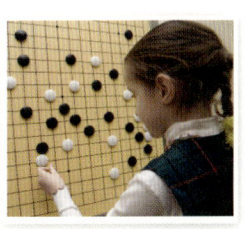

일본인은 비디오게임을 선호하는 편이며, 일반 성인은 국민적 오락인 파친코(パチンコ)를 즐깁니다.

오락에 대해서

어떤 게임을 하고 싶으세요?	どんなゲームをしたいんですか。
포커 치는 법을 가르쳐 줄래요?	ポーカーのやり方を教えてくれますか。
가위바위보로 차례를 정합시다.	ジャンケンで順番を決めましょう。
텔레비전 게임에 빠져 있습니다.	テレビ・ゲームに夢中になっています。
파친코를 해보았습니까?	パチンコをやってみましたか。
장기를 두어 보았더니 재미있어서 그만둘 수 없어요.	将棋をやってみたら、面白くてやめられません。
바둑은 좋아합니다만, 실력이 떨어졌습니다.	碁は好きですが、腕が鈍ってます。
경마 등의 도박에는 전혀 흥미가 없습니다.	競馬などの賭け事には全然興味がありません。

177

게임

트럼프를 잘 섞어 줘요.	トランプをよく切って。
모두에게 7장씩 나눠 줘요.	みんなに7枚ずつ配って。
여행갈 때는 트럼프를 가지고 가자.	旅行にはトランプを持っていこう。
이 게임에서는 카드를 많이 모은 사람이 이깁니다.	このゲームではカードを多く集めた人が勝ちです。
누가 선이 될래?	だれが親になる?
좋아하는 말을 선택하세요.	好きなコマを選んでください。
주사위를 흔들어도 되겠어요?	サイコロを振ってもいいですか。
누군가 이 게임의 룰을 알고 있니?	だれかこのゲームのルールを知ってる?
룰이 복잡해서 다 외울 수가 없어.	ルールが複雑で覚え切れない。
네 사람이 모이면 마작이 시작돼.	4人集まると麻雀が始まる。
텔레비전 게임은 하루 1시간만이야.	テレビゲームは1日1時間だけよ。
새로 나온 게임 소프트를 사러 가자.	新しく出たゲームソフトを買いに行こう。
이 게임은 전 세계적으로 매우 인기가 있어.	このゲームは世界中でとても人気がある。
게임은 이제 그만 해라.	テレビゲームはもう終わりにしなさい。

A: テレビゲームはもう終わりにしなさい。
(게임은 이제 그만 해라.)

B: このゲームが終わるまでだよ。
(이 게임이 끝날 때까지만요.)

텔레비전 게임을 지나치게 해서 눈이 나빠졌어.	テレビゲームのやり過ぎで目が悪くなった。
어느 게임기를 가지고 싶니?	どっちのゲーム機がほしい?
학교에 게임을 가지고 가는 것은 금지되어 있습니다.	学校にゲームを持っていくことは禁止されています。
학습을 겸한 게임이 인기입니다.	学習を兼ねたゲームが人気です。

20-3 갬블

매주 복권을 사지 않고는 못 배겨.	毎週宝くじを買わずにはいられない。
복권을 사는 데 매달 얼마나 쓰고 있니?	宝くじに毎月いくらくらい使ってるの?
로또복권은 맞을 듯 하면서도 안 맞아.	数字選択式の宝くじは当たりそうで当たらない。
경마에서 대박을 터뜨렸어.	競馬で大穴を当てた。
그는 항상 경마신문을 보고 있어.	彼はいつも競馬新聞を読んでいる。
경마 예상 전문가는 믿을 수 있니?	競馬の予想屋って当てになるの?
마지막 레이스는 아깝게 빗나갔어.	最後のレースは惜しいところではずした。
저 레이스는 미리 짜고 하는 것 같아.	あのレースは八百長くさい。
파친코는 그만둘 때가 어려워.	パチンコはやめるときが難しい。
파친코로 생활하는 사람이 있대.	パチンコで生活している人っているんだよね。
새로 개점한 파친코 가게에 장사진을 쳤어.	新しく開店したパチンコ屋に長蛇の列ができた。

179

주말에는 마작을 하러 가.	週末は麻雀に足が向く。
도박 마작은 금지되어 있습니다.	賭け麻雀は禁止されています。
라스베거스의 카지노에 가보고 싶어.	ラスベガスのカジノに行ってみたい。
축구로또라는 걸 산 적 있니?	サッカーくじって買ったことある?
갬블로 돈을 버는 사람은 얼마나 있을까?	ギャンブルでもうけている人はどれぐらいいるんだろうか。
이번에는 얼마나 잃었니?	今度はいくら負けたんだい?
하루에 5만 엔이나 날렸어.	一日で五万円もすっちゃったんだ。
나는 일절 도박은 안 합니다.	私は一切ギャンブルはしません。
그는 도박으로 가정을 엉망으로 만들어 버렸어.	彼はギャンブルで家庭をめちゃめちゃにしてしまった。
그녀는 경륜과 경정도 시작한 것 같아.	彼女は競輪や競艇も始めたらしい。

파티

파티에는 누구를 초대할까?	パーティーにはだれを招待しようか。
가든파티로 할까?	ガーデンパーティーにしようか。
요리는 뭐로 하지?	料理は何にする?
밤샘 파티하자.	夜通しでパーティーしよう。
뭔가 가지고 가야 할까?	何か持っていくべきかな。

빈손으로 오세요.	手ぶらで来てください。
파티는 즐거웠니?	パーティーは楽しかった?
파티에서 여러 사람과 만났어.	パーティーでいろいろな人と会ったよ。
오늘 파티에 가기를 잘했어.	今日のパーティーは行ってよかったよ。
성대한 파티였어.	盛大なパーティーだったね。
파티에서 과음했어.	パーティーで飲み過ぎた。
사교적인 사람이 부러워.	社交的な人がうらやましいよ。
어젯밤 파티는 별로 신나지 않았어.	昨夜のパーティーはあまり盛り上がらなかった。

스포츠

スポーツ

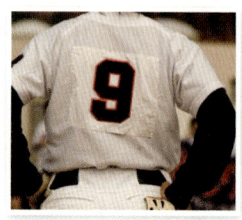

UNIT
21

스포츠에 관한 화제는 상대와의 공통점을 발견할 수 있는 좋은 기회로 쉽게 친해질 수 있는 계기가 됩니다. 어떤 스포츠를 하느냐고 물을 때는 「どんなスポーツをやっていますか」, 어떤 스포츠를 좋아하느냐고 물을 때는 「どんなスポーツがお好きですか」, 스포츠 관전을 권유할 때는 「今度の週末に東京ドームへ行きませんか(이번 주말에 도쿄돔에 안 갈래요?)」라고 하면 됩니다.

스포츠에 대해서

스포츠를 좋아합니까?	スポーツは好きですか。
어떤 스포츠를 좋아합니까?	どんなスポーツが好きですか。

> A: どんなスポーツが好きですか。
> (어떤 스포츠를 좋아합니까?)
>
> B: テニスがいちばん好きです。
> (테니스를 가장 좋아합니다.)

팀으로 하는 스포츠를 좋아합니다.	チームスポーツが好きです。
팀으로 하는 스포츠는 별로 하지 않습니다.	チームでやるスポーツはあまりやりません。
운동은 싫어합니다.	運動は苦手です。
조금 운동하는 것만으로도 숨이 차.	ちょっと運動しただけで、息切れがするよ。
요즘 운동부족이야.	近ごろ運動不足だな。

완전히 몸이 굳어버렸어.	すっかり体がなまってしまった。
어떤 <u>스포츠</u>를 하십니까?	どんなスポーツをおやりになりますか。
시간이 있으면 아무 <u>스포츠</u>나 합니다.	時間があれば何かしらスポーツをやっています。
가능한 한 운동을 하려고 마음먹고 있습니다.	できるだけ運動をするように心がけています。
<u>스포츠</u>라면 무엇이든 좋아합니다.	スポーツなら何でも好きです。

야구

캐치볼을 하자.	キャッチボールをしようよ。
배팅 연습을 하자.	バッティングの練習をしよう。
수비는 어디야?	守備はどこ?
투수야.	ピッチャーだよ。
3루를 지키고 있어	三塁を守ってる。
외야수야.	外野手だよ。
타순은 몇 번이지?	打順は何番なの?
프로야구 선수가 되고 싶어.	プロ野球の選手になりたい。
만루야.	満塁だよ。
역전 기회야.	逆転のチャンスだ。

도루했어.	盗塁した。
포볼로 나갔어.	フォアボールで出塁した。
3진되어 버렸어.	三振しちゃった。
홈런이야.	ホームランだ。
3루타야.	三塁打だ。
번트를 할까?	バントをしようかな。
데드볼을 맞아버렸어.	デッドボールを受けちゃった。
커브 움직임이 좋지 않았어.	カーブの切れがよくなかったなあ。
콜드게임으로 지다니.	コールド負けだなんて。
동네야구 팀을 만들었어.	草野球チームを作った。
일요일에 야구시합이 있어.	日曜日に野球の試合がある。

 21-3

축구

J리그 선수가 되고 싶어.	Jリーガーになりたい。
그는 에이스 스트라이커야.	彼はエースストライカーだよ。
패스가 좋았어.	いいパスだったね。
패스를 연결해 나가자.	パスをつないでいこう。
패스를 더욱 연습해야겠어.	パスをもっと練習しないとね。
골 정면에서 슛을 했어.	ゴール正面からシュートを決めた。

아깝게 슛이 빗나갔어.	惜しくもシュートがはずれた。
헤딩슛을 했어.	ヘディングシュートをした。
내 포지션은 골키퍼야.	僕のポジションはゴールキーパーだよ。
멋진 센터링이었어.	すばらしいセンタリングだったね。
그는 드리블을 잘 해.	彼はドリブルがうまい。
그는 프리킥 명수야.	彼はフリーキックの名手だ。
찬스! 페널티킥이야.	チャンス! ペナルティーキックだ。
반칙이야.	反則だよ。
오프사이드를 당해 버렸어.	オフサイドとられちゃった。
옐로카드 2장 째야.	イエローカード2枚目だ。
후반에 승부를 걸자.	後半に勝負をかけよう。

21-4
골프

휴일에는 골프를 치러 가.	休日はゴルフに行く。
골프는 치십니까?	ゴルフはやりますか。

> A: ゴルフはやりますか。
> (골프는 치십니까?)
> B: ええ、大好きです。 (예, 제일 좋아합니다.)

여기는 코스가 좋군요.	ここはいいコースですね。

골프를 시작한 지 얼마나 되었니?	クラブを握（にぎ）ってどれくらいなの?
네 차례야.	君（きみ）の番（ばん）だよ。
어느 클럽으로 칠까?	どのクラブでいこうかな。
스윙이 좋군요.	いいスイングですね。
여기서 이글을 잡겠어.	ここでイーグルを取（と）るぞ。
여기는 롱홀이군요.	ここはロングホールですね。
벙커에 들어가 버렸어.	バンカーに入（はい）っちゃった。
아직 1라운드 남아 있어.	まだ1ラウンド残（のこ）っているよ。
나이스 샷!	ナイスショット!
버디를 두 개 잡았어.	バーディを2つ取（と）ったよ。
퍼팅 연습을 하자.	パターの練習（れんしゅう）をしよう。

21-5

▌테니스

일주일에 한 번 테니스를 쳐.	週（しゅう）1回（かい）、テニスをする。
토요일과 일요일은 코트를 좀처럼 잡을 수 없어.	土日（どにち）はコートがなかなか取（と）れない。
서브가 안 먹혀.	サーブが入（はい）らない。
오늘은 서브의 상태가 좋아.	今日（きょう）はサーブの調子（ちょうし）がいい。
스트로크 연습을 하자.	ストロークの練習（れんしゅう）をしよう。

테니스를 시작하고 나서 건강이 좋아졌습니다.	テニスを始めてから健康がよくなりました。
백핸드는 양손치기야.	バックハンドは両手打ちなんだ。
네트가 낮지 않니?	ネット、低くない?
이 라켓은 치기 편해.	このラケットは打ちやすいよ。
줄(거트)이 끊어져 버렸어.	ガットが切れちゃった。
더블게임을 하자.	ダブルスの試合をしよう。
토스를 하자.	トスをしよう。

수영

헤엄치는 것을 좋아합니까?	泳ぐのは好きですか。
얼마나 헤엄칠 수 있나?	どれくらい泳げる?
평영이라면 얼마든지 헤엄칠 수 있어.	平泳ぎだったら、いくらでも泳げるよ。
풀장에 수영하러 안 갈래?	プールに泳ぎに行かない?
수영은 건강에 좋아.	水泳は健康にいいよ。
1주일에 몇 번 정도 수영하니?	週に何回くらい泳いでいるの?
저 바위까지 헤엄쳐 가지 않을래?	あの岩場まで泳がない?
여기서 수영하는 것은 위험하겠어.	ここで泳ぐのは危ないね。
수영은 잘 못해.	水泳は苦手なんだ。

187

수영을 전혀 못합니다 (맥주병입니다).	金づちなんです。
물 속에서 눈을 뜰 수 없어.	水の中で目が開けられない。
수영강습을 다니고 있어.	スイミングスクールに通っている。
헤엄을 칠 수 있으면 좋겠어.	泳げるようになりたい。
개헤엄이면 할 수 있어.	犬かきならできるよ。
다이빙을 좀처럼 할 수 없어.	飛び込みがなかなかできない。
준비체조를 하고 나서 헤엄치는 거예요.	準備体操をしてから泳ぐんですよ。
수영을 했더니 갑자기 다리가 당겼어.	泳いでいたら、急に足がつっちゃった。

 21-7

그밖에 스포츠

어떤 트레이닝을 하고 있지?	どんなトレーニングをしているの?
스트레칭을 하고 있습니다.	ストレッチをしています。
철봉이 잘 안 됩니다.	鉄棒がうまくできません。
매일 복근운동과 엎드려 팔굽혀펴기를 하고 있어.	毎日、腹筋運動と腕立て伏せをしている。
물구나무서기를 못해.	腕立ちができないんだ。
첫 마라톤에서 완주했어.	初めてのマラソンで完走した。
역전마라톤에 나가.	駅伝に出るんだよ。

달리기가 빠르군.	走るのは速いね。
어릴 적부터 검도를 하고 있어.	子どものころから剣道をしている。
여름에는 윈드서핑을 즐깁니다.	夏にはサーフィンを楽しんでいます。
유도는 검정 띠입니다.	柔道は黒帯です。
잘하는 기술은 뭡니까?	得意技は何ですか。
겨울에는 스키 타는 것이 즐거움이야.	冬にスキーをするのが楽しみだよ。
스키를 타다 오른쪽 다리가 골절됐어.	スキーで右足を骨折した。
럭비 팀에 들어 있습니다.	ラグビーチームに入っています。
승마를 시작했어.	乗馬を始めた。
서핑을 하자.	サーフィンをしようよ。
사이클링에 안 갈래?	サイクリングに行かない?
게이트볼은 즐거워.	ゲートボールは楽しいよ。
함께 볼링 안 갈래?	一緒にボーリングに行かない?
조깅을 할까?	ジョギングをしようかな。
스포츠로 땀을 흘리는 것은 기분이 좋아.	スポーツで汗を流すのは気持ちいいよ。

スポーツ観戦

UNIT

22

스포츠에 관한 화제는 상대와의 공통점을 발견할 수 있는 좋은 기회로 쉽게 친해질 수 있는 계기가 됩니다. 어떤 스포츠를 하느냐고 물을 때는「どんなスポーツをやっていますか」, 어떤 스포츠를 좋아하느냐고 물을 때는「どんなスポーツがお好きですか」, 스포츠 관전을 권유할 때는「今度の週末に東京ドームへ行きませんか(이번 주말에 도쿄돔에 안 갈래요?)」라고 하면 됩니다.

스포츠 관전에 대해서

스포츠 관전을 좋아해요.

スポーツ観戦<ruby>観戦<rt>かんせん</rt></ruby>が好<ruby>好<rt>す</rt></ruby>きです。

스포츠는 직접 하는 것보다 보는 것을 좋아합니다.

スポーツは自分<ruby>自分<rt>じぶん</rt></ruby>でやるより観<ruby>観<rt>み</rt></ruby>る方<ruby>方<rt>ほう</rt></ruby>が好<ruby>好<rt>す</rt></ruby>きですね。

A: スポーツは好<ruby>好<rt>す</rt></ruby>きですか。
   (스포츠를 좋아합니까?)
B: スポーツは自分<ruby>自分<rt>じぶん</rt></ruby>でやるより観<ruby>観<rt>み</rt></ruby>る方<ruby>方<rt>ほう</rt></ruby>が好<ruby>好<rt>す</rt></ruby>きですね。
   (스포츠는 직접 하는 것보다 보는 걸 좋아합니다.)

특히 야구와 축구 보는 것을 좋아합니다.

特<ruby>特<rt>とく</rt></ruby>に野球<ruby>野球<rt>やきゅう</rt></ruby>とサッカーを観<ruby>観<rt>み</rt></ruby>るのが好<ruby>好<rt>す</rt></ruby>きです。

A: どんなスポーツが好<ruby>好<rt>す</rt></ruby>きなのですか。
   (어떤 스포츠를 좋아하나요?)
B: 特<ruby>特<rt>とく</rt></ruby>に野球<ruby>野球<rt>やきゅう</rt></ruby>とサッカーを観<ruby>観<rt>み</rt></ruby>るのが好<ruby>好<rt>す</rt></ruby>きです。
   (특히 야구와 축구 보는 것을 좋아합니다.)

가끔 경기장에 시합을 보러 갑니다.

ときどき球場<ruby>球場<rt>きゅうじょう</rt></ruby>へ試合<ruby>試合<rt>しあい</rt></ruby>を観<ruby>観<rt>み</rt></ruby>に行<ruby>行<rt>い</rt></ruby>きます。

| 경기장의 분위기를 무척 좋아합니다. | 球場の'囲気が大好きなんです。 |

| 텔레비전의 스포츠 중계는 자주 봅니다. | テレビのスポーツ中継はよく見ます。 |

| J리그 경기 보는 것을 무척 좋아합니다. | Jリーグの試合を観るのが大好きです。 |

A: どんなスポーツを観るのが好きですか。
(무슨 스포츠 관전을 좋아합니까?)
B: Jリーグの試合を観るのが大好きです。
(제이리그 경기 보는 것을 무척 좋아합니다.)

| 멋진 플레이를 많이 봐서 즐거워요 | すばらしいプレーがたくさん見られて楽しいです。 |

| 자이언츠의 열렬한 팬입니다. | ジャイアンツの大ファンなんです。 |

| 어젯밤에 텔레비전에서 축구중계를 보느라 밤새웠어. | ゆうべはテレビのサッカー中継を見ていて、夜更かししちゃったよ。 |

| 정말 접전이었어. | とても接戦だったんだよ。 |

| 내일은 테니스 경기를 보기 위해 빨리 일어나야 해. | 明日はテニスの試合を観るために早起きしなくちゃ。 |

| 테니스의 4대 토너먼트는 놓치지 않아. | テニスの4大トーナメントは見逃さないんだ。 |

| 스모를 본 적이 있습니까? | 相撲を観たことはありますか。 |

A: 相撲を観たことはありますか。
(스모를 본 적은 있습니까?)
B: 残念ながら相撲を実際に観たことはありません。
(안타깝게도 스모를 실제로 본 적은 없습니다.)

191

텔레비전에서 스모를 보는 것은 즐겁습니다.	テレビで相撲観戦をすることは楽しいですね。
기회가 있으면 꼭 가서 보고 싶습니다만.	機会があれば、ぜひ観に行きたいのですが。

22-2.

스포츠를 관전할 때

저 선수는 공격과 수비 모두 좋아.	あの選手は攻めてよし、守ってよしだよ。
과연 프로군.	さすがプロだね。
닥치는 대로 공격만 하는 거야.	攻めて攻めて攻めまくるんだ。
전반은 조금밖에 안 남았어.	前半の残り時間はあとわずかだよ。
어느 팀이 이기고 있니?	どっちのチームが勝ってるの?
서로가 좋은 시합을 하고 있군.	お互いいい試合しているね。
저 선수는 좋은 게임 감각을 지니고 있어.	あの選手はいいゲーム感覚をしているね。
지능적인 팀플레이였어.	頭脳的なチームプレーだったね。
지금 슛, 아까웠어.	今のシュート、惜しかったね。
아까운 기회를 놓쳤어.	惜しいチャンスを逃したね。
반격의 찬스가 좀처럼 없군.	反撃のチャンスがなかなかないね。
로스타임에 들어갔어.	ロスタイムに入ったよ。
이것이 마지막 기회인지도 몰라.	これがラストチャンスかもしれない。

드디어 동점이야.	ついに同点だよ。
아~아, 시합 종료야.	あ~あ、試合終了だ。
연장전에 들어갔어.	延長戦に入ったよ。
됐어! 역전이야!	やった! 逆転だ!
좋은 게임이었어.	いいゲームだったね。
월드컵을 보러 가는 거야.	ワールドカップを見に行くんだよ。
어느 쪽이 이겨도 이상하지 않아.	どちらが勝っても不思議じゃないね。
어느 팀을 응원하고 있니?	どちらのチームを応援しているの?
어디와 어디 시합입니까?	どことどこの試合ですか。
이거 재미있어지는데요.	これは面白くなってきましたね。
지금 득점은 몇 점입니까?	いま得点は何点ですか。
그의 팬이야.	彼のファンなんだよ。

健康

UNIT 23

건강은 무엇으로도 바꿀 수 없는 아주 소중한 것입니다. 평소에 자신의 건강관리에 힘쓰도록 합시다. 상대의 건강이 안 좋아 보일 때는 「ご気分でも悪いんですか(어디 편찮으세요?)」라고 물어봅시다. 상대가 자신의 건강에 대해서 신경을 써주면 그만큼 자신에 관심이 있다는 것을 나타내므로 무척 고마운 일이 아닐 수 없습니다. 이럴 때는 먼저 감사를 표하고 자신의 건강상태를 말합시다.

건강에 대해서

나는 무척 건강해.	私、すごく健康よ。
컨디션은 좋니?	体調はいいの?
건강에는 자신 있어.	健康には自信があるんだ。
체력을 단련해야 해.	体力をつけなくちゃ。

> A: 来年はハーフマラソンを走ろうよ。
> (내년에는 하프 마라톤에 나가자.)
> B: いいよ、体力をつけなくちゃ。
> (좋아, 체력을 단련해야 해.)

건강을 위해 뭔가 하니?	健康のために何かやってる?

> A: 健康のために何かやってる?
> (건강을 위해 뭔가 하니?)
> B: 毎朝、ジョギングをしているよ。
> (매일아침 조깅을 하고 있어.)

194

가능한 걸으려고 마음먹고 있어.	できるだけ歩くように心がけているのよ。
요즘 체력이 떨어지는 게 느껴져.	この頃、体力の衰えを感じるよ。
나이가 있으니까.	トシだからね。
계단을 오르면 숨이 차.	階段を上ると息がきれるんだ。
술을 줄이려고 노력 중이야.	酒を減らそうと心がけているんだ。

A: もう一杯どう?
　　(한 잔 더 어때?)
B: やめておくよ。酒を減らそうと心がけて
　　いるんだ。
　　(그만둘래. 술을 줄이려고 노력 중이야.)

의사가 술을 끊으라고 했어.	医者から酒をやめるように言われたんだ。

A: 飲みに行こうよ。
　　(술 마시러 가자.)
B: ダメなんだよ。医者から酒をやめるよう
　　に言われたんだ。
　　(안 돼. 의사가 술을 끊으라고 했어.)

담배 끊었어.	禁煙したんだ。
벌써 3개월이나 피우지 않았어.	もう3か月も吸っていないんだよ。

A: もう3か月も吸っていないんだよ。
　　(벌써 3개월이나 피우지 않았어.)
B: 本当? いいことだね。
　　(정말? 좋은 일이야.)

지금 다이어트 중이야.	今、ダイエットをしているの。

195

| 얼마나 체중을 줄이고 싶니? | どれぐらい体重を減らしたいの? |

> A: どれぐらい体重を減らしたいの?
> (얼마나 체중을 줄이고 싶니?)
> B: 最低でも3キロは減らしたいわ。
> (적어도 3킬로그램은 줄이고 싶어.)

 23-2

건강에 대해 신경을 쓸 때

| 기분은 어때? | 気分はどう? |

> A: 気分はどう?
> (기분은 어때?)
> B: 大丈夫だよ。ありがとう。
> (괜찮아. 고마워.)

| 기운이 없어 보여. | 元気がないみたいだね。 |

> A: 元気がないみたいだね。
> (기운이 없어 보여.)
> B: うん、気分が悪いんだ。
> (응, 기분이 안 좋아.)

| 괜찮니? | 大丈夫? |

| 기분은 좋아졌니? | 気分はよくなった? |

> A: 気分はよくなった?
> (기분은 좋아졌니?)
> B: ええ、もう大丈夫です。
> (예, 이제 괜찮습니다.)

196

| 안색이 안 좋아. | 顔色が悪いよ。 |

| 의사에게 진찰을 받아야 해. | 医者に診てもらうべきだよ。 |

A: 医者に診てもらうべきだよ。
(의사에게 진찰을 받아야 해.)
B: いや、たぶん疲れているだけなんだ。
(아니야, 그냥 피곤할 뿐이야.)

| 집에 가서 자는 것이 좋겠어. | 家に帰って寝たほうがいいよ。 |

A: 気分が悪いの。
(기분이 안 좋아.)
B: 家に帰って寝たほうがいいよ。
(집에 가서 자는 것이 좋겠어.)

| 좀 쉬어야 해. | 少し休まなくちゃダメよ。 |

| 잠깐 누울래? | しばらく横になったら? |

| 일은 쉬는 것이 좋을 것 같아. | 仕事は休んだほうがいいと思うよ。 |

| 열은 쟀니? | 熱ははかったの? |

A: 熱ははかったの?
(열은 쟀니?)
B: うん、37度だったよ。
(응, 37도였어.)

| 뭔가 약은 먹었니? | 何か薬は飲んだ? |

A: 何か薬は飲んだ?
(뭔가 약은 먹었니?)
B: かぜ薬は飲んだ。
(감기약은 먹었어.)

뭘 좀 먹는 게 좋겠어.	何か食べた方がいいよ。
서로 자신의 몸을 돌봐야 해.	お互いに体には気をつけなくちゃ。

> A: お互いに体には気をつけなくちゃ。
> (서로 자신의 몸을 돌봐야 해.)
>
> B: ええ。いくら注意しても、しすぎることはないわね。
> (그래. 아무리 주의해도 지나치지 않아.)

건강 조심하세요.	どうぞお大事に。
빨리 좋아지기를 바란다.	早くよくなるといいね。
내가 뭐 해줄 것은 없니?	何かしてほしいことはある?
일에 대한 것은 걱정하지 마.	仕事のことは心配しないで。
좋아지면 다시 할 수 있어.	よくなったら取り戻せるよ。
우리들이 가능한 대신 할 테니까.	僕たちができるだけカバーするから。

감기에 걸렸을 때

감기에 걸렸어.	風をひいちゃった。
조금 감기 기운이 있어.	少し風邪気味なの。
너한테서 감기 옮은 것 같아.	あなたの風邪がうつったみたい。
가족 모두가 감기에 걸렸습니다.	家族中が風邪をひいているんです。
독감에 걸린 것 같아.	インフルエンザにかかったんだと思うわ。

| 그녀는 감기에 걸려서 누워 있어. | 彼女、風邪で寝込んでいるんだ。 |

A: 里美は今日、休みなの?
(사토미는 오늘 쉬니?)

B: 彼女、風邪で寝込んでいるんだ。
(그녀는 감기에 걸려서 누워 있어.)

감기가 좀처럼 떨어지지 않아.	風邪がなかなか抜けなくてね。
나쁜 감기가 유행하고 있어.	悪い風邪がはやっているんだよ。
감기에 걸리지 않도록 조심해.	風邪をひかないように気をつけてね。
따뜻하게 하고 있어.	暖かくしているんだよ。
감기에 걸려서 맛을 모르겠어.	風邪をひいていて、味がわからないんだ。
한기가 듭니다.	寒気がします。
열이 있습니다.	熱っぽいんです。
열이 38도나 됩니다.	熱が38度あります。
코가 막혔습니다.	鼻がつまっているんです。
콧물이 나옵니다.	鼻水が出ます。
기침이 멈추지 않습니다.	せきが止まりません。
목이 아픕니다.	のどが痛いんです。
감기약을 먹고 있지만 전혀 효과가 없습니다.	風邪薬を飲んでいますが、まったく効きません。
벌써 1주일이나 감기를 앓고 있어.	もう1週間も風邪をひいているんだ。

199

A: 風邪はもう治った?
(감기는 이제 나았니?)

B: まだだよ。もう1週間も風邪をひいているんだ。
(아직이야. 벌써 1주일이나 감기를 앓고 있어.)

더 이상 악화되지 않았으면 좋겠어.

これ以上悪くならないといいんだけど。

병원과약국

病院と薬局

UNIT

24

말이 통하지 않으면 현지에서 몸이 아플 때 매우 당혹스럽습니다. 이럴 때는 현지 가이드의 통역을 받는 것이 가장 손쉬운 일이지만, 혼자일 경우에는 아픈 증상을 정확하게 전달할 수 있는 의사소통의 능력을 갖추어야 합니다. 여행 중에 호텔에서 의사를 부를 경우에는 먼저 프런트에 전화를 해서 「医者を呼んでもらいたいのですが(의사를 불러주셨으면 하는데요)」라고 말합니다.

24-1

병원에 갈 때

기분이 안 좋습니다.	気分が悪いんです。
의사에게 진찰을 받아보고 싶습니다만.	医者に診てもらいたいのですが。
이 근처에 병원이 있습니까?	この近くに病院はありますか。
병원에 데려가 주세요.	病院へ連れて行ってください。
배가 몹시 아파요.	お腹がひどく痛むんだ。
더 이상 못 참겠어.	これ以上、がまんできない。
구급병원에 가야해요.	救急病院へ行かなくちゃ。
한국어를 할 수 있는 의사는 있습니까?	韓国語が話せる医者はいますか。
예약이 필요합니까?	予約は必要ですか。

나카무라 선생님의 진찰 예약을 하고 싶습니다만.

中村先生の診察の予約をしたいのですが。

오늘 오후, 진찰받을 수 있나요?

今日の午後、診ていただけますか。

> A: 今日の午後、診ていただけますか。
> (오늘 오후, 진찰받을 수 있나요?)
> B: 今日の午後は、2時半か3時なら空いています。
> (오늘 오후에는 2시 반이나 3시라면 비어 있습니다.)

진찰은 오늘이 처음입니다.

診ていただくのは今日が初めてです。

> A: 以前、こちらにいらしたことはありますか。
> (전에 여기에 오신 적이 있습니까?)
> B: いいえ、診ていただくのは今日が初めてです。
> (아니오, 진찰은 오늘이 처음입니다.)

다케다 선생님의 소개를 받았습니다.

竹田先生の紹介を受けました。

안과 선생님께 진찰받고 싶습니다만.

眼科の先生に診ていただきたいのですが。

예약을 하지 않았는데, 내과 진찰을 받을 수 있나요?

予約はしていませんが、内科の診察を受けられますか。

건강검진을 받으러 왔습니다.

健康診断のために来ました。

마지막 건강검진을 받은 것은 2년 전입니다.

前回、健康診断を受けたのは2年前です。

담당의사는 누구십니까?

かかりつけの医者は誰ですか。

좋은 치과 의사를 알고 있니?

いい歯医者さんを知っている?

202

치과 검진은 정기적으로 받고 있어.	歯の健診は定期的に受けているんだ。
덕분에 충치는 없어.	おかげで、虫歯はないんだよ。

증상을 설명할 때

어디가 아프세요?	どうしましたか。
두통이 있어요.	頭痛がするんです。
위 상태가 좋지 않아요.	胃の調子が悪いんです。
요즘 소화가 잘 안 돼요.	この頃、胃がもたれるんです。
식욕이 별로 없습니다.	あまり食欲がありません。
가슴이 아파요.	胸やけがします。
설사가 심합니다.	下痢がひどいんです。
특별히 다른 것은 먹지 않았어요.	べつに変わったものはたべていません。

> A: 昨日、何を食べましたか。
> (어제 무엇을 먹었습니까?)
>
> B: べつに変わったものはたべていません。
> (특별히 다른 것은 먹지 않았어요.)

식중독인가요?	食中毒でしょうか。
위가 따끔따끔 아픕니다.	胃がしくしく痛みます。
어젯밤부터 아프기 시작했어요.	昨夜から痛くなりました。
2주 정도 이 통증이 계속 됐어요.	2週間ぐらいこの痛みが続いています。

여기가 아픕니다.	ここが痛いんです。
이 근처를 누르면 아픕니다.	このあたりを押すと痛みます。
밤에 통증 때문에 잠이 깬 적이 있습니다.	夜、痛みで目が覚めることがあります。
최근에 쉽게 피곤해져요.	最近、疲れやすくて。

A: 最近、疲れやすくて。
(최근에 쉽게 피곤해져요.)
B: 睡眠は充分にとっていますか。
(수면은 충분히 취하고 있나요?)

현기증이 납니다.	めまいがします。
잘 자지 못합니다.	よく眠れません。
귀가 울립니다.	耳鳴りがします。
눈이 가려워요.	目がかゆいんです。
약을 조제하도록 처방전을 써주세요.	薬をつくるための処方箋を書いてください。

진찰받을 때

저는 어디가 안 좋습니까?	私はどこが悪いのですか。

A: 私はどこが悪いのですか。
(저는 어디가 안 좋습니까?)
B: インフルエンザのようですね。
(독감인 것 같습니다.)

단지 감기입니까? — ただの風邪ですか。

이 통증의 원인은 무엇입니까? — この痛みの原因は何ですか。

약을 먹을 필요가 있습니까? — 薬を飲む必要がありますか。

항생제에 알레르기가 있습니다. — 抗生物質アレルギーがあります。

A: 何かアレルギーはありますか。
(알레르기는 있습니까?)
B: 抗生物質アレルギーがあります。
(항생제에 알레르기가 있습니다.)

지금 약을 먹고 있습니다. — 今、薬を飲んでいます。

지금까지 큰 병을 앓은 적은 없습니다. — 今まで、大きな病気をしたことはありません。

건강검진은 한동안 받지 않았습니다. — 健康診断はしばらく受けていません。

건강검진으로는 이상이 없었습니다. — 健康診断では異状はありませんでした。

검사를 받을 필요가 있습니까? — 検査を受ける必要がありますか。

A: 検査を受ける必要がありますか。
(검사를 받을 필요가 있습니까?)
B: ええ、血液と尿の検査をします。
(예, 혈액과 소변 검사를 합니다.)

검사결과를 알려주세요. — 検査の結果を教えてください。

어떤 치료를 하는 겁니까? — どんな治療をするのですか。

곧 좋아집니까? — すぐによくなりますか。

어느 정도면 좋아집니까? — どれぐらいでよくなりますか。

205

A: どれぐらいでよくなりますか。
(어느 정도면 좋아집니까?)
B: 今は、はっきりとは言えません。
(지금은 정확히 말씀드릴 수 없습니다.)

다음엔 언제 오면 됩니까?

今度はいつ来ればいいのですか。

入院する必要がありますか。
입원할 필요가 있습니까?

이를 뽑아야 하나요?

歯を抜かなければなりませんか。

술은 마셔도 괜찮습니까?

お酒は飲んでも構いませんか。

A: お酒は飲んでも構いませんか。
(술은 마셔도 괜찮습니까?)
B: お酒は控えてください。
(술은 삼가해 주세요.)

다쳤을 때

손가락을 베었어.

指を切っちゃった。

아파!

痛い!

A: 痛い! (아파!)
B: どうしたの? (왜 그래?)

여길 베었어.

ここを切っちゃったわ。

피가 난다.

血が出ているよ。

피가 멈추지 않아.

血が止まらない。

206

| 아프니? | 痛む？ |

A: 痛む？ (아프니?)
B: すごく痛いよ。(너무 아파.)

| 반창고 줄래? | 絆創膏をちょうだい。 |

A: 絆創膏をちょうだい。
(반창고 줄래?)
B: はい。貼ってあげようか。
(응. 붙여줄까?)

| 상처를 꿰매야 합니까? | 傷口を縫わなければなりませんか。 |

A: 傷口を縫わなければなりませんか。
(상처를 꿰매야 합니까?)
B: そうですね。傷口がかなり大きいので。
(그래요. 상처가 꽤 커서요.)

| 흉터가 남을까요? | 傷跡が残りますか。 |

A: 傷跡が残りますか。
(흉터가 남을까요?)
B: いいえ、しばらくすれば消えますよ。
(아니오, 얼마 후면 없어집니다.)

| 팔을 세 바늘 꿰맸어. | 腕を3針縫ったよ。 |

| 넘어져서 무릎이 까졌어. | 転んで膝をすりむいちゃった。 |

| 상처를 소독했니? | 傷口を消毒した。 |

A: 傷口を消毒した。
きずぐち しょうどく
(상처를 소독했니?)

B: いや、水で洗っただけだよ。
みず あら
(아니, 물로 씻기만 했어.)

손가락을 데었어.
指をやけどしちゃった。
ゆび

물집이 생겼어.
水ぶくれになったわ。
みず

발목을 삐었습니다.
足首をねんざしました。
あしくび

A: 足首をねんざしました。
あしくび
(발목을 삐었습니다.)

B: 腫れているようですね。
は
(부은 것 같군요.)

무릎을 삐끗했어요.
膝をひねってしまいました。
ひざ

차갑게 하는 것이 좋습니까?
冷やしたほうがいいのですか。
ひ

A: 冷やしたほうがいいのですか。
ひ
(차갑게 하는 것이 좋습니까?)

B: 2~3日は冷湿布を貼ってください。
にち れいしっぷ は
(2~3일은 냉습포를 발라 주세요.)

허리가 삐끗했어.
ぎっくり腰になっちゃった。
こし

팔이 부러졌어.
腕を骨折したんだ。
うで こっせつ

한 달간은 깁스를 하고 있어야 해.
1か月はギブスをはめていなければならないんだ。
げつ

벌레한테 물렸어.
虫に刺されちゃった。
むし さ

너무 가려워.
すごくかゆいよ。

208

24-5 약국에서

조제해 주겠습니까?	調剤はしてもらえますか。
이 처방전으로 조제해 주세요.	この処方箋で調剤してください。
이 약은 하루에 몇 번 먹습니까?	この薬は一日に何回飲むのですか。

> A: この薬は一日に何回飲むのですか。
> (이 약은 하루에 몇 번 먹습니까?)
> B: 毎食後、1錠ずつ飲んでください。
> (매 식후에 한 알씩 드세요.)

진통제는 어느 것입니까?	痛み止めはどれですか。
이것은 무슨 약입니까?	これは何の薬ですか。
감기약을 사려고 하는데요.	かぜ薬が欲しいのですが。
두통에 듣는 약은 있습니까?	頭痛に効く薬はありますか。
소화불량에는 무엇이 좋습니까?	消化不良には何がいいですか。
잘 듣는 기침약은 있습니까?	よく効くせき止めはありますか。

> A: よく効くせき止めはありますか。
> (잘 듣는 기침약은 있습니까?)
> B: これがいちばん一般的なものです。
> (이것이 가장 일반적인 것입니다.)

반창고와 붕대를 주세요.	絆創膏と包帯をください。

외모와 패션

外貌とファッション

UNIT

25

상대의 키를 물을 때는 「背はどの
くらいありますか (키는 어느
정도입니까?)」, 몸무게를 물을 때는
「体重はどのくらいですか(체중은
어느 정도입니까?)」라고 합니다.
다만, 상대의 신체에 관련된 질문을
할 때는 경우에 따라 약점을 건드릴
수도 있으므로 신중하게 질문할 필요가
있습니다. 예쁘다고 할 때는 きれ
いら고 하며, 귀엽다고 할 때는 かわいい라고 합니다.

체격에 대해서

키는 어느 정도 됩니까?	背はどのくらいありますか。
키는 큰 편입니다.	背は高いほうです。
키가 조금 더 크면 좋겠어요.	もう少し背が高いといいのですが。
동생은 다리가 긴 남자아이입니다.	弟は脚の長い男の子です。
그녀는 키가 크고 날씬합니다.	彼女は背が高く、すらっとしています。
그는 키가 크고 껑충한 사람입니다.	彼は背が高くてひょろっとした人です。
저 사람은 적당히 살쪘고 키도 적당합니다.	あの人は中肉中背です。
체중은 어느 정도입니까?	体重はどのくらいですか。
약간 체중이 늘어났습니다.	いくらか体重が増えました。
조금 체중 초과입니다.	少し太り過ぎなんです。

210

A: 少し太り過ぎなんです。
(조금 체중 초과입니다.)

B: いいえ、ちょうどいいと思いますよ。
(아니오, 마침 좋은 것 같아요.)

3킬로그램 줄었습니다.	3キロ減りました。
5킬로그램 빠졌습니다.	5キロ痩せました。
금연을 하고 나서 5킬로그램은 쪘습니다.	禁煙してから5キロは太りました。
살이 너무 찐 것 같습니다.	ちょっと太りすぎてるようです。
조금 야위신 것 같군요.	少しお痩せになりましたね。
좀 더 날씬해지고 싶어.	もっとほっそりした体型になりたいなあ。
다이어트를 해서 날씬해지려고 해요.	ダイエットしてスマートになろうと思いますの。

 25-2

외모에 대해서

그녀의 얼굴은 계란형입니다.	彼女の顔は卵型です。
그녀는 얼굴이 둥근형에 속합니다.	彼女はどちらかというと丸顔です。
그는 미남입니다.	彼はハンサムです。
그녀는 매우 매력적인 여성입니다.	彼女はとても魅力的な女性です。
저 아가씨는 귀엽군요.	あの娘は可愛らしいですね。
그녀는 늘 화장을 두텁게 합니다.	彼女はいつも厚化粧をしています。

그녀는 얼굴색이 하얗습니다.	彼女は顔の色が白いです。
나는 단발머리를 하고 있습니다.	私はおかっぱにしています。
요즘 흰머리가 나기 시작했습니다.	近頃、髪に白いものが混じり始めました。
키가 크고 수염이 긴 저 신사는 누구입니까?	あの背の高いひげの長い紳士はどなたですか。
당신은 어머니를 닮았습니까, 아니면 아버지를 닮았습니까?	あなたは母親に似ていますか、それとも父親ですか。
아무도 닮지 않았습니다.	誰にも似ていません。
여동생은 입가가 어머니를	妹は口元が母とそっくりです。
저는 어머니를 많이 닮았습니다.	私は母によく似ています。
실제 나이보다 젊어 보이는 것 같아요.	実際に年より若く見えるようです。

몸의 특징에 대해 말할 때

아버지는 어떤 분이십니까?	お父さんはどんなふうな方ですか。
아버지는 어깨가 넓고 다부집니다.	父は肩幅が広くてがっしりしています。
그녀의 허리선은 아름답습니다.	彼女の腰の線は美しいです。
나는 허리가 날씬한 여자를 좋아합니다.	私は腰のほっそりした女性が好きです。
나는 오른손잡이입니다.	私は右利きです。
그녀는 손발이 비교적 작은 편입니다.	彼女は手足が比較的小さいほうです。

내 팔은 꽤 긴 편입니다.	私の腕はかなり長いほうです。

25-4 패션에 대해서

오늘은 무엇을 입고 갈까?	今日は何を着て行こうかな。
입고 갈 옷을 좀처럼 결정할 수 없어.	着ていく服がなかなか決まらない。
이 셔츠와 넥타이는 어울리지 않을까?	このシャツとこのネクタイは合わないかな。
넥타이는 차분한 색깔로 하자.	ネクタイは落ち着いた色にしよう。
오늘 옷에 맞는 가방이 없어.	今日の洋服に合ったバッグがない。
이 스커트는 어린 티가 나지 않니?	このスカートは子どもっぽくない?
이 브로치로 포인트를 주자.	このブローチをワンポイントにしよう。
밝은 색의 원피스를 입고 싶습니다.	明るい色のワンピースを着たい気分です。
요즘 나 옷 색깔이 바뀌었어.	最近、私、着られる色が変わったの。
유행하는 옷은 별로 안 가지고 있어.	流行の服はあまり持っていない。
코디 하나로 인상이 달라.	組み合わせ方ひとつで印象が違う。
작년에 입던 옷은 끼어서 안 들어가.	去年の服はきつくて入らない。

25-5 화장에 대해서

화장품은 어떤 것을 쓰고 있니?	化粧品はどんなものを使っているの?

기초화장품은 대체로 국산이야. 基礎化粧品はだいたい国産のものよ。

립스틱은 외제를 쓰는 일이 많아요. 口紅は外国製を使うことが多いんです。

피부에 안 맞는 것이 있니? 肌に合わないものってある?

이전에 화장품으로 트러블이 생긴 적이 있었습니다. 以前に化粧品でかぶれたことがありました。

화장하는 데 얼마나 시간을 들입니까? お化粧にはどのぐらいの時間をかけますか。

세수한 후 곧 화장수와 크림을 바릅니다. 洗顔後すぐに化粧水とクリームを塗ります。

눈썹을 그리는 것이 어렵습니다. まゆ毛を描くのは難しいです。

어떤 색의 매니큐어를 사용하고 있습니까? どんな色のマニキュアを使っているのですか。

피부가 거칠면 파운데이션이 잘 안 받아. 肌が荒れてるとファンデーションのノリがとても悪いのよ。

매일 밤 화장을 지우는 데 15분은 걸려. 毎晩化粧を落とすのに15分はかかる。

볼연지를 찍으면 얼굴색이 좋아 보여. ほお紅をつけると顔色がよく見えるよ。

립스틱을 안 바르면 얼굴색이 안 좋아 보여. 口紅をつけないと顔色が悪く見えるの。

화장을 진하게 하는 사람의 맨 얼굴이 보고 싶어. 厚化粧の人の素顔が見たい。

214

헤어스타일에 대해서

어떤 헤어스타일을 좋아하지?	どんな髪型が好き？
저건 지금 유행하는 헤어스타일이야.	あれは今流行のヘアスタイルだよ。
그녀의 머리는 완전한 스트레이트입니다.	彼女の髪は完全なストレートです。
너는 포니테일이 잘 어울려.	あなたはポニーテールがよく似合う。
활동적인 헤어스타일로 바꿨어요.	活動的な髪型に変えました。
요즘은 빡빡머리도 적지 않아.	このごろ、坊主頭も少なくない。
그녀의 헤어스타일은 마치 잠잘 때 헝클어진 머리 같아.	彼女の髪型はまるで寝癖のようだ。
머리털이 듬성해져서 헤어스타일을 바꿨어.	髪が薄くなったので、髪型を変えた。
우리 딸은 항상 숏커트를 해.	うちの娘はいつもショートカットにしている。
아침마다 헤어스타일을 다듬는 데 시간이 걸려.	毎朝ヘアスタイルをセットするのに時間がかかる。
머리카락이 긴 걸 좋아하세요?	髪は長いほうが好きですか。
혼자서 말리는 게 어려워.	自分でブローするのは難しい。
가발로 여러 가지 헤어스타일을 즐길 수 있어.	かつらでいろいろな髪型が楽しめる。
나는 얼굴이 동그래서 이 헤어스타일은 안 어울려.	私は丸顔なのでこの髪型は似合わない。

성격과태도

性格と態度

UNIT
26

일본인의 성격을 표현하는 말이 「혼네
(本音)」와 「다떼마에(建前)」입니다.
「혼네」란 마음속의 본심을 말하며,
「다떼마에」란 속마음을 드러내지 않고
겉으로 그냥 하는 말을 말합니다.
이처럼 일본인은 상대방의 약점을
말하거나 직설적인 표현으로 상대방을
곤란하게 만들지 않습니다. 남의 입장을
곤란하게 하는 것은 실례라 생각하여
자신의 생각을 직접 표현하여 입장을 드러내기보다는, 예의를 지키고
배려해주는 것을 미덕으로 여기기 때문입니다.

 자신의 성격을 말할 때

자신의 성격이 어떻다고 생각합니까?	自分の性格はどんなだと思いますか。
무슨 일에 대해서도 낙천적입니다.	何事につけても楽天的です。
다소 비관적인 성격입니다.	いくぶん悲観的な性格です。
친구는 쉽게 사귀는 편입니까?	友達はすぐできるほうですか。
모르는 사람에게도 말을 잘 거는 편입니다.	知らない人にも話しかけるのはうまいほうです。
그다지 사교적이 아닙니다.	あまり社交的ではありません。
자신이 외향적이라고 생각합니까?	ご自分が外向的だと思いますか。
내성적인 편입니다.	ひっこみ思案のほうです。
나는 성격이 자매와는 전혀 다릅니다.	私は性格が姉妹とはまるで違います。

사람의 성품에 대해 말할 때

그는 어떤 사람입니까?	彼はどんな人ですか。
매우 마음이 따뜻한 남자예요.	とても心の暖かい男ですよ。
그는 유머가 있어서 함께 있으면 즐거워요.	彼はユーモアがあって、いっしょにいると楽しいですよ。
재치가 있다고는 할 수 없지만, 무척 근면한 사람입니다.	気がきくとは言えませんが、きわめて勤勉な人です。

좋은 성격에 대해 말할 때

그의 장점은 유머 센스라고 생각합니다.	彼の長所はユーモアのセンスだと思います。
나는 붙임성이 있다고 생각하고 있습니다.	自分は愛想のいいほうだと思っています。
저는 남을 잘 웃깁니다.	私は笑わせるのが得意です。
저는 누구하고도 협력할 수 있습니다.	私は誰とでも協力できます。
친구는 나를 언제나 밝다고 말해 줍니다.	友達は私のことをいつも明るいと言ってくれます。
우호적이고 배려하는 마음이 있다고 들을 때도 있습니다.	友好的で思いやりがあると言われることもあります。
섬세하기도 하지만 동시에 대범하다고 생각합니다.	繊細であると同時におおらかでもあると思っています。

좋지 못한 성격에 대해 말할 때

덜렁댑니다. 그게 단점임을 알고 있습니다.	がさつです。それが短所だとわかっています。
매우 잘 잊어버립니다.	とても忘れっぽいんです。
무엇이든 느릿느릿 하는 좋지 않은 버릇이 있습니다.	物事をするのがゆっくりしているきらいがあります。
말주변이 없다고 생각합니다.	口下手だと思います。
가끔 말을 너무 많이 하는 경우도 있습니다.	時々しゃべりすぎることがあります。
저는 성격이 급한 편입니다.	私は気が短いほうです。
장난기가 좀 있습니다.	ちょっといたずらっ気があります。
그는 장난꾸러기입니다.	彼はわんぱく坊主です。
그는 수다쟁이에다가 자기에 대한 말밖에 하지 않습니다.	彼はおしゃべりで、その上自分のことしか話しません。
그녀는 말괄량이입니다.	彼女はおてんばです。
그는 사소한 것에 상당히 까다로운 사람입니다.	彼は細かいことになかなか口うるさい人です。
그녀는 좀 마음이 좁고 완고한 것이 결점입니다.	彼女はちょっと心が狭くて頑固なところが欠点です。
사람에 따라서는 나를 우유부단 하다고 생각하는 것 같습니다.	人によっては私のことを優柔不断だと思うようです。
급한 성격은 손해입니다.	短気は損気です。

PART 3

旅行会話
여행 회화

機内で

만약 외국비행기에 탑승했을 경우 의사소통이 어렵더라도 좌석권을 스튜어디스에게 보여 주면 직원들이 알아듣고 서비스를 제공해줍니다. 입국카드를 비행기에서 미리 작성해 두면 입국심사를 받을 때 별다른 질문을 받지 않고도 통과할 수 있으므로 기내에서 작성해두는 것이 좋습니다. 또한 선물용으로 면세품을 기내에서 구입할 수 있으므로 미리 사두는 게 좋습니다.

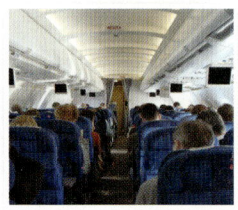

01-1

기내에서

이 가방이 선반에 안 들어갑니다.	このカバン、荷物棚に入りません。
이미 다른 사람의 물건으로 꽉 차 있습니다.	もう、ほかの人の荷物でいっぱいなんです。
어딘가에 보관해 주세요.	どこかに預かっておいてください。

> A : どこかに預かっておいてください。
> (어딘가에 보관해 주세요.)
> B : はい、置ける場所を探します。
> (네, 놓을 장소를 찾아보겠습니다.)

친구가 뒷줄 좌석에 앉아 있습니다.	友人が後ろの方の席に座っているんです。
자리를 바꿔도 됩니까?	席を替わってもいいですか。

> A : 席を替わってもいいですか。
> (자리를 바꿔도 됩니까?)
> B : すみませんが、この便は満席なんです。
> (죄송하지만, 이 비행기는 모두 찼습니다.)

기내 서비스

음료는 뭐가 좋겠습니까?	お飲み物は何がいいですか。
어떤 음료가 있습니까?	どんな飲み物がありますか。
맥주를 주시겠습니까?	ビールをいただけますか。
영화는 무엇을 볼 수 있습니까?	映画は何が見られるのですか。
베개와 모포를 주세요.	枕と毛布をください。
한국어 신문은 있습니까?	韓国語の新聞はありますか。
목이 무척 마릅니다.	のどがとても乾いています。
커피에 설탕을 넣지 마세요.	コーヒーに砂糖を入れないでください。
이 헤드폰은 고장 난 것 같습니다.	このヘッドホンは壊れているようです。
일본 신문이나 잡지는 있습니까?	日本の新聞か雑誌はありますか。
기내에서 컴퓨터를 사용해도 됩니까?	機内でコンピューターを使ってもいいですか。

기내식과 면세품 구입

식사는 언제 나옵니까?	食事はいつ出ますか。
식사는 몇 번 나옵니까?	食事は何度出るのですか。
식사는 필요 없습니다.	食事は要りません。
식사는 다 하셨습니까?	食事はお済みですか。

기내에서 면세품을 판매합니까?	免税品を機内販売していますか。
어떤 담배가 있습니까?	どんなタバコがありますか。
이것은 있습니까?	これはありますか。

몸이 불편하거나 궁금한 사항을 물을 때

비행기 멀미약은 있습니까?	飛行機酔いの薬はありますか。
몸이 좀 안 좋습니다. 뭔가 약을 주세요.	少し気分が悪いのです。何か薬をください。
추운데요.	寒いのですが。
아까 부탁한 물이 아직 안 나왔습니다.	先ほど頼んだ水がまだです。
헤드폰 상태가 안 좋습니다.	ヘッドホーンの調子が悪いんです。
자리를 바꿔도 되겠습니까?	席を替わってもいいですか。
미안합니다. 잠깐 지나가겠습니다.	すみません。ちょっと通してください。
기내에서 컴퓨터를 써도 됩니까?	機内でコンピューターを使ってもいいですか。
지금 어디를 날고 있습니까?	今どこを飛んでいますか。
비행은 예정대로입니까?	フライトは時間どおりですか。
이것은 입국카드입니까?	これは入国カードですか。
이 서류 작성법을 가르쳐 주세요.	この書類の書き方を教えてください。

선박을 이용할 때

제 선실은 어딘가요?	私の船室はどこですか。
어느 것이 제 침구입니까?	どれが私の寝具ですか。
매점은 어디에 있습니까?	売店はどこにありますか。
식당은 있습니까?	食堂はありますか。
파도는 거칩니까?	波は荒いですか。
배멀미가 납니다.	船酔いにかかりました。
토할 것 같습니다.	吐きそうです。
의무실로 데리고 가주십시오.	医務室へ連れていってください。

공항

空港

UNIT 02

外国人이라고 표시한 곳에 줄을 서서 여권과 출입국신고서를 제출하면 입국심사에서는 여권·비자의 유효기간을 검사하고 입국목적, 체재기간 등을 묻습니다. 입국심사가 끝나면 자신의 짐을 찾은 후에 세관 카운터 앞으로 가서 직원에게 짐과 여권을 건네줍니다. 세관신고 때 짐을 열어보는 경우는 거의 없지만, 만약 과세 대상이 있어도 신고를 하지 않았다가 적발될 경우에는 압류를 당하거나 무거운 벌금을 물게 되므로 주의해야 합니다.

02-1 입국심사

여권을 보여 주십시오.	パスポートを見せてください。
입국 목적은 무엇입니까?	入国の目的は何ですか。
관광하러 왔습니다.	観光で来ました。

> A: 訪問の目的は? (방문 목적은?)
> B: 観光で来ました。 (관광하러 왔습니다.)

며칠간 체류하십니까?	何日間の滞在ですか。
어디에 머무십니까?	どこに滞在しますか。
숙박처는 이 호텔입니다.	宿泊先はこのホテルです。
아직 정하지 않았습니다.	まだ決めていません。

도쿄에 있는 친구 집에 머물 겁니다.	東京にいる友人の家に泊まります。
단체여행이라서 모릅니다.	団体旅行なのでわかりません。
현금은 얼마나 가지고 있습니까?	現金はいくら持っていますか。
일본은 처음입니까?	日本は初めてですか。

 짐을 찾을 때

짐은 어디서 찾습니까?	手荷物はどこで受け取りますか。
이건 716편 턴테이블입니까?	これは716便のターンテーブルですか。
716편 짐은 나왔습니까?	716便の荷物はもう出てきましたか。
제 짐이 보이지 않습니다.	私の手荷物が見つかりません。
이게 수화물인수증입니다.	これが手荷物引換証です。
짐을 찾는 대로 즉시 이 주소로 보내 주세요.	荷物が見つかったら、すぐにこの住所に届け てください。

 세관을 통과할 때

여권과 신고서를 보여 주십시오.	パスポートと申告書を拝見します。
세관신고서는 가지고 계십니까?	税関申告書をお持ちですか。
신고할 것은 있습니까?	申告するものはありますか。
신고할 것은 없습니다.	申告するものはありません。

| 제가 쓸 것입니다. | 自分用_{じ ぶんよう}です。 |

自分用です。

| 이 가방을 열어 주십시오. | このバッグを開けてください。 |

| 내용물은 무엇입니까? | 中身は何ですか。 |

| 다른 짐은 있나요? | 他に荷物はありますか。 |

| 이건 과세 대상이 됩니다. | これは課税対象となります。 |

 공항 안내소에서

| 관광안내소는 어디에 있습니까? | 観光案内所はどこですか。 |

| 시내지도와 관광 팸플릿을 주세요. | 市街地図と観光パンフレットをください。 |

| 매표소는 어디에 있습니까? | 切符売場はどこですか。 |

| 호텔 목록은 있습니까? | ホテルリストはありますか。 |

| 여기서 렌터카를 예약할 수 있습니까? | ここでレンタカーの予約ができますか。 |

 짐을 운반할 때

| 포터를 찾고 있습니다. | ポーターを探しています。 |

| 이 짐을 택시 승강장까지 옮겨 주세요. | この荷物をタクシー乗り場まで運んでください。 |

| 이것을 버스정류소까지 부탁해요. | これをバス停までお願いします。 |

카트는 어디에 있습니까? カートはどこにありますか。

짐을 호텔로 보내 주세요. 荷物をホテルに届けてください。

PART 3 旅行会話

호텔

ホテル

UNIT
03

호텔을 현지에서 찾을 때는 공항이나 시내의 観光案内所에서 물어보도록 합시다. 예약을 해주기도 하지만, 가능하면 한국에서 출발하기 전에 예약을 해두는 것이 좋습니다. 호텔의 체크인 시각은 보통 오후 2시부터이므로 호텔 도착시간이 오후 6시를 넘을 때는 예약이 취소되는 경우도 있으므로 늦을 경우에는 호텔에 도착시간을 전화로 알려두는 것이 좋습니다. 방의 형태, 설비, 요금, 체재 예정 등을 체크인할 때 확인하도록 합시다.

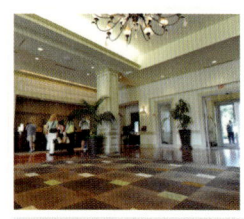

UNIT3 ホテル

호텔을 찾을 때

| 도쿄에 있는 호텔은 어디가 좋습니까? | 東京のホテルはどこがいいですか。 |

도쿄에 있는 호텔은 어디가 좋습니까?
東京のホテルはどこがいいですか。

공항까지 데리러 옵니까?
空港まで迎えに来てくれますか。

그 호텔은 어디에 있습니까?
そのホテルはどこにありますか。

다른 호텔을 소개해 주십시오.
他のホテルを紹介してください。

거리 중심부에 있는 호텔이 좋겠는데요.
街の中心部にあるホテルがいいのですが。

아담하고 편안한 호텔입니다.
こぢんまりした、居心地のいいホテルですよ。

> A: どんなホテルですか。
> (어떤 호텔입니까?)
> B: こぢんまりした、居心地のいいホテルですよ。
> (아담하고 편안한 호텔입니다.)

228

관광하기에 편리한 장소의
호텔입니까?

観光に便利な場所のホテルですか。

> A: 観光に便利な場所のホテルですか。
> (관광하기에 편리한 장소의 호텔입니까?)
> B: ええ、上野にあります。
> (예, 우에노에 있습니다.)

도쿄돔에서 가까운 호텔이
좋겠는데요.

東京ドームから近いホテルがいいのですが。

호텔을 예약할 때

여기서 호텔을 예약할 수 있습니까? ここでホテルの予約ができますか。

오늘 밤, 빈방 있습니까? 今夜、空き部屋はありますか。

숙박 요금은 얼마입니까? 宿泊料金はおいくらですか。

1박에 얼마입니까? 一泊いくらですか。

요금에 아침식사는 포함되어
있나요?
料金に朝食は含まれていますか。

세금과 봉사료는 포함되어
있습니까?
税金とサービス料は入っていますか。

> A: 税金とサービス料は入っていますか。
> (세금과 봉사료는 포함되어 있습니까?)
> B: いいえ、それは部屋代に加算されます。
> (아니오, 그것은 숙박비에 추가될 겁니다.)

예약을 하고 싶은데요. 予約をしたいのですが。

몇 박을 하실 겁니까? 何泊なさいますか。

229

오늘 밤부터 2박 할 겁니다.	今晩から二泊します。

호텔 체크인

예약은 했는데 도착이
늦어지겠습니다.

予約しているのですが、到着が遅れます。

> A: 予約しているのですが、到着が遅れます。
> (예약은 했는데 도착이 늦어지겠습니다.)
> B: わかりました。予約を残しておきます。
> (알겠습니다. 예약을 유지해 두겠습니다.)

예약은 되어 있습니까?

予約はされていますか。

싱글 룸을 5일 동안 예약했습니다.

シングルルームを5泊予約しています。

> A: シングルルームを5泊予約しています。
> (싱글 룸을 5일 동안 예약했습니다.)
> B: 6月22日の土曜日にご出発ですね?
> (6월 22일 토요일에 출발하시죠?)

여행사를 통해 예약했습니다.

旅行代理店を通じて予約しました。

예약은 한국에서 마쳤습니다.

予約は韓国で済ませました。

아직 예약은 하지 않았습니다.

まだ予約はしていません。

숙박료는 미리 지불했습니다.

宿泊料は前払いしてあります。

> A: 宿泊料は前払いしてあります。
> (숙박료는 선불로 지급했습니다.)
> B: 宿泊券をいただけますか。
> (숙박권을 보여 주시겠습니까?)

| 예약을 하지 않았는데
싱글 룸은 있습니까? | 予約はしていませんが、シングルルームは空いていますか。 |

| 더블 룸도 좋습니다. | ダブルの部屋でもいいです。 |

> A: 申し訳ありませんが、シングルルームは満室です。
> (죄송하지만 싱글 룸은 다 찼습니다.)
> B: それなら、ダブルの部屋でもいいです。
> (그렇다면 더블 룸도 좋습니다.)

| 성함을 말씀하십시오. | お名前をどうぞ。 |

호텔 체크인 트러블

| 다시 한번 확인해 주시겠어요? | もう一度、調べていただけますか。 |

| 예약을 취소하지 마세요. | 予約を取り消さないでください。 |

| 다시 한번 제 예약을
확인해 주십시오. | もう一度私の予約を調べてください。 |

| 방을 취소하지 않았습니다. | 部屋をキャンセルしていません。 |

| 다른 호텔을 찾으십시오. | ほかのホテルを探してください。 |

방을 확인할 때

| 조용한 방으로 부탁합니다. | 静かな部屋をお願いします。 |

| 전망이 좋은 방으로 부탁합니다. | 眺めのいい部屋をお願いします。 |

방을 보여 주세요.	部屋を見せてください。
좀 더 좋은 방은 없습니까?	もっとよい部屋はありませんか。
좀 더 큰 방으로 바꿔 주세요.	もう少し大きい部屋にかえてください。
이 방으로 하겠습니다.	この部屋にします。
숙박카드에 기입해 주십시오.	宿泊カードにご記入ください。
귀중품을 보관해 주시겠어요?	貴重品を預かってもらえますか。
짐을 방까지 옮겨 주겠어요?	荷物を部屋まで運んでくれますか。
여기가 손님방입니다.	こちらがお客様のお部屋になります。

 03-6

룸서비스

룸서비스를 부탁합니다.	ルームサービスをお願いします。
내일 아침 8시에 아침을 먹고 싶은데요.	明日の朝8時に朝食を食べたいのですが。
어느 정도 시간이 걸립니까?	どのくらい時間がかかりますか。
세탁 서비스는 있습니까?	洗濯のサービスはありますか。
마실 따뜻한 물이 필요한데요.	飲むお湯がほしいのですが。
모닝콜을 부탁합니다.	モーニングコールをお願いします。
방 번호를 말씀하십시오.	お部屋番号をどうぞ。
한국으로 전화를 하고 싶은데요.	韓国に電話をかけたいのですが。

| 식당 예약 좀 해주시겠어요? | レストランを予約していただけますか。 |

룸서비스가 들어올 때

누구십니까?	どなたですか。
잠시 기다리세요.	ちょっと待ってください。
들어오세요.	お入りください。
이건 팁입니다.	これはチップです。

호텔시설을 이용할 때

| 방에 금고는 있습니까? | 部屋にセーフティーボックスはありますか。 |

A: 部屋にセーフティーボックスはありますか。
(방에 금고는 있습니까?)

B: はい、押し入れの中にあります。
(네, 옷장 안에 있습니다.)

| 자판기는 있습니까? | 自動販売機はありますか。 |

| 아침식사는 어디에서 먹을 수 있습니까? | 朝食はどこで食べられますか。 |

A: 朝食はどこで食べられますか。
(아침식사는 어디에서 먹을 수 있습니까?)

B: 1階にコーヒーショップがあります。
(1층에 커피숍이 있습니다.)

233

식당은 어디에 있습니까?	食堂はどこですか。
아침식사는 몇 시까지 합니까?	朝食は何時までですか。

> A: 朝食は何時までですか。
> (아침식사는 몇 시까지 합니까?)
> B: 7時から9時半までです。
> (7시부터 9시 반까지입니다.)

식당은 몇 시까지 합니까?	食堂は何時まで開いていますか。
이 호텔에 테니스코트는 있습니까?	このホテルにテニスコートはありますか。
커피숍은 어디에 있습니까?	コーヒーショップはどこですか。
바는 언제까지 합니까?	バーはいつまで開いていますか。
이메일을 체크하고 싶은데요.	メールをチェックしたいのですが。
팩스는 있습니까?	ファックスはありますか。
여기서 관광버스표를 살 수 있습니까?	ここで観光バスのチケットを買えますか。
이발소는 있습니까?	床屋はありますか。
계산은 방으로 해두세요.	勘定は部屋につけておいてください。

외출할 때

외출하는데요.	外出しますが。
귀중품을 맡아주세요.	貴重品を預かってください。

| 열쇠를 맡아주세요. | 鍵を預かってください。 |
| 저한테 온 메시지는 있습니까? | 私宛てのメッセージはありますか。 |

호텔에서의 트러블

문이 잠겨 방에 들어갈 수 없습니다.	鍵がかかって部屋に入れないんです。
열쇠를 방에 두고 나왔습니다.	鍵を部屋に忘れました。
카드키는 어떻게 사용하죠?	カードキーはどうやって使うのでしょう?
방 번호를 잊어버렸습니다.	部屋の番号を忘れました。
복도에 이상한 사람이 있습니다.	廊下に不審な人がいます。
옆 방이 무척 시끄럽습니다.	となりの部屋がとてもうるさいんです。
뜨거운 물이 나오지 않는데요.	お湯が出ないのですが。
방을 바꿔 주세요.	部屋を替えてください。
옆 방이 시끄러워요.	隣りの部屋がうるさいのですが。

> A: 隣りの部屋がうるさいのですが。
> (옆 방이 시끄러워요.)
> B: 申し訳ありません。誰かを行かせて確認します。
> (죄송합니다. 사람을 보내서 확인하겠습니다.)

| 빨리 고치러 와주세요. | すぐ修理に来てください。 |
| 방 청소가 아직 안 되었습니다. | 部屋がまだ掃除されていません。 |

235

| 타월을 바꿔 주세요. | タオルを取り替えてください。 |
| 방에서 카메라가 없어졌습니다. | 部屋からカメラがなくなりました。 |

호텔 체크아웃 준비

체크아웃은 몇 시입니까?	チェックアウトタイムは何時ですか。
몇 시에 떠날 겁니까?	ご出発は何時ですか。
하룻밤 더 묵고 싶은데요.	もう一泊したいのですが。
하루 일찍 떠나고 싶은데요.	一日早く発ちたいのですが。
오전 10시에 택시를 불러 주세요.	午前10時にタクシーを呼んでください。

호텔 체크아웃

| 하룻밤 더 묵고 싶은데요. | 滞在をもう1泊延長したいのですが。 |

A: 滞在をもう1泊延長したいのですが。
(하룻밤 더 묵고 싶은데요.)
B: では、23日ご出発ですね。承知しました。
(그럼, 23일에 출발하시는군요. 알겠습니다.)

하루 빨리 가고 싶은데요.	1日早く出たいのですが。
체크아웃 시간은 몇 시입니까?	チェックアウトの時間は何時ですか。
체크아웃을 하고 싶은데요.	チェックアウトをしたいのですが。
1234호실 홍길동입니다.	1234号室のホンギルドンです。

236

포터를 보내 주세요.	ポーターをお願いします。
맡겨둔 귀중품을 꺼내 주세요.	預けておいた貴重品を出してください。
출발할 때까지 짐을 맡아 주시겠어요?	出発まで荷物を預かってもらえますか。
방에 물건을 두고 나왔습니다.	部屋に忘れ物をしました。
짐을 아래까지 옮겨 주세요.	荷物を下まで運んでください。

숙박비 계산

계산을 부탁합니다.	会計をお願いします。
신용카드도 됩니까?	クレジットカードで支払いできますか。
전부 포함된 겁니까?	全部込みですか。
이 요금에 대해 설명해 주세요.	この料金について説明してください。

> A: この料金について説明してください。
> (이 요금에 대해 설명해 주세요.)
>
> B: ミニバーのご利用です。
> (미니바 이용입니다.)

계산 착오가 있는 것 같은데요.	計算違いがあるようです。

ショッピング

UNIT

04

여행에서 쇼핑도 빼놓을 수 없는 즐거움의 하나입니다. 꼭 필요한 품목만 미리 계획을 세워서 구입해야만 충동구매를 피할 수 있고, 귀국할 때 세관에서 통관 절차가 간편합니다. 가게에 들어서면 점원이 「いらっしゃいませ(어서 오십시오)」라고 반갑게 맞이합니다. 물건을 고를 때는 「あれを見せてください(저걸 보여주세요)」,

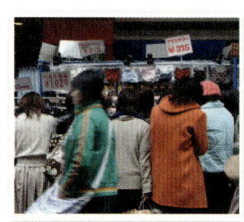

가격을 물을 때는 「いくらですか(얼마입니까?)」 가격을 흥정할 때는 「負けてください(깎아주세요)」라고 합니다.

04-1

쇼핑센터를 찾을 때

쇼핑센터는 어디에 있습니까?	ショッピングセンターはどこにありますか。
이 도시의 쇼핑가는 어디에 있습니까?	この町のショッピング街はどこですか。
쇼핑 가이드는 있나요?	ショッピングガイドはありますか。
면세점은 있습니까?	免税店はありますか。
이 주변에 백화점은 있습니까?	この辺りにデパートはありますか。

04-2

가게로 가고자 할 때

가장 가까운 슈퍼는 어디에 있습니까?	一番近いスーパーはどこですか。
편의점을 찾고 있습니다.	コンビニを探しています。

좋은 스포츠용품점을 가르쳐 주시겠어요?

いいスポーツ用具店を教えてください。

그건 어디서 살 수 있나요?

それはどこで買えますか。

그 가게는 오늘 문을 열었습니까?

その店は今日開いていますか。

이 가게는 몇 시까지 여나요?

こちらの店は何時まで開いていますか。

A: こちらの店は何時まで開いていますか。
(이 가게는 몇 시까지 여나요?)

B: 7時までです。
(7시까지입니다.)

여기서 멉니까?

ここから遠いですか。

영업시간은 몇 시부터 몇 시까지입니까?

営業時間は何時から何時までですか。

몇 시까지 합니까?

何時まで開いていますか。

일요일에도 영업합니까?

日曜日も営業していますか。

여기서 가장 가까운 편의점은 어디입니까?

ここからいちばん近いコンビニはどこですか。

선물을 살 좋은 가게는 있습니까?

おみやげを買うのにいい店はありますか。

가게에 들어설 때

어서 오십시오.

いらっしゃいませ。

뭔가 찾으십니까?

何かお探しですか。

잠깐 구경 좀 할게요.

ちょっと見ているだけです。

A: 何かお探しですか。
（뭘 찾으십니까?）

B: いいえ、ちょっと見ているだけです。
（아니오, 잠깐 구경 좀 할게요.）

뭔가 필요한 것이 있으시면
알려 주십시오.

何かご用がありましたら、お知らせください。

잠깐 가게 안을 둘러봐도 됩니까?

ちょっとお店の中を見せてもらえますか。

A: ちょっとお店の中を見せてもらえますか。
（잠깐 가게 안을 둘러봐도 됩니까?）

B: どうぞ、何かあれば、声をかけてください。
（그럼요. 도움이 필요하면 불러 주세요.）

물건을 찾을 때

여기 잠깐 봐 주시겠어요?

ちょっとよろしいですか。

코트를 찾고 있습니다.

コートを探しているのです。

아내에게 선물할 것을 찾고
있습니다.

妻へのプレゼントを探しています。

캐주얼한 것을 찾고 있습니다.

カジュアルなものを探しています。

가방을 찾고 있습니다.

カバンを探しているんです。

A: 何をお探しですか。
（무엇을 찾으십니까?）

B: カバンを探しているんです。
（가방을 찾고 있습니다.）

뭔가 선물로 적당한 것은 없습니까? 何かおみやげに適当な物はありませんか。

저걸 보여 주세요. あれを見せてください。

까맣고 중간 크기의 가방이
필요합니다.

黒い、中型のカバンが欲しいです。

> A: 何か具体的に考えているものがありますか。
> (구체적으로 생각하고 있는 것이 있습니까?)
> B: 黒い、中型のカバンが欲しいです。
> (까맣고 중간 크기의 가방이 필요합니다.)

면으로 된 것이 필요한데요. 綿素材のものが欲しいんですが。

이것과 같은 것은 있습니까? これと同じものはありますか。

이것뿐입니까? これだけですか。

30세 정도의 남자에게는 뭐가
좋을까요?

30歳くらいの男性には何がいいですか。

요즘에는 어떤 것이 잘 팔립니까? 最近はどんな物がよく売れていますか。

물건을 보여달라고 할 때

그걸 봐도 될까요? それを見てもいいですか。

몇 가지 보여 주세요. いくつか見せてください。

바로 앞줄의 왼쪽에서
두 번째 것입니다.

手前の列の、左から2番目のものです。

> A: どれがご覧になりたいのですか。
> (어느 것을 보고 싶습니까?)
> B: 手前の列の、左から2番目のものです。
> (바로 앞줄의 왼쪽에서 두 번째 것입니다.)

다른 것을 보여 주시겠어요? 　別のものを見せていただけますか。

질이 더 좋은 것은 없습니까? 　もっと質のいいのはありませんか。

잠깐 다른 것을 보겠습니다. 　ちょっと他のものを見てみます。

색상을 고를 때

무슨 색이 있습니까? 　何色がありますか。

이 색은 좋아하지 않습니다. 　この色は好きではありません。

빨간 것은 있습니까? 　赤いのはありますか。

이것, 다른 색은 있습니까? 　これ、別の色はありますか。

> A: これ、別の色はありますか。
> 　(이것, 다른 색은 있습니까?)
> B: 青、赤、白があります。
> 　(파랑, 빨강, 흰색이 있습니다.)

너무 화려합니다. 　派手すぎます。

더 화려한 것은 있습니까? 　もっと派手なのはありますか。

더 수수한 것은 있습니까? 　もっと地味なのはありますか。

242

04-7

사이즈를 고를 때

| 어떤 사이즈를 찾으십니까? | どのサイズをお探^{さが}しですか。 |

정확한 사이즈를 모릅니다.   正確^{せいかく}なサイズがわかりません。

A: 正確^{せいかく}なサイズがわかりません。
　　(정확한 사이즈를 모릅니다.)
B: お測^{はか}りしましょう。
　　(재봅시다.)

사이즈는 이것뿐입니까?   サイズはこれだけですか。

제 사이즈를 모르겠는데요.   自分^{じぶん}のサイズがわからないのですが。

사이즈를 재주시겠어요?   サイズを測^{はか}っていただけますか。

더 큰 것은 있습니까?   もっと大^{おお}きいのはありますか。

더 작은 것은 있습니까?   もっと小^{ちい}さいのはありますか。

04-8

디자인을 고를 때

다른 스타일은 있습니까?   ほかの型^{かた}はありますか。

어떤 디자인이 유행하고 있습니까?   どんなデザインが流行^{りゅうこう}していますか。

이 디자인은 좋아하지 않습니다.   このデザインは好^すきではありません。

다른 디자인은 있습니까?   他^{ほか}のデザインはありますか。

| 디자인이 비슷한 것은 있습니까? | デザインが似ているものはありますか。 |
| 이 디자인, 나에게 어울릴까? | このデザイン、僕に合うかな。 |

 04-9

품질을 물을 때

재질은 무엇입니까?	材質は何ですか。
일제입니까?	日本製ですか。
질은 괜찮습니까?	質はいいですか。
이건 수제입니까?	これはハンドメイドですか。
이건 무슨 향입니까?	これは何の香りですか。
이 셔츠는 세탁하면 줄어듭니까?	このシャツは洗濯したら縮みますか。

> A: このシャツは洗濯したら縮みますか。
> (이 셔츠는 세탁하면 줄어듭니까?)
> B: ええ、少し縮みます。
> (예, 조금 줄어듭니다.)

 04-10

물건값을 물을 때

| 계산은 어디서 합니까? | 会計はどちらですか。 |
| 얼마입니까? | いくらですか。 |

A: いくらですか。
（얼마입니까?）
B: 五千円に税金がつきます。
（5천엔에 세금이 붙습니다.）

전부해서 얼마가 됩니까?
全部でいくらになりますか。

하나에 얼마입니까?
1つ、いくらですか。

이건 세일 중입니까?
これはセール中ですか。

세금은 포함된 가격입니까?
税金は含まれた額ですか。

 04-11

물건값을 흥정할 때

너무 비쌉니다.
高すぎます。

깎아 주겠어요?
負けてくれますか。

조금 싸게 해주세요.
少し安くなりませんか。

A: 少し安くなりませんか。
（조금 싸게 안 되겠어요?）
B: 無理です。すでに割引になっていますから。
（무리입니다. 이미 할인되어 있어서요.）

이것은 20% 할인된 가격입니까?
これは20%引かれた後の値段ですか。

A: このスカートは20%引きですよ。
（이 스커트는 20% 할인합니다.）
B: これは20%引かれた後の値段ですか。
（이것은 20% 할인된 가격입니까?）

더 싼 것은 없습니까?	もっと安い物はありませんか。
더 싸게 해 주실래요?	もっと安くしてくれませんか。
깎아주면 사겠습니다.	負けてくれたら買います。
현금으로 지불하면 싸게 됩니까?	現金払いなら安くなりますか。
계산이 틀린 것 같습니다.	勘定が間違っているようです。

 04-12

구입 결정과 지불 방법

이것은 적당한 가격이군.	これは手頃な値段だね。

> A: これは手頃な値段だね。
> (이것은 적당한 가격이군.)
> B: そうね。予算の範囲内だわ。
> (그러네. 예산 범위 내야.)

이걸로 하겠습니다.	これにします。
이것을 10개 주세요.	これを10個ください。
지불은 어떻게 하시겠습니까?	お支払いはどうなさいますか。
카드도 됩니까?	カードで支払いできますか。
여행자수표도 받나요?	トラベラーズチェックで支払いできますか。
현금으로 지불하겠습니다.	現金で払います。

A: お支払いはどうなさいますか。
(계산은 어떻게 하시겠습니까?)

B: 現金で払います。
(현금으로 지불하겠습니다.)

신용카드로 지불하겠습니다.

クレジットカードで払います。

A: お支払いは現金ですか、クレジットカード
ですか。
(계산은 현금입니까, 신용카드입니까?)

B: クレジットカードで払います。
(신용카드로 지불하겠습니다.)

영수증을 주시겠어요?

領収書をいただけますか。

선물용으로 포장해 주시겠습니까?

プレゼント用に包んでもらえますか。

선물용 포장에는 돈이 듭니까?

プレゼント用の包装には代金がかかりますか。

리본을 달아서 포장해 주세요.

リボンをつけて包装してください。

A: 贈り物ですか。
(선물입니까?)

B: ええ、リボンをつけて包装してください。
(예, 리본을 달아서 포장해 주세요.)

배달을 원할 때

이걸 팔래스 호텔까지 갖다
주시겠어요?

パレスホテルまでこれを届けてもらえますか。

언제 배달해 주시겠습니까?

いつ届けてもらえますか。

| 별도 요금이 듭니까? | <ruby>別<rt>べつ</rt></ruby><ruby>料<rt>りょう</rt></ruby><ruby>金<rt>きん</rt></ruby>がかかりますか。 |

이 카드를 첨부해서 보내 주세요.　このカードを<ruby>添<rt>そ</rt></ruby>えて<ruby>送<rt>おく</rt></ruby>ってください。

이 주소로 보내 주세요.　この<ruby>住所<rt>じゅうしょ</rt></ruby>に<ruby>送<rt>おく</rt></ruby>ってください。

배송을 원할 때

이 주소로 배송해 주시겠어요?　この<ruby>住所<rt>じゅうしょ</rt></ruby>に<ruby>配送<rt>はいそう</rt></ruby>してもらえますか。

배송은 언제 되나요?　<ruby>配送<rt>はいそう</rt></ruby>はいつになりますか。

배송료는 얼마입니까?　<ruby>配送料<rt>はいそうりょう</rt></ruby>はいくらですか。

이 가게에서 한국으로 발송해
주시겠어요?　この<ruby>店<rt>みせ</rt></ruby>から<ruby>韓国<rt>かんこく</rt></ruby>に<ruby>発送<rt>はっそう</rt></ruby>してもらえますか。

한국 제 주소로 보내 주시겠어요?　<ruby>韓国<rt>かんこく</rt></ruby>の<ruby>私<rt>わたし</rt></ruby>の<ruby>住所宛<rt>じゅうしょあて</rt></ruby>に<ruby>送<rt>おく</rt></ruby>ってもらえますか。

항공편으로 부탁합니다.　<ruby>航空便<rt>こうくうびん</rt></ruby>で<ruby>お願<rt>ねが</rt></ruby>いします。

선편으로 부탁합니다.　<ruby>船便<rt>ふなびん</rt></ruby>で<ruby>お願<rt>ねが</rt></ruby>いします。

한국까지 항공편으로 며칠 정도
걸립니까?　<ruby>韓国<rt>かんこく</rt></ruby>まで<ruby>航空便<rt>こうくうびん</rt></ruby>で<ruby>何日<rt>なんにち</rt></ruby>くらいかかりますか。

항공편으로 얼마나 듭니까?　<ruby>航空便<rt>こうくうびん</rt></ruby>でいくらくらいかかりますか。

구입한 물건을 교환할 때

이것을 바꿔 주세요.　これを<ruby>取<rt>と</rt></ruby>り<ruby>替<rt>か</rt></ruby>えてください。

여기에 얼룩이 있습니다.　ここにシミが<ruby>付<rt>つ</rt></ruby>いています。

새것으로 바꿔드리겠습니다.	新しいものとお取り替えします。
구입 시에 망가져 있었습니까?	ご購入時に壊れていましたか。
샀을 때는 몰랐습니다.	買ったときには気がつきませんでした。
사이즈가 안 맞았어요.	サイズが合いませんでした。
다른 것으로 바꿔 주시겠어요?	別の物と取り替えていただけますか。

구입한 물건을 반품할 때

어디로 가면 됩니까?	どこに行けばいいのですか。
반품하고 싶은데요.	返品したいのですが。
아직 쓰지 않았습니다.	まだ使っていません。
가짜가 하나 섞여 있었습니다.	偽物が一つ混ざっていました。
영수증은 여기 있습니다.	領収書はこれです。
어제 샀습니다.	昨日買いました。

환불 · 배달사고

환불해 주시겠어요?	返金してもらえますか。
산 물건하고 다릅니다.	買ったものと違います。
구입한 게 아직 배달되지 않았습니다.	買ったものがまだ届きません。

PART 3

대금은 이미 지불했습니다.

代金はもう払いました。

수리해주든지 환불해 주시겠어요?

修理するか、お金を返していただけますか。

길묻기

ギルムッギ

UNIT 05

길을 물을 때 많이 쓰이는 패턴으로는「~へ行く道を教えてください(~으로 가는 길을 가르쳐 주세요)」가 있습니다. 일본의 경우 도로의 표지판이나 주소지 등이 명확하게 정리되어 있어 지도 한 장만 있어도 어디든 원하는 목적지에 혼자서도 찾아갈 수 있습니다. 만약 길을 잘 모르거나 잃었을 때는 지도를 펴 보이며 물어봐도 되고 인근 파출소 (交番)에 가서 물어보면 친절하게 안내를 해줍니다.

길을 물을 때

길을 잃었어.	道に迷った。
여기는 어디입니까?	ここはどこですか。
미안합니다, 역은 어떻게 가면 좋을까요?	すみません、駅へはどう行ったらいいですか。
팔레스 호텔로 가는 길을 가르쳐 줄래요?	パレスホテルへ行く道を教えてくれますか。
책방을 찾고 있는데, 이 주변에 있습니까?	本屋を探してるんですが、この辺にありますか。
우에노 공원은 이 길로 가면 됩니까?	上野公園はこの道でいいんでしょうか。
저는 길눈이 어둡습니다.	私は方向音痴なんです。
경기장은 어떻게 가면 됩니까?	競技場へはどう行けばいいのですか。

저기 파출소에서 물어보시면 어떨까요?	あそこの交番でお聞きになってはどうでしょうか。
뭔가 표시가 되는 것이 있습니까?	何か目印になるものがありますか。
여기서 해안까지 걸어서 갈 수 있습니까?	ここから海岸まで歩いて行けますか。
걸어가면, 시간이 얼마나 걸립니까?	歩いて行くと、どれくらいの時間がかかりますか。
40분 정도 걸릴까요?	40分くらいでしょうか。
남쪽이 어느 쪽일까?	南はどっちかしら。

 05-2

길을 가르쳐 줄 때

어디에 가십니까?	どこへいらっしゃるのですか。
집 주소를 보여 주시겠어요?	おうちの住所を見せてもらえますか。
이 길로 곧장 가세요.	この道を真っ直ぐ行ってください。
두 번째 모퉁이에서 왼쪽으로 도세요.	2つ目の角を左に曲がりなさい。
커다란 붉은 간판이 있습니다.	大きな赤い看板があります。
곧장 가면 왼쪽에 있습니다.	まっすぐ行くと、左側にあります。
은행의 옆입니다.	銀行の隣です。
세 번째 교차로 바로 앞입니다.	3つ目の交差点の手前です。
저기 교차로 모퉁이에 있습니다.	あそこの交差点の角にあります。

지금 온 길을 돌아가야 합니다.	今来た道を戻らないといけません。
저도 그쪽 방향으로 가니까 모셔다 드릴게요.	私もそちらの方向へ行きますから、お連れしましょう。
여기서 걸어서 불과 3분 정도입니다.	ここから歩いてほんの3分ほどです。

05-3

🗨️ 자신도 길을 모를 때

미안합니다. 잘 모르겠습니다.	すみません。よくわかりません。
저도 여기는 처음이라서요.	私もここは初めてなものですから。
유감스럽지만, 저도 잘 모르겠어요.	残念ながら、私もよくわからないんですよ。
저는 여행자입니다.	私は旅行者なのです。
다른 사람에게 물어보십시오.	だれかほかの人に聞いてください。
미안하지만, 이 주변은 그다지 잘 모릅니다.	すみませんが、このあたりはあまりよく知らないんです。
저 사람에게 물어 보십시오.	あちらの人に聞いてください。
지도를 가지고 있습니까?	地図を持っていますか。

05-4

🗨️ 걸을 때

| 걷는 것을 좋아합니다. | 歩くのが好きです。 |
| 풍경을 보면서 걷는 것은 즐거워. | 風景を見ながら歩くのは楽しい。 |

	歩くと、けっこう時間がかかりますよ。
	まだまだ歩けるよ。
	こんなところまで歩いてきてしまった。
	歩くと、意外と近いんだね。

교통수단

交通

UNIT 06

정류장이나 역을 물을 때는 電車駅(バ
ス停・タクシー乗り場)はどこです
かと고 합니다. 택시를 이용할 때 말이
통하지 않으면 가고 싶은 곳의 주소를
적어서 택시기사에게 주면 됩니다.
택시를 이용할 때는「~まで お願いし
ます(~까지 가주세요)」라고 기사에게
말하면 목적지까지 실어다 줍니다.
목적지를 잘 모를 때는 주소를 보이며
「この住所までお願いします(이 주소로 가주세요)」라고 하면 됩니다.

UNIT6 交通

택시를 이용할 때

택시는 어디서 잡을 수 있습니까?	タクシーはどこで拾えますか。
택시 승강장은 어디에 있습니까?	タクシー乗り場はどこですか。
어디서 기다리고 있으면 됩니까?	どこで待っていればいいですか。
우리들 모두 탈 수 있습니까?	私たちは全員乗れますか。
트렁크를 열어 주세요.	トランクを開けてください。
이리 가주세요.	ここへ行ってください。
서둘러 주시겠어요?	急いでいただけますか。
가장 가까운 길로 가 주세요.	いちばん近い道で走ってください。
좀더 천천히 가주세요.	もっとゆっくり走ってください。

도착하면 깨워주세요.	着いたら起こしてください。
이 짐을 트렁크에 넣어 주시겠어요?	この荷物をトランクに入れてもらえますか。
저 차를 따라가 주세요.	あの車について行ってください。
다음 신호에서 왼쪽으로 도세요.	次の信号を左に曲がってください。
곧 돌아올 테니 잠시 기다려 주세요.	すぐに戻りますので、ちょっと待ってください。
여기서 세워 주세요.	ここで止めてください。
여기서 내리겠습니다.	ここで降ります。
빈차가 좀처럼 안 와.	空車がなかなか来ない。
택시에 물건을 놓고 내렸어.	タクシーに忘れ物をした。
얼마입니까?	いくらですか。
잔돈은 가지세요.	お釣りは結構です。

 06-2

버스를 이용할 때

버스 정류장은 역의 동쪽 출구에 있습니다.	バス乗り場は駅の東口にあります。
버스의 운임은 얼마입니까?	バスの運賃はいくらですか。
롯폰기에 가려면 이 버스가 편해.	六本木に行くにはこのバスが便利だよ。
신바시 행 버스를 타세요.	新橋行きのバスに乗ってください。

어느 버스 정류장에서 내리면 됩니까?	どこのバス停で降りればいいですか。
이 버스는 도쿄역까지 갑니까?	このバスは東京駅まで行きますか。
버스 정류장까지 걸어서 10분입니다.	バス停まで歩いて10分です。
버스는 좀처럼 시간대로 안 와.	バスはなかなか時間通りに来ない。
미안합니다. 이 자리는 비어 있습니까?	すみません、この席は空いていますか。
미안합니다. 내립니다.	すみません、降ります。
버스로 갈까, 전철로 갈까?	バスにしようかな、電車にしようかな。
버스 터미널은 어디에 있습니까?	バスターミナルはどこにありますか。

지하철 · 전철을 이용할 때

가장 가까운 역은 어디입니까?	最寄りの駅はどこですか。
근대미술관에 지하철로 갈 수 있습니까?	近代美術館へ地下鉄で行けますか。

> A: 近代美術館へ地下鉄で行けますか。
> (근대미술관에 지하철로 갈 수 있습니까?)
> B: はい、上野駅で降りてください。
> (네, 우에노 역에서 내리십시오.)

여기는 급행전철이 섭니까?	ここは急行電車は止まりますか。
모든 역에 서는 전철밖에 서지 않습니다.	各駅停車の電車しか止まりません。

표는 어디서 삽니까?

切符はどこで買うのですか。

A: 切符はどこで買うのですか。
(표는 어디서 삽니까?)

B: 自動販売機で買えますよ。
(자동판매기로 살 수 있습니다.)

급행은 몇 분 간격으로 옵니까?

急行は何分おきに来ますか。

급행은 여기에 섭니까?

急行はここに停まりますか。

A: 急行はここに停まりますか。
(급행은 여기에 섭니까?)

B: いいえ、各駅停車に乗ってください。
(아니오, 완행전철을 타세요.)

환승역은 어디입니까?

乗換駅はどこですか。

특급은 몇 번 선에서 출발합니까?

特急は何番線から出ますか。

도쿄역까지 전철로 몇 분 걸립니까?

東京駅まで電車で何分かかりますか。

지하철 노선도는 있습니까?

地下鉄の路線図はありますか。

아사쿠사까지는 얼마입니까?

浅草までいくらですか。

마지막 전철은 몇 시입니까?

終電は何時ですか。

어디서 표를 정산하면 됩니까?

どこで切符を精算すればいいのですか。

전철이 붐비고 있어.

電車が込んでいる。

차표를 잃어 버렸어.

切符をなくした。

전철을 잘못 탔어.	電車を乗り間違えた。
전철 노선도를 주세요.	電車の路線図をください。
동쪽 출구로 나가세요.	東口に出てください。
어디서 갈아탑니까?	どこで乗り換えるのですか。
지하철에 가방을 두고 내렸습니다.	地下鉄にかばんを忘れました。

열차를 이용할 때

매표소는 어디입니까?	切符売り場はどこですか。
오사카까지 편도를 주세요.	大阪までの片道切符をください。
예약 창구는 어디입니까?	予約の窓口はどこですか。
1등석을 주세요.	一等席をください。
더 이른 열차는 있습니까?	もっと早い列車はありますか。
급행열차입니까?	急行列車ですか。
3번 홈은 어디입니까?	3番ホームはどこですか。
이건 오사카행입니까?	これは大阪行きですか。
도중에 하차할 수 있습니까?	途中下車はできますか。
열차를 놓쳤습니다.	乗り遅れてしまいました。
거기는 제 자리입니다.	そこは私の席です。

비행기를 이용할 때

비행기 예약을 부탁합니다.	フライトの予約をお願いします。
내일 홋카이도행 비행기가 있습니까?	明日の北海道行きの便はありますか。
일찍 가는 비행기로 부탁합니다.	早い便をお願いします。
성함과 편명을 말씀하십시오.	お名前と便名をどうぞ。
출발시각을 확인하고 싶은데요.	出発時刻を確認したいのですが。
일본항공 카운터는 어디입니까?	日本航空のカウンターはどこですか。
지금 체크인할 수 있습니까?	今チェックインできますか。
항공권은 가지고 계십니까?	航空券はお持ちですか。
금연석 통로 쪽으로 부탁합니다.	禁煙席の通路側をお願いします。
이 짐은 기내로 가지고 갑니다.	この荷物は機内持ち込みです。
요금은 어떻게 됩니까?	料金はどうなりますか。
몇 번 출구로 나가면 됩니까?	何番ゲートに行けばいいのですか。
이건 센다이 행 출구입니까?	これは仙台行きのゲートですか。
비행은 예정대로 출발합니까?	フライトは予定どおりに出発しますか。
이 짐을 맡길게요.	この荷物を預けます。
탑승은 시작되었나요?	搭乗は始まっていますか。

260

레터카

レンタカー

UNIT 07

여기서는 렌터카를 빌릴 때, 주유소에서 기름을 넣을 때, 운전을 하면서 겪는 교통위반이나 사고, 주정차, 세차, 보험 등 운전에 관한 표현을 익히도록 했습니다. 렌터카를 빌릴 때는 여권과 국제면허증이 필요합니다. 만일을 대비하여 보험도 잊지 말고 꼭 들어 둡시다. 차를 빌려서 관광할 경우에는 우리와 교통의 흐름이 반대이므로 주의해서 운전을 해야 합니다. 따라서 운전석도 우리는 왼쪽에 있지만, 일본은 오른쪽에 있습니다.

07-1

UNIT7 レンタカー

자동차를 빌릴 때

렌터카 카운터는 어디에 있습니까?	レンタカーのカウンターはどこですか。
렌터카를 예약하고 싶은데요.	レンタカーを予約したいのですが。

A: レンタカーを予約したいのですが。
(렌터카를 예약하고 싶은데요.)

B: はい、いつからですか。
(네, 언제부터입니까?)

어느 정도 운전할 예정이십니까?	どのくらいドライブする予定ですか。
6월 10일부터 3일간, 차를 빌리고 싶은데요.	6月10日から3日間、車を借りたいのですが。
차를 3일간 빌리고 싶습니다.	車を三日間借りたいです。
이것이 제 국제운전면허증입니다.	これが私の国際運転免許証です。

차종을 고를 때

어떤 차가 있습니까?
どんな車がありますか。

렌터카 목록을 보여 주시겠어요?
レンタカーリストを見せてもらえますか。

어떤 타입의 차가 좋으시겠습니까?
どのタイプの車がよろしいですか。

소형차를 부탁합니다.
小型車をお願いします。

A: どのような車をご希望ですか。
(어떤 차를 희망하십니까?)

B: 小型車をお願いします。
(소형차를 부탁합니다.)

중형차를 빌리고 싶은데요.
中型車を借りたいのですが。

오토매틱밖에 운전하지 못합니다.
オートマチックしか運転できません。

렌터카 요금과 보험

선불이 필요합니까?
前金が必要ですか。

보증금은 얼마입니까?
保証金はいくらですか。

1주일 요금은 얼마입니까?
一週間の料金はいくらですか。

특별요금은 있습니까?
特別料金はありますか。

그 요금에 보험은 포함되어 있습니까?
その料金に保険は含まれていますか。

보험은 전부 들어 주세요.
保険は全部かけてください。

262

A: 保険をかけますか。
（보험을 들겠습니까?）

B: 保険は全全部かけてください。
（보험은 전부 들어 주세요.）

종합보험을 들어 주십시오.　総合保険をかけてください。

그밖의 질문

운전하는 사람은 저 뿐입니다.	運転するのは私だけです。
다른 사람이 운전할 수도 있습니까?	ほかの人が運転することもできますか。
가솔린은 가득 채워서 돌려줍니까?	ガソリンは満タンにして返すのですか。
주행거리는 무제한입니까?	走行距離は無制限ですか。
사고의 경우에는 어디로 연락하면 됩니까?	事故の場合は、どこに連絡すればいいのですか。

길을 물을 때

긴급연락처를 알려 주세요.	緊急連絡先を教えてください。
도로지도를 주시겠습니까?	道路地図をいただけますか。
닛코는 어느 길로 가면 됩니까?	日光へはどの道を行けばいいですか。
5호선으로 남쪽으로 가세요.	5号線で南へ行ってください。
직진입니까, 아니면 왼쪽입니까?	まっすぐですか、それとも左ですか。

하코네까지 몇 킬로미터입니까?	箱根_{はこね}まで何_{なん}キロですか。
차로 후지산까지 어느 정도 걸립니까?	車_{くるま}で富士山_{ふじさん}までどのくらいかかりますか。
가장 가까운 교차로는 어디입니까?	いちばん近_{ちか}い交差点_{こうさてん}はどこですか。
어느 길로 가는 것이 가장 가깝니?	どの道_{みち}を通_{とお}るのが一番近_{いちばんちか}いの?
우회도로로 가는 게 가까워.	バイパスを通_{とお}ったほうが近_{ちか}い。

주유 · 주차할 때

이 근처에 주유소가 있습니까?	この近_{ちか}くにガソリンスタンドはありますか。
가득 넣어 주세요.	満_{まん}タンにしてください。
휘발유를 가득 넣었어.	ガソリンを満_{まん}タンに入_いれた。
선불입니까, 후불입니까?	先払_{さきばら}いですか、後払_{あとばら}いですか。
여기에 차를 주차해도 됩니까?	ここに車_{くるま}を駐車_{ちゅうしゃ}してもいいですか。
이 주차장에 세울 수 없어.	この駐車場_{ちゅうしゃじょう}に止_とめられない。
근처에 주차장이 있을까?	近_{ちか}くに駐車場_{ちゅうしゃじょう}があるかな。
여기에 주차하자.	ここに駐車_{ちゅうしゃ}しよう。

차가 고장 났을 때

배터리가 방전되었습니다.	バッテリーがあがってしまいました。
펑크가 났습니다.	パンクしました。
시동이 걸리지 않습니다.	エンジンがかからないんです。
브레이크가 잘 안 듣습니다.	ブレーキのききがあまいです。
고칠 수 있습니까?	修理できますか。
차를 돌려드리겠습니다.	車を返します。

교통위반

교통위반으로 벌금을 물었어.	交通違反で罰金を取られた。
그는 일시정지를 하지 않았어.	彼は一時停止しなかった。
속도위반이야.	スピード違反だよ。
여기 세우는 것은 주차위반이 아니야?	ここに止めるのは駐車違反じゃないの?
차가 레커로 끌려갔어.	車がレッカー移動された。
한눈팔며 운전하면 위험해.	よそ見運転をすると危ないよ。
그는 무면허 운전으로 잡혔어.	彼は無免許運転で捕まった。
속도를 너무 내는 거 아냐?	スピードの出し過ぎじゃない?

속도위반 단속 중이야.	スピード違反の取り締まり中だよ。
여기는 추월금지야.	ここは追い越し禁止だよ。
지금, 면허정지 중이야.	今、免停中なんだ。
길이 얼어서 타이어가 미끄러졌어.	道が凍結してて、タイヤがスリップした。
음주운전은 절대 해서는 안 돼.	飲酒運転は絶対にしてはいけない。
뒤차에 추돌당했습니다.	後ろの車に追突されました。
신호무시를 하셨군요.	信号無視をしましたね。

食事

UNIT
08

함께 식사를 하는 것은 서로 친해지기 위한 좋은 기회입니다. 상대에게 정중하게 식사나 음료 등을 제의할 때 많이 쓰이는 표현으로는 「~でもいかがですか(~라도 하시겠습니까?)」가 있습니다. 방문했을 때 식사가 나오면 주인은 손님에게 식사할 것을 권합니다. 이때 손님은 「いただきます(잘 먹겠습니다)」라고 말하고 요리를 칭찬하는 것도 잊지 맙시다. 식사를 다 마쳤을 때는 「ごちそうさまでした(잘 먹었습니다)」라고 합니다.

식사를 제의할 때

점심, 함께 안 할래요?	昼食、一緒にしませんか。
밖에서 뭐라도 간단히 먹읍시다.	外で何か簡単に食べましょう。
언제 함께 식사라도 합시다.	いつか、一緒に食事でもしましょう。
어디에 들어가서 점심이라도 먹읍시다.	どこかに入って昼飯でも食べましょう。
이 가게에서 초밥이라도 먹읍시다.	この店で寿司でも食べましょう。
저녁은 내가 대접하겠습니다.	夕食は私がおごりましょう。
오늘 저녁은 제가 내겠습니다.	今夜は私のおごりです。
벌써 점심을 마쳤어요?	もう昼食を済ませましたか。

식사를 할 때

자 어서, 마음껏 드세요.	さあどうぞ、ご自由に食べてください。
잘 먹겠습니다.	いただきます。
따뜻할 때 드십시오.	温かいうちに召し上がってください。
맛 좀 봐요.	ちょっと味見してみてよ。
많이 집으세요.	たくさん取ってくださいね。
싫어하시면 남겨도 됩니다.	お嫌いでしたら、残してもいいんですよ。
고기를 좀더 드시겠습니까?	肉をもう少しいかがですか。
아뇨, 됐습니다. 많이 먹었습니다.	いや結構です。十分いただきました。

식사를 마칠 때

잘 먹었습니다.	ごちそうさまでした
많이 먹었습니다.	たっぷりいただきました。
배가 부릅니다. 더 이상 한 입도 못 먹겠습니다.	おなかがいっぱいです。これ以上一口も食べられません。
모두 정말로 맛있게 먹었습니다.	何もかも実においしくいただきました。
요리를 잘하시는군요.	お料理が上手ですね。
만드는 법을 가르쳐 주시겠어요?	作り方を教えていただけますか。
멋진 저녁이었습니다.	すばらしい夕食でした。

268

정말로 맛있었습니다.

本当においしかったです。

디저트는 어때요?

デザートはいかが?

레스토랑

レストラン

함께 식사할 것을 권유할 때는 「一緒に
食事でもいかがですか (함께
식사라도 합시다.)」라고 합니다. 이에
상대가 동의를 하면 식당을 정하고
예약이 가능한지 여부를 확인한 다음
식당으로 들어섭니다. 종업원의 안내에
따라 테이블이 정해지면 주문을 받게
됩니다. 메뉴를 보고 싶을 때는
종업원에게 「メニューを見せてくれ

ますか(메뉴를 보여 주겠습니까)」라고 하고, 주문할 요리가 정해지면
메뉴를 가리키며 「これをください(이걸 주세요.)」라고 하면 됩니다.

식당을 찾을 때

근처에 있는 좋은 식당을
가르쳐 주세요.

近くにあるいいレストランを教えてください。

A : 近くにある、いいレストランを教えてく
ださい。
(근처에 있는 좋은 식당을 가르쳐 주세요.)

B : ええ、たくさんありますよ。
(예, 많이 있어요.)

이 도시에 한국 식당은 있습니까?

この町に韓国レストランはありますか。

이 지역 사람에게 인기 있는
가게입니까?

地元の人に人気がある店ですか。

A: あのレストランには行ってみるべきです
よ。
(저 레스토랑에 가보세요.)

B: 地元の人に人気がある店ですか。
(이 지역 사람에게 인기 있는 가게입니까?)

적당한 가격에 맛있는 가게는 있습니까?	手頃な値段でおいしい店はありますか。
가볍게 식사를 하고 싶은데요.	軽い食事をしたいのです。
이 시간에 문을 연 가게는 있습니까?	この時間に開いている店はありますか。
식당이 많은 곳은 어디입니까?	レストランが多いのはどの辺りですか。
이곳 사람들이 자주 가는 식당이 있습니까?	地元の人がよく行くレストランはありますか。

식당을 예약할 때

그 레스토랑을 예약해 주세요.	そのレストランに予約してください。
여기서 예약할 수 있나요?	ここで予約できますか。
오늘 밤 예약하고 싶은데요.	今晩、席を予約したいのですが。
손님은 몇 분이십니까?	お客様は何人ですか。
7시로 부탁합니다.	7時にお願いします。

> A: 何時でしょうか。(몇 시로 할까요?)
> B: 7時にお願いします。(7시로 부탁합니다.)

오후 6시 반에 5명이 갑니다.	午後6時半に5人で行きます。
네 사람입니다.	4人です。

> A: 何人様ですか。
> (몇 분이십니까?)
> B: 4人です。(네 명입니다.)

271

전원 같은 자리로 해주세요.	全員いっしょの席でお願いします。
거기는 어떻게 갑니까?	そちらへはどうやって行くのですか。
몇 시면 자리가 납니까?	何時なら席をとれますか。
미안합니다. 예약을 취소하고 싶습니다.	すみません、予約を取り消したいのです。
몇 시면 자리가 빌까요?	何時なら空いているんですか。

> A: すみません、7時は満席なんです。
> (죄송합니다만, 7시는 만석입니다.)
> B: 何時なら空いているんですか。
> (몇 시면 자리가 빌까요?)

창가 테이블로 할 수 있습니까?	窓際のテーブルにしてもらえますか。

 09-3

식당 입구에서

안녕하세요. 예약은 하셨습니까?	こんばんは。ご予約はいただいていますか。
예약을 하지 않았습니다.	予約はしておりません。
몇 분이십니까?	何名様ですか。
안내해드릴 때까지 기다려 주십시오.	ご案内するまでお待ちください。
얼마나 기다려야 하나요?	どれぐらい待ちますか。

> A: どれぐらい待ちますか。
> (얼마나 기다려야 하나요?)
> B: 15分か20分だと思いますが。
> (15분에서 20분 될 것 같습니다만.)

272

조용한 안쪽 자리로 부탁합니다.　静かな奥の席にお願いします。

메뉴에 대해서

메뉴 좀 보여 주세요.	メニューを見せてください。
메뉴에 대해서 가르쳐 주세요.	メニューについて教えてください。
이 지방의 명물요리는 있습니까?	この地方の名物料理はありますか。
무엇을 권하시겠습니까?	何がおすすめですか。
나중에 다시 오실래요?	またあとで来てもらえますか。

음식을 주문할 때

주문하시겠습니까?	ご注文をおうかがいできますか。
잠깐 기다려 주세요.	もうちょっと待ってください。
주문받으세요.	注文をしたいのですが。
여기서 잘하는 요리는 무엇입니까?	ここの自慢料理は何ですか。
오늘은 무엇이 추천 요리입니까?	今日は何がお薦めですか。

> A: 今日は何がお薦めですか。
> 　(오늘은 무엇이 추천 요리입니까?)
> B: とても新鮮な魚介類が入っていますよ。
> 　(매우 신선한 어패류가 들어 있습니다.)

그걸로 주세요.	それをもらいます。

273

A: 今日の特別料理は、子牛のローストです。
（오늘의 특별요리는 송아지 로스트입니다.）

B: それをもらいます。
（그걸로 주세요.）

이것과 이것을 주세요.

これとこれをお願いします。

저도 같은 것으로 주세요.

私にも同じ物をお願いします。

저것과 같은 요리를 주세요.

あれと同じ料理をください。

금방 됩니까?

すぐできますか。

이것은 무슨 요리입니까?

これはどういう料理ですか。

요리 재료는 뭡니까?

食材は何ですか。

다른 주문은 없으십니까?

ほかにご注文はございますか。

디저트는 어떻게 하시겠습니까?

デザートはいかがなさいますか。

먹는 법을 가르쳐 주시겠어요?

食べ方を教えてください。

이건 어떻게 먹으면 됩니까?

これはどうやって食べたらいいですか。

이 고기는 무엇입니까?

このお肉は何ですか。

아직 결정을 못했습니다.

まだ決まっていません。

좀 더 시간이 필요합니다.

もう少し時間がかかります。

A: お決まりですか。
（결정하셨습니까?）

B: もう少し時間がかかります。
（좀 더 시간이 필요합니다.）

274

| 주문 받아주세요. | 注文をお願いします。 |

주문을 바꾸거나 취소할 때

이건 주문하지 않았는데요.	これは注文していませんが。
주문을 확인해 주세요.	注文を確かめてください。
주문을 취소하고 싶은데요.	注文をキャンセルしたいのですが。
주문을 바꿔도 되겠습니까?	注文をえてもいいですか。

주문에 문제가 있을 때

주문한 게 아직 안 나왔습니다.	注文したものがまだ来ていません。
어느 정도 기다려야 합니까?	どのくらい待ちますか。
아직 시간이 많이 걸립니까?	まだだいぶ時間がかかりますか。
요리는 아직 안 됐습니까?	料理はまだですか。

> A: 料理はまだですか。
> (요리는 아직 안 됐습니까?)
>
> B: まもなくお持ちします。
> (곧 가져오겠습니다.)

| 조금 서둘러 주겠어요? | 少し急いでくれませんか。 |
| 이건 주문한 것과 다릅니다. | これは注文したのと違います。 |

275

음식을 먹으면서

모두 나눠서 먹고 싶은데요.	皆で分けて食べたいのですが。
물 한 잔 주세요.	水を一杯ください。
소금을 주시겠어요?	塩をいただけますか。
글라스가 더럽습니다.	グラスが汚れています。
새 것으로 바꿔 주세요.	新しいのと取り替えてください。
이거 하나 더 주세요.	これ、おかわりお願いします。
죄송하지만 나이프를 떨어뜨렸습니다.	すみません、ナイフを落としてしまいました。

A: すみません、ナイフを落としてしまいました。
(죄송하지만, 나이프를 떨어뜨렸습니다.)
B: すぐに新しいものをお持ちします。
(금방 새 것을 가져다 드리겠습니다.)

음식에 문제가 있을 때

수프에 뭔가 들어있습니다.	スープに何か入っています。
덜 익은 것 같네요.	ちょっと火が通っていないようですが。
이 요리를 데워 주세요.	この料理を温めてください。
너무 많아서 먹을 수 없습니다.	ちょっと多すぎて食べられません。

276

식사를 마칠 때

PART 3

접시를 치워 주세요.	お皿を下げてください。

> A: お済みですか。
>   (다 드셨습니까?)
> B: ええ、お皿を下げてください。
>   (예, 접시를 치워 주세요.)

디저트를 주세요.	デザートをください。
디저트는 뭐가 있나요?	デザートは何がありますか。

> A: デザートは何がありますか。
>   (디저트는 뭐가 있나요?)
> B: 用意しているものをお見せします。
>   (준비되어 있는 것을 보여 드리겠습니다.)

이걸 치워주세요.	これを下げてください。
이거 맛있습니다.	これはおいしいです。
담배를 피워도 되겠습니까?	タバコを吸ってもいいですか。

지불방법을 말할 때

어디서 지불하나요?	どこで払うのですか。
따로따로 지불하고 싶은데요.	別々に支払いをしたいのですが。
제가 모두 내겠습니다.	私がまとめて払います。
제 몫은 얼마인가요?	私の分はいくらですか。

277

팁은 포함되어 있습니까?	チップは含まれていますか。
제가 내겠습니다.	私のおごりです。
신용카드도 받나요?	クレジットカードで支払えますか。
현금으로 낼게요.	現金で払います。

 음식값을 계산할 때

계산해 주세요.	お勘定お願いします。
전부해서 얼마입니까?	全部でおいくらですか。
이 요금은 무엇입니까?	この料金は何ですか。
계산서를 나눠 주시겠어요?	計算書は分けていただけますか。
계산이 틀린 것 같습니다.	計算が違っているようです。
봉사료는 포함되어 있습니까?	サービス料は入っていますか。
영수증을 주세요.	領収書をください。
거스름돈이 틀린 것 같은데요.	おつりが違っているようですが。

 패스트푸드점에서

치즈버거와 콜라를 주세요.	チーズバーガーとコーラをください。
여기서 드시겠습니까, 가지고 가시겠습니까?	こちらでお召し上がりですか、お持ちりですか。

여기서 먹겠습니다.	ここで食<ruby>べます。
가지고 가겠습니다.	持ち帰ります。
치킨 너겟을 하나 주세요,	チキンナゲットを一つください。
포테이토도 함께 하시겠습니까?	ご一緒にポテトはいかがですか。
특별 세트도 있는데, 어떻습니까?	お得なセットもございますが、いかがですか。
샌드위치와 커피 미디엄을 주세요.	サンドイッチとコーヒーのMサイズをください。
우유와 설탕은 넣으십니까?	ミルクとお砂糖はお使いですか。
이 쿠폰 쓸 수 있나요?	このクーポン券使えますか。

PART 3 旅行会話

고관광

観光

U N I T
10

단체여행인 경우는 현지 가이드의 안내에 따라 관광을 하면 되지만, 개인여행인 경우는 현지의 観光案内所(かんこうあんないじょ)를 잘 활용하는 것도 즐거운 여행이 되는 하나의 방법입니다. 관광안내소는 대부분이 시내의 중심부에 있으며 볼거리 소개부터 버스 예약까지 여러 가지 서비스를 하고 있습니다. 무료 시내지도, 지하철, 버스 노선도 등이 구비되어 있는 경우가 많으므로 정보수집이 매우 편리합니다.

관광안내소에서

관광안내소는 어디입니까?

かんこうあんないしょ
観光案内所はどこですか。

무료 시내지도는 있습니까?

む りょう し ない ち ず
無料の市内地図はありますか。

A: む りょう し ない ち ず
　　無料の市内地図はありますか。
　　(무료 시내지도는 있습니까?)

B: 　　かんこく ご　　ち ず
　　ええ、韓国語の地図もありますよ。
　　(예, 한국어 지도도 있어요.)

시내 관광 팸플릿은 있습니까?

し ない　　かんこう
市内の観光パンフレットはありますか。

이 도시에서 볼 만한 곳을
알려 주세요.

　　まち　 み　　　　　　　おし
この街の見どころを教えてください。

A: 　　まち　 み　　　　　　　おし
　　この街の見どころを教えてください。
　　(이 도시에서 볼 만한 곳을 알려 주세요.)

B: 　　　　　　　　　　　　　　きょう み
　　ええ、どんなものに興味があるのですか。
　　(예, 어떤 것에 흥미가 있습니까?)

280

아름다운 경치가 보고 싶습니다.	きれいな景色が見たいです。
사적을 방문하고 싶습니다.	史跡を訪ねたいです。
여기서 얼마나 멉니까?	ここからどれぐらい遠いですか。
여기서 걸어갈 수 있는 거리입니까?	ここから歩いていける距離ですか。

> A: ここから歩いていける距離ですか。
> (여기서 걸어갈 수 있는 거리입니까?)
>
> B: タクシーを使った方がいいですよ。
> (택시를 타는 편이 좋겠습니다.)

왕복하는데 시간이 얼마나 걸립니까?	往復でどれぐらい時間がかかりますか。
그 곳에 가는 버스는 있습니까?	そこへ行くバスはありますか。

관광투어를 이용할 때

관광투어에 참가하고 싶은데요.	観光ツアーに参加したいのですが。
여기서 관광투어 예약은 할 수 있습니까?	ここで観光ツアーの予約はできますか。

> A: ここで観光ツアーの予約はできますか。
> (여기서 관광투어 예약은 할 수 있습니까?)
>
> B: はい。どのツアーに参加されますか。
> (네. 어떤 투어에 참가하시겠습니까?)

어떤 투어가 있습니까?	どんなツアーがあるのですか。
코스 팸플릿을 보여 주세요.	コースのパンフレットを見せてください。
한나절 코스가 좋은데요.	半日のコースがいいのですが。

281

밤 코스는 있습니까? 夜のコースはありますか。

이 투어는 어디를 돕니까? このツアーではどこをまわるのですか。

> A: このツアーではどこをまわるのですか。
> (이 투어는 어디를 돕니까?)
> B: 市内の主な観光地のほとんどへ行きます。
> (시내의 주요 관광지 대부분을 갑니다.)

시간은 어느 정도 걸립니까? 時間はどれぐらいかかりますか。

몇 시에 출발합니까? 何時に出発するのですか。

점심식사는 포함됩니까? 昼食はついていますか。

버스는 어디에서 출발합니까? バスはどこから出るのですか。

한국어 가이드는 옵니까? 韓国語のガイドはつきますか。

몇 시까지 버스로 돌아오면 됩니까? 何時までにバスに戻ればいいのですか。

관광지에서

저것은 무엇입니까? あれは何ですか。

저것은 무슨 강입니까? あれは何という川ですか。

여기서 얼마나 묵습니까? ここでどのくらい泊まりますか。

몇 시에 버스로 돌아오면 됩니까? 何時にバスに戻ってくればいいですか。

전망대는 어떻게 오릅니까? 展望台へはどうやって上がるのですか。

전망대에 오르는 것은 유료입니까? 展望台へのぼるのは有料ですか。

A: 展望台へのぼるのは有料ですか。
(전망대에 오르는 것은 유료입니까?)
B: はい、窓口で切符を買ってください。
(네, 창구에서 표를 사세요.)

저 건물은 무엇입니까?
あの建物は何ですか。

누가 살았습니까?
誰が住んでいたのですか。

언제쯤 세워졌습니까?
いつごろ建てられたのですか。

퍼레이드는 언제 있습니까?
パレードはいつありますか。

몇 시에 돌아와요?
何時に戻りますか。

10-4

관람할 때

입장은 유료입니까?
入場は有料ですか。

입장료는 얼마입니까?
入場料はいくらですか。

단체할인은 있습니까?
団体割引はありますか。

이 할인권은 사용할 수 있습니까?
この割引券は使えますか。

A: この割引券は使えますか。
(이 할인권은 사용할 수 있습니까?)
B: はい、百円割引になります。
(네, 100엔 할인됩니다.)

짐은 어디에 맡깁니까?
荷物はどこに預けるのですか。

<table>
<tr><td></td><td>A: そのカバンは持ち込めません。
　　(그 가방은 들고 들어갈 수 없습니다.)
B: 荷物はどこに預けるのですか。
　　(짐은 어디에 맡깁니까?)</td></tr>
</table>

이 티켓으로 모든 전시를 볼 수 있습니까?	このチケットですべての展示が見られますか。
무료 팸플릿은 있습니까?	無料のパンフレットはありますか。
어른 두 장과 어린이 한 장 주세요.	大人2枚と子供1枚ください。
재입장할 수 있습니까?	再入館できますか。
짐을 맡아 주세요.	荷物を預かってください。
오늘 표는 아직 있습니까?	今日の切符はまだありますか。

 10-5

사진촬영을 허락받을 때

여기서 사진을 찍어도 됩니까?	ここで写真を撮ってもいいですか。
여기서 플래시를 터뜨려도 됩니까?	ここでフラッシュをたいてもいいですか。
비디오 촬영을 해도 됩니까?	ビデオ撮影してもいいですか。
당신 사진을 찍어도 되겠습니까?	あなたの写真を撮ってもいいですか。
함께 사진을 찍으시겠습니까?	一緒に写真を撮ってもらえませんか。

사진촬영을 부탁할 때

사진 좀 찍어 주시겠어요?	私の写真を撮ってもらえませんか。
셔터를 누르면 됩니다.	シャッターを押すだけです。
여기서 우리들을 찍어 주십시오.	ここから私たちを写してください。
한 장 더 부탁합니다.	もう一枚お願いします。
나중에 사진을 보내드리겠습니다.	あとで写真を送ります。

사진을 찍을 때

여러분, 찍습니다.	皆さん、写しますよ。
핀트가 안 맞았어.	ピンボケだ。
이 사진은 잘 찍혔네.	この写真はよく撮れているね。
아, 아뿔싸, 손이 흔들렸어.	あ、しまった、手ブレした。
셔터 찬스를 놓쳤어.	シャッターチャンスを逃した。
이 사진을 확대하자.	この写真を引き伸ばそう。

기념품점 · 필름가게에서

그림엽서는 있습니까?	絵ハガキはありますか。
기념품으로 인기 있는 것은 무엇입니까?	おみやげで人気があるのは何ですか。

285

뭔가 먹을 만한 곳은 있습니까?

何か食べられるところはありますか。

이 박물관은 오리지널
상품입니까?

この博物館のオリジナル商品ですか。

이거하고 같은 컬러필름을
팝니까?

これと同じカラーフィルムは売っていますか。

건전지는 어디서 살 수 있나요?

電池はどこで買えますか。

어디서 현상할 수 있습니까?

どこで現像できますか。

언제 됩니까?

いつできますか。

A: いつできますか。
　　(언제 됩니까?)
B: 明日の10時にはできます。
　　(내일 10시까지 됩니다.)

여행 트러블

旅行トラブル

UNIT 11

익숙하지 않은 일본어를 듣고 있으면, 상대가 하는 말을 알아듣지 못하는 경우가 많습니다. 그 자리의 분위기나 상대에게 신경을 쓴 나머지 자신도 모르게 승낙을 하는 경우가 있으므로 결코 알았다는 행동을 취하지 말고 적극적으로 물어봅시다. 또한 순식간에 난처한 상황이나 위급한 상황이 발생했을 때는 입이 얼어 아무 말도

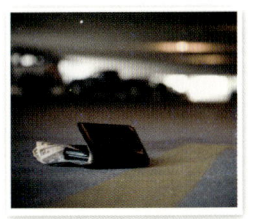

나오지 않는 법입니다. 만약을 대비해서 상대를 제지할 수 있는 최소한의 표현은 반드시 기억해둡시다.

11-1

난처할 때

화장실은 어디에 있습니까?	トイレはどこですか。
지금 무척 난처합니다.	今、大変困ってるんです。
어떻게 하면 좋을까요?	どうしたらいいでしょうか。
무슨 좋은 방법은 없습니까?	何かいい方法はないですか。
어떻게 해주세요.	何とかしてください。

11-2

말이 통하지 않을 때 ①

일본어는 하지 못합니다.	日本語は話せません。
제 일본어로는 부족합니다.	私の日本語では足りないんです。
다시 한번 말해 주세요.	もう一度言ってください。

뭐라고 말씀하셨습니까?	何とおっしゃいましたか。
천천히 말씀해 주시겠습니까?	ゆっくりと言っていただけますか。
내 일본어로는 충분하지 못합니다.	私の日本語では不十分です。

> A: 日本語は話せますか。
> (일본어는 할 줄 압니까?)
> B: 少し話せますが、私の日本語では不十分です。
> (조금 할 줄 알지만, 제 일본어로는 충분하지 못합니다.)

한국어를 하는 분은 없습니까?	韓国語を話す方はいませんか。
이것은 일본어로 뭐라고 합니까?	これは日本語で何と言うのですか。
미안합니다. 일본어는 잘 못합니다.	ごめんなさい。日本語はあまりできないんです。
말하는 게 너무 빨라서 모르겠습니다.	話し方が速すぎてわかりません。

> A: 私の言っていることがわかりますか。
> (내가 말하고 있는 것을 알겠습니까?)
> B: 話し方が速すぎてわかりません。
> (말하는 게 너무 빨라서 모르겠습니다.)

11-3
말이 통하지 않을 때 ②

위험해!	危ない!
움직이지 마!	動くな!
멈춰!	止まれ!

288

떠들지 마!	騒（さわ）ぐな!
침착해!	落（お）ち着（つ）け!
위험해. 엎드려!	あぶない。伏（ふ）せろ!
저리 가!	あっちへ行（い）け!
다가오지 말아요!	近（ちか）づかないで!
경찰을 부르겠다!	警察（けいさつ）を呼（よ）ぶぞ!
비상구는 어디야?	非常口（ひじょうぐち）はどこ?

> A: 非常口（ひじょうぐち）はどこ?
>   (비상구는 어디야?)
> B: 廊下（ろうか）の突（つ）き当（あ）たりです。
>   (복도 끝입니다.)

도움을 요청할 때

긴급합니다.	緊急（きんきゅう）です。
의사를 불러 주세요.	医者（いしゃ）を呼（よ）んでください。
살려줘요(도와줘요)!	助（たす）けて!
누가 와 줘요!	誰（だれ）か来（き）て!
그만두세요!	やめてください!
어떻게 좀 해주세요.	何（なん）とかしてください。

A: 何とかしてください。
(어떻게 좀 해주세요.)
B: やってみましょう。
(해 보겠습니다.)

무슨 일이 일어났습니까?

何が起こったんですか。

구급차를 부를까요?

救急車を呼びましょうか。

서둘러 주세요.

急いでください。

걱정할 필요가 없습니다.
괜찮습니다.

心配要りません。大丈夫です。

분실했을 때

경찰을 불러 주세요.

警察を呼んでください。

가방을 잃어버렸습니다.

バッグを忘れました。

무슨 일이야?

どうしたの?

A: どうしたの?
(무슨 일이야?)
B: 財布が見つからないんだ。
(지갑이 안 보여.)

누구에게 알리면 됩니까?

誰に知らせたらいいですか。

분실물 담당은 어디입니까?

紛失物係はどこですか。

119에 신고할까?

119番しようか。

290

분실물 취급소에서

무엇이 들어 있었습니까?	何が入っていましたか。
얼마 들어 있었습니까?	いくら入っていましたか。
찾으면 연락하겠습니다.	見つかったら連絡します。
서류가 들어 있는 봉투입니다.	書類が入った封筒です。

> A: 何を忘れたのですか。
> (무엇을 잃어버렸습니까?)
> B: 書類が入った封筒です。
> (서류가 들어 있는 봉투입니다.)

이 서류에 기입해 주세요.	この書類に記入してください。
한국대사관은 어디입니까?	韓国大使館はどこですか。
한국어를 할 줄 아는 담당자를 불러 주세요.	韓国語を話せる係員を呼んでください。
카드를 정지시켜주세요.	カードを無効にしてください。
부정 사용된 경우에는 어떻게 되나요?	不正使用された場合はどうなりますか。

> A: 不正使用された場合はどうなりますか。
> (부정 사용된 경우에는 어떻게 되나요?)
> B: その分は補償されます。
> (그 부분은 보상 받습니다.)

찾으셨습니까?	見つかりましたか。

PART 3

A: 見つかりましたか。
（찾으셨습니까?）

B: 今のところ、白い上着という報告はありませんね。
（아직까지 흰 외투라는 보고는 없습니다.）

강도를 만났을 때

강도야!	強盗ッ!
돈을 빼앗겼습니다.	お金を奪われました。
말한 대로 해!	言ったとおりにしろ!
돈은 안 갖고 있어요!	お金は持っていません!

도둑을 맞았을 때

도둑이야!	泥棒ッ!
돌려 줘!	返してくれ!
저 놈이 내 가방을 훔쳤어요!	あいつが私のバッグを取ったんです!
파출소까지 데려가 주세요.	交番まで連れて行ってください。
제 가방이 보이지 않는데요.	私のバッグが見つからないんですが。
전철 안에서 지갑을 소매치기 당했습니다.	電車の中で財布をすられました。
카메라를 도둑맞았습니다.	カメラを盗まれました。

292

도둑이 든 것 같습니다.	泥棒（どろぼう）が入（はい）ったようなんです。
저금통장과 현금을 도둑맞았어.	貯金通帳（ちょきんつうちょう）と現金（げんきん）が盗（ぬす）まれてるよ。
경찰에 곧바로 연락했어.	警察（けいさつ）にすぐ連絡（れんらく）した。
누가 그놈을 잡아 주세요.	だれかそいつを捕（つか）まえてください。
도둑은 어디로 침입했니?	泥棒（どろぼう）はどこから侵入（しんにゅう）したの?
도둑은 잡혔니?	泥棒（どろぼう）は捕（つか）まった?
아직 잡히지 않았어.	まだ捕（つか）まっていないんだ。
근처에서 수상한 사람을 보지 못했습니까?	近所（きんじょ）で怪（あや）しい人物（じんぶつ）を見（み）かけませんでしたか。
경찰에 피해신고를 했어.	警察（けいさつ）に被害届（ひがいとどけ）を出（だ）した。
밤길에 가방을 날치기 당했어.	夜道（よみち）でカバンを引（ひ）ったくられた。
도난신고를 내고 싶은데요.	盗難届（とうなんとど）けを出（だ）したいんですが。

교통사고가 났을 때

다친 사람이 있으니까 구급차를 불러 주세요.	けが人（にん）がいるので、救急車（きゅうきゅうしゃ）を呼（よ）んでください。
여기는 사고가 많이 일어나는 커브야.	ここはよく事故（じこ）の起（お）こるカーブだ。
연쇄충돌이야.	玉突（たまつ）き衝突（しょうとつ）だ。
정면충돌이야.	正面衝突（しょうめんしょうとつ）だ。

밤에 뺑소니사고가 있었어.	夜、ひき逃げ事故があった。
그 교통사고는 합의가 되었어.	その交通事故は示談になった。
운전면허증을 보여 주세요.	運転免許証を見せてください。
일방통행 길을 역주행해 버렸어.	一方通行の道を逆走してしまった。
도와줘요! 사고예요!	助けて! 事故よ!
뺑소니 사고예요. 빨리 번호를 적어요!	ひき逃げ事故よ。早くナンバーをひかえて!
경찰을 불러 주세요.	警察の人を呼んでください。

 11-10

교통사고 경위의 설명과 사과

상황을 설명해 주세요.	状況を説明してください。
이 분이 사고 목격자입니다.	この方が事故の目撃者です。
저는 과실이 없습니다.	私の方には過失はありません。
이 아이가 갑자기 길로 뛰어들었습니다.	この子供がいきなり道に飛び出したんです。
저 사람이 신호를 무시했습니다.	あの人が信号を無視したんです。
상대의 차가 차선을 넘어서 부딪쳤습니다.	相手の車が車線を越えてぶつかってきました。
제 탓입니다.	私のせいです。
우발적인 사건입니다.	偶発的な出来事なんです。

미안해요. 악의로 한 게 아닙니다.	ごめんなさい。悪気でしたんじゃないんです。
제 과실이 아니에요.	私の落ち度ではないですよ。

PART

4

ビジネス会話
비즈니스 회화

会社での業務

UNIT 01

직업 분류에는 크게 「会社員(かいしゃいん)」과 「自営業(じえいぎょう)」으로 나눌 수 있습니다. 일본에서는 공무원을 「役人(やくにん)」이라고도 하며, 회사원을 「サラリーマン」이라고 합니다. 참고로 일본어에서는 자신이 속해 있는 사람을 외부 사람에게 말할 경우 우리와는 달리 자신의 상사라도 높여서 말하지 않습니다. 단, 직장 내에서 호출을 할 때 상사인 경우에는 さん을 붙여 말합니다.

스케줄을 확인할 때

오늘 일정은 어떻게 되어 있나?	今日のスケジュールはどうなっているかな?
11시에 X사의 오카무라 씨를 방문하기로 되어 있습니다.	11時にX社の岡村さんを訪問することになっています。
신입 비서 후보자와 면접이 있습니다.	新しい秘書の候補者の面接があります。
기무라 씨와 점심 약속이 있습니다.	木村さんと昼食の約束があります。
오후에는 내내 외출할 겁니다.	午後はずっと外出します。

> A: 午後はずっと外出します。
> (오후에는 내내 외출할 겁니다.)
> B: それなら、いまのうちに打ち合わせをしよう。
> (그렇다면, 지금 협의를 합시다.)

자네는 오늘 A사와의 회의에 나가나?	君は今日、A社との会議に出るの?

나 대신에 하나코가 출석할 거야.	僕の代わりに花子が出席するよ。
당신 다음 주 스케줄은 어떻게 됩니까?	あなたの来週の予定はどうなっていますか。
다음 주에는 스케줄이 상당히 빡빡합니다.	来週は、かなり予定が詰まっています。
다음 주에는 비교적 여유가 있습니다.	来週は比較的余裕があります。
다음 달 홍콩으로 출장갑니다.	来月、香港に出張します。
홍콩에 있는 의뢰인을 둘러봅니다.	香港のクライアントをまわるんです。

> A: 出張の目的は何ですか。
> (출장 목적은 무엇입니까?)
> B: 香港のクライアントをまわるんです。
> (홍콩에 있는 의뢰인을 둘러봅니다.)

아직 일정이 정해지지 않았습니다.	まだ予定がはっきりしていません。

일의 진행상황을 확인할 때

상황은 어때?	状況はどう？

> A: 状況はどう？ (상황은 어때?)
> B: 全般的に順調です。
> (전반적으로 순조롭습니다.)

지금까지는 순조롭습니다.	いまのところ順調です。

> A: 新製品の売上げはどう？
> (신제품 판매는 어떤가?)

B: いまのところ順調です。
(지금까지는 순조롭습니다.)

예상보다 순조롭게 진행되고
있습니다.

予想より順調に進んでいます。

새 프로젝트는 언제부터
시작할 수 있습니까?

新しい企画にはいつからとりかかれますか。

A: 新しい企画にはいつからとりかかれますか。
(새 프로젝트는 언제부터 시작할 수 있습니까?)
B: A社と契約を結んだら、すぐに始めます。
(A사와 계약을 맺으면 바로 시작하겠습니다.)

새로운 프로젝트는 어떻게
되고 있나?

新しいプロジェクトはどうなっているの?

A: 新しいプロジェクトはどうなっているの?
(새로운 프로젝트는 어떻게 되고 있나?)
B: そのための専門チームをつくりました。
(그 때문에 전문 팀을 만들었습니다.)

무슨 진전이 있습니까?

何か展開はありましたか。

A: 何か展開はありましたか。
(무슨 진전이 있습니까?)
B: いいえ、何もわっていません。
(아니오, 아무 변화도 없습니다.)

그 계약은 지금 보류되어 있습니다.

その契約は今、保留になっています。

부장님의 결정을 기다리고 있습니다.

部長の決定を待っています。

오사카 시까지 앞으로
2시간밖에 없어.

大阪市まで、あと2時間しかないよ。

준비완료입니다.

準備完了です。

300

모든 준비를 해야 합니다.	すべての準備を整えなければ。

> A: すべての準備を整えなければ。
> (모든 준비를 해야 합니다.)
> B: 全力でやっていますよ。
> (전력을 다하고 있습니다.)

그 일은 언제 끝납니까?	その仕事はいつ終わりますか。

> A: その仕事はいつ終わりますか。
> (그 일은 언제 끝납니까?)
> B: 昼休みまでにはできると思います。
> (점심시간까지는 가능할 것 같습니다.)

시장분석 마감일은 언제입니까?	市場分析の締め切りはいつですか。
아직까지 예정보다 빨리 진행하고 있습니다.	いまのところ、予定より早く進んでいます。
거의 끝났습니다.	もう少しで終わります。
기한에 맞출 수 없을 것 같습니다.	期限には間に合いそうにありません。

UNIT1 会社での業務

 01-3

도움을 청할 때

이 일, 거들어줄래?	この仕事、手伝ってくれない?
스케줄이 너무 빡빡해.	スケジュールがとてもきついのよ。
혼자서는 무리야.	ひとりでは無理だわ。
나에게 힘겨워.	僕の手に余るよ。

> A: 仕事をたくさんかかえているのね。
> (일을 많이 하고 있구나.)
>
> B: そうなんだ。僕の手に余るよ。
> (그래. 나에게 힘겨워.)

이 부분을 해주면 고맙겠습니다만.
この部分をやってくれるとありがたいのですが。

이 조사를 도와줄 시간은 있습니까?
この調査を手伝ってくれる時間はありますか。

발표할 자료 만드는데 도움이 필요해.
プレゼンテーションの資料づくりに手が必要なんだ。

세미나 준비를 도와줄 사람은 있니?
セミナーの準備を手伝ってくれる人はいる?

네 전문지식이 필요해.
君の専門知識が必要なんだ。

마케팅 부서에 도움을 부탁하자.
マーケティング部に応援を頼もう。

> A: 市場データが必要です。
> (시장 데이터가 필요합니다.)
>
> B: マーケティング部に応援を頼もう。
> (마케팅 부서에 도움을 부탁하자.)

당신이 도와주지 않으면 마감까지 끝낼 수 없습니다.
あなたが手伝ってくれなければ締め切りに間に合わないのです。

일손이 부족해.
人手不足ですよね。

그 일을 도와드리겠습니다.
その仕事をお手伝いします。

지금, 한가합니다.
今、手が空いているんです。

A: 手伝ってくれる時間はある？
(도와줄 시간은 있니?)

B: ええ、今、手が空いているんです。
(예, 지금 한가합니다.)

오늘은 잔업할 수 있습니다.　今日は残業できるんです。

둘이서 하면 오늘 중에 끝나요.　二人でやれば、今日中に終わりますよ。

미안하지만, 지금은 무척 바빠.　悪いけれど、今は手一杯なの。

급한 일로 손을 놓을 수가 없어.　急な仕事で手が離せないんだ。

사무실

事務室

UNIT

02

직장에서는 일의 부탁, 업무 진행상태의 확인, 서류작업 등 수많은 일들을 처리하게 됩니다. 업무를 시작할 때는 「さあ, 始めましょう(자, 시작합시다.)」, 업무를 부탁할 때는 「ちょっと手伝ってくださいませんか(좀 도와주시겠어요?)」, 일의 진행 상태를 확인할 때는 「あの報告書はどうなっていますか(그 보고서 어떻게 돼 가고 있나요?)」, 결재를 받을 때는 「ここにサインをお願いします(여기에 서명을 부탁합니다)」라고 합니다.

팩스와 복사

팩스로 보내 주세요.	ファックスで送ってください。
팩스를 보냅니다.	ファックスを送ります。
팩스가 와 있어.	ファックスが来てるよ。
어디서 팩스가 왔니?	どこからファックスが来たの?
팩스번호를 가르쳐 주세요.	ファックス番号を教えてください。
팩스번호는 전화번호와 같습니다.	ファックス番号は電話番号と同じです。
팩스, 아직 안 왔니?	ファックス、まだ来ないの?
팩스가 도착했습니까?	ファックス、届いてますか。
팩스 몇 장 보냈니?	ファックス、何枚送ったの?

보낸 매수는 송신장을 포함해서 5장입니다.	送信枚数は送信状を含めて5枚です。
4장밖에 안 들어왔어.	4枚しか届いていないよ。
몇 장 째가 안 들어왔는지 몰라.	何枚目が届いてないのかしら。
이 팩스는 아직 보내지 않았어.	このファックスは未送信だよ。
그럼, 다시 한번 보낼게.	じゃあ、もう一度送るよ。
팩스를 다시 보냈어.	ファックスを再送信したよ。
이번에는 정확히 보내졌을 거야.	今度はちゃんと送れてるはずだよ。
팩스를 받으면 연락할게.	ファックスを受け取ったら、連絡するよ。
팩스를 잘못 보냈나?	ファックスを間違えて送ったのかしら。
팩스 종이가 걸려 있어.	ファックスが紙詰まりしている。
팩스로 연락한 건인데 괜찮겠습니까?	ファックスでご連絡した件ですが、いかがですか。
지도를 팩스로 보낼게.	地図をファックスで送るね。
조금 있으면 팩스용지가 떨어질 것 같아.	もう少しでファックス用紙がなくなりそうね。
일반용지 팩스로 살까?	普通紙ファックスにしようかな。
멋대로 축소되어 버렸어.	勝手に縮小されちゃった。
이 팩스는 글자가 작아.	このファックスは文字が小さいね。

사무용품

사무용품 중에 무언가 필요한 것은 없습니까?	事務用品で何か必要なものはありませんか。
이것이 사무용품 카탈로그입니다.	これが事務用品のカタログです。
사무용품을 헛되이 쓰지 마.	事務用品を無駄に使わないでね。
복사용지를 주문했어.	コピー用紙を注文した。
복사용지 재고는 여기에 두었습니다.	コピー用紙のストックはここに置いてあります。
복사기의 토너가 떨어지면 교환해 주세요.	コピー機のトナーがなくなったら、交換してください。
셀로판테이프가 벌써 떨어져 버렸네.	セロハンテープがもうなくなっちゃった。
양면테이프가 편리하구나.	両面テープって便利だね。
풀은 액상과 스틱 중에 어느 게 좋습니까?	のりは液状とスティックのどっちがいいですか。
포스트잇이 안 보여.	ポストイットが見当たらない。
회사용 봉투를 더 찍었어.	社用の封筒を増刷した。
출근전표 등의 용지는 여기 들어 있습니다.	出勤伝票などの用紙はここに入っています。
넘버링 기계는 어디에 있니?	ナンバリングの機械はどこにあるの?
호치키스를 빌려 주세요.	ホチキスを貸してください。
아니, 호치키스 침이 안 들어 있어.	あれ、ホチキスの針が入っていないな。

볼펜이 다 닳으면, 심만 교환하세요.	ボールペンが書けなくなったら、芯だけを取り替えてください。
빨간 연필은 필요합니까?	赤鉛筆はいりますか。
마커는 전부 10색이 있습니다.	マーカーは全部で10色あります。
누구 자를 가지고 있나요?	だれか定規を持っていませんか。
클리어홀더를 한꺼번에 주문했어.	クリアホルダーをまとめて注文したよ。
B4용지가 100매 들어가는 홀더가 있습니까?	B4用紙が100枚入るホルダーはありますか。
수정펜을 50개 주문했습니다.	修正ペンを50個注文しました。
명함꽂이가 가득 찼어.	名刺入れがいっぱいになった。
큰 클립을 안 갖고 있니?	大きなクリップ持ってない?
고무밴드 한 상자 여기 놓아둘게.	輪ゴム一箱、ここに置いておくね。
가위와 커터 둘 다 주세요.	はさみとカッターを両方ください。
이 서랍 속의 칸막이가 필요한데요.	この引き出しの中の仕切りがほしいのですが。

02-3
UNIT2 事務室

컴퓨터

이 소프트웨어 사용법을 알려 주세요.	このソフトウェアの使い方を教えてください。

A: このソフトウェアの使い方を教えてください。
(이 소프트웨어 사용법을 알려 주세요.)

B: いいわよ。難しくはないわ。
(좋아. 어렵지 않아.)

307

| 이 소프트웨어는 조금 복잡해. | このソフトウェア、少し複雑なのよ。 |

| 익숙해지면 문제없을 거야. | 慣れれば問題ないと思うわ。 |

| 패스워드는 있니? | パスワードは持っている? |

A: パスワードは持っている?
(패스워드는 있니?)

B: このソフトを使うのにパスワードが必要なの?
(이 프로그램을 사용하는 데 패스워드가 필요하니?)

| 이 데이터베이스를 사용한 적은 있습니까? | このデータベースを使ったことはありますか。 |

| 이 데이터베이스의 사용법을 모르는데요. | このデータベースの使い方がわからないのですが。 |

A: どうしたの?
(무슨 일이니?)

B: このデータベースの使い方がわからないのですが。
(이 데이터베이스의 사용법을 모르는데요.)

| 조작방법을 잊어버렸어. | 操作方法を忘れちゃった。 |

| 너무 복잡해서 기억할 수 없어. | 複雑すぎて覚えられないよ。 |

| 이 프로그램은 편리한 기능이 많이 있어. | このソフトには便利な機能がたくさんあるんだよ。 |

| 어머, 컴퓨터가 다운됐어. | あれ、コンピューターがフリーズしちゃった。 |

| 전혀 움직이지 않아. | まったく動かないぞ。 |

| 재부팅할 수밖에 없어. | 再起動するしかないわよ。 |

308

재부팅하면, 데이터는
전부 사라져 버려.

再起動したら、データは全部なくなってしま
うよ。

> A: 再起動したら、データは全部なくなって
> しまうよ。
> (재부팅하면, 데이터는 전부 사라져 버려.)
>
> B: だからまめに保存しておかなければいけ
> ないのよ。
> (그러니까 자주 저장해 두어야 해.)

이 컴퓨터, 메모리가 부족해.

このコンピューター、メモリーが足りないよ。

이 컴퓨터, 바이러스에
감염됐습니다.

このコンピューター、ウィルスに感染してい
ます。

> A: このコンピューター、ウィルスに感染し
> ています。
> (이 컴퓨터, 바이러스에 감염됐습니다.)
>
> B: しまった! またか。
> (어떻게 해! 또야?)

보안대책을 강화해야 해.

セキュリティ対策を強化しなければ。

이메일

이메일주소를 만들었어.

メールアドレスを取得した。

그의 이메일주소가 뭐였더라?

彼のメールアドレスは何だったっけ?

이메일주소를 가르쳐 주세요.

メールアドレスを教えてください。

이메일주소가 틀렸나?

メールアドレスが間違っているのかな。

이메일을 확인하자.

メール確認をしよう。

309

이메일이 와 있어.	メールが来てるぞ。
누구에게서 온 이메일일까?	だれからのメールかな。
첨부파일로 보내 주세요.	添付ファイルで送ってください。
서류를 압축해서 첨부했습니다.	書類を圧縮して添付しました。
글자가 깨졌어.	文字化けしているよ。
수상한 첨부파일은 바이러스야.	怪しい添付ファイルはウイルスだよ。
스팸메일이 와서 큰일이야.	迷惑メールが来て困っているんだ。
아직 안 읽은 메일이 쌓여버렸어.	未読メールがたまっちゃった。
서버가 다운되어 메일 송수신을 할 수 없었습니다.	サーバがダウンして、メールの送受信ができませんでした。
이메일을 전송합니다.	メールを転送します。
미안합니다. 이메일을 다시 보내 주시겠습니까?	すみません、メールを再送信していただけますか。
이메일주소가 바뀌었습니다.	メールアドレスが変更になりました。
구 이메일주소는 1개월 후에 폐지됩니다.	旧アドレスは1カ月後に廃止となります。
이메일 고마워.	メールありがとう。
회답이 늦어 죄송합니다.	返事が遅れてすみません。
좀처럼 회답이 안 오네.	なかなか返事が来ないな。

금요일까지 회답을 주세요.	金曜日までにご返事をください。
휴대폰 메일은 편리하군.	携帯のメールは便利だね。
이메일 리스트에 등록했어.	メーリングリストに登録したよ。

인터넷

회사 홈페이지가 있습니까?	御社にはホームページがありますか。
자세한 것은 회사 홈페이지를 보세요.	詳しいことは、御社のホームページをご覧ください。
이 정보는 인터넷에서 모았습니다.	この情報は、インターネットで集めたんです。
홈페이지를 업데이트했어.	ホームページを更新したよ。
이 사이트는 재미있구나.	このサイトはおもしろいね。
여기를 클릭해 보자.	ここをクリックしてみよう。
링크를 걸어도 됩니까?	リンクを張ってもいいですか。
도움이 되는 정보가 무척 많군.	役に立つ情報が盛りだくさんだね。
인터넷으로 찾아볼게.	インターネットで調べてみるよ。
이 단어로 검사해 보려고 해.	この言葉で検索してみようっと。
이렇게 많은 관련 페이지가 있니?	こんなにたくさん関連ページがあるの?
검색어를 줄여보는 게 좋겠어.	検索キーワードを絞ったほうがいいね。
이 검색엔진은 인기가 좋아.	この検索エンジンはヒット率がいいよ。

온라인쇼핑을 했어.	オンラインショッピングをしたよ。
인터넷 서점을 많이 이용해.	ウェブ書店をよく利用するよ。
이 홈페이지는 알기가 쉽구나.	このホームページはわかりやすいね。
여기는 회원제인 사이트군.	ここは会員制のサイトだね。
여기에 입력을 할까?	ここに書き込みをしようかな。
만남 사이트는 여전히 인기가 있대.	出会い系のサイトは相わらず人気があるんだって。

会議

UNIT 03

직장생활에서 会議(회의)는 여러 사람들의 意見(의견)을 수렴하여 중요한 案件(안건)을 결정하거나, 필요한 정보를 전달하는 수단으로서 업무처리를 위한 기본적인 수단으로 활용됩니다. 자진해서 회의에 참석할 경우, 충분한 예비지식을 갖고 주제와 관련된 자료를 참조하면서 자기 나름의 의견을 정리하고, 의견을 말할 때는 분명하게 논리를 세워서 이야기해야 합니다.

PART 4

03-1 회의

기획부와의 회의를 설정해 주세요.	企画部との会議を設定してください。
회의를 시작합시다.	会議を始めましょう。
오늘 의제는 차기 영업전략입니다.	今日の議題は、来期の営業戦略です。
이 회의의 목적은 홍보활동에 대해 토론하는 것입니다.	この会議の目的は宣伝活動について話し合うことです。
솔직한 의견을 들려주십시오.	率直なご意見をお聞かせください。
판매실적 검토부터 시작합시다.	売上げ実績の検討から始めましょう。
이 건에 관해서 어떻게 생각합니까?	この件に関してどう思いますか。
무슨 의견은 있습니까?	何かご意見はありますか。
제안할 게 있습니다.	提案したいことがあります。

| 과감한 전략 전환이 필요합니다. | <ruby>思<rt>おも</rt></ruby>い<ruby>切<rt>き</rt></ruby>った<ruby>戦略<rt>せんりゃく</rt></ruby>の<ruby>転換<rt>てんかん</rt></ruby>が<ruby>必要<rt>ひつよう</rt></ruby>です。 |

계획 실행방법에 대해
검토해 봅시다.
<ruby>計画<rt>けいかく</rt></ruby>の<ruby>実行方法<rt>じっこうほうほう</rt></ruby>について<ruby>検討<rt>けんとう</rt></ruby>しましょう。

문제점을 말씀드리겠습니다.
<ruby>問題点<rt>もんだいてん</rt></ruby>を<ruby>挙<rt>あ</rt></ruby>げてみましょう。

기본적으로는 찬성입니다.
<ruby>基本的<rt>きほんてき</rt></ruby>には<ruby>賛成<rt>さんせい</rt></ruby>です。

A: <ruby>計画<rt>けいかく</rt></ruby>に<ruby>賛成<rt>さんせい</rt></ruby>ですか、<ruby>反対<rt>はんたい</rt></ruby>ですか。
(계획에 찬성입니까, 반대입니까?)

B: <ruby>基本的<rt>きほんてき</rt></ruby>には<ruby>賛成<rt>さんせい</rt></ruby>です。
(기본적으로는 찬성입니다.)

그 점에 대해 찬성할 수 없습니다.
その<ruby>点<rt>てん</rt></ruby>については<ruby>賛成<rt>さんせい</rt></ruby>できません。

그 계획은 수정이 필요합니다.
その<ruby>計画<rt>けいかく</rt></ruby>は<ruby>修正<rt>しゅうせい</rt></ruby>が<ruby>必要<rt>ひつよう</rt></ruby>です。

A: これは<ruby>実行可能<rt>じっこうかのう</rt></ruby>な<ruby>計画<rt>けいかく</rt></ruby>だと<ruby>思<rt>おも</rt></ruby>いますか。
(이것이 실행 가능한 계획이라고 생각합니까?)

B: その<ruby>計画<rt>けいかく</rt></ruby>は<ruby>修正<rt>しゅうせい</rt></ruby>が<ruby>必要<rt>ひつよう</rt></ruby>です。
(그 계획은 수정이 필요합니다.)

그런 위험부담을 질 수 없습니다.
そんなリスクはとれませんよ。

A: <ruby>直接販売<rt>ちょくせつはんばい</rt></ruby>を<ruby>検討<rt>けんとう</rt></ruby>するべきだと<ruby>思<rt>おも</rt></ruby>います。
(직접 판매를 검토해야 한다고 생각합니다.)

B: そんなリスクはとれませんよ。
(그런 위험부담을 질 수 없습니다.)

다른 관점에서 검토해 봅시다.
<ruby>別<rt>べつ</rt></ruby>の<ruby>観点<rt>かんてん</rt></ruby>から<ruby>検討<rt>けんとう</rt></ruby>してみましょう。

토론을 정리합시다.
<ruby>議論<rt>ぎろん</rt></ruby>をまとめましょう。

그럼, 본론으로 들어갑시다.
では、<ruby>本題<rt>ほんだい</rt></ruby>に<ruby>入<rt>はい</rt></ruby>りましょう。

プレゼン테이션

프레젠테이션은 언제입니까?	プレゼンテーションはいつですか。
프레젠테이션까지 이제 그다지 시간이 없군요.	プレゼンまで、もうあまり時間はありませんね。
당장 협의를 합시다.	さっそく打ち合わせをしましょう。
어떤 기획이 좋을까?	どんな企画がいいかな。
뭔가 좋은 안은 없을까?	何かいい案はないかな。
좀더 알기 쉽게 설명해 주지 않겠나?	もう少しわかりやすく説明してくれないかな。
이 기획의 목표는 무엇이지?	この企画の狙いは何なの?
기획의 동기가 애매해.	企画の動機があいまいだよ。
기획 마무리가 엉성한가.	企画の詰めが甘いかな。
일정과 예산은 이것으로 됐어.	日程と予算はこれでよしっと。
간신히 기획의 명칭이 결정되었어.	ようやく企画の名称が決まったよ。
좀처럼 기획서를 쓸 수 없어.	なかなか企画書が書けないんだ。
기획의 전체 흐름을 알기 어렵군.	企画の全体像がわかりにくいかな。
발상의 전환도 필요해.	発想の転換も必要だね。
기획이 아무리 좋아도 기획서가 나쁘면 안 통해.	企画がいくらよくても企画書が悪ければ通らないよ。
이 기획은 먹히지 않을까?	この企画はいけるんじゃない?

315

이 기획은 반드시 통과시키고 싶습니다.	この企画はぜひ通したいですね。
기획의 기본 방침에 대해 설명하겠습니다.	企画の基本方針について説明します。
프레젠테이션의 반응은 어땠나?	プレゼンテーションの手ごたえはどうだった?
클라이언트의 반응은 어땠나?	クライアントの反応はどうだった?
언제 결과를 알 수 있나?	いつ結果がわかるの?
(결과는) 1주일 후에 발표됩니다.	1週間後に発表になります。
클라이언트로부터 추궁당하지 않았나?	クライアントから突っ込まれなかった?
결과를 알 때까지 불안해.	結果がわかるまで落ち着かないね。
됐다! 그 프레젠테이션, 통과됐어.	やった! あのプレゼン、通った。

숙퇴근과 휴가

出退勤とお休み

UNIT
04

일본의 최대·연휴는 ゴールデンウィーク(Golden Week)입니다. 4월 29일 緑の日(쇼와천황의 생일로 왕의 사후 명칭을 바꿔 휴일로 계속 지정), 5월3일 헌법기념일, 5월 4일 국민의 날, 5월 5일 어린이날로 이어지는 대표적 연휴기간입니다. 주휴 2일제(토·일 휴무)로 주말 연휴와 연결 될 경우, 경우에 따라서는 5~9일간의 연휴로 이어져 ゴールデンウィーク로 불리고 있습니다. 대부분의 기업체는 물론, 관공서, 학교 등이 휴무를 합니다.

출퇴근

매일 아침, 9시에 출근합니다.	毎朝、9時に出勤します。
오늘 아침에도 간신히 도착했어.	今朝もかろうじて間に合ったぞ。
타임카드는 찍었니?	タイムカードは押した?

A: タイムカードは押した?
(타임카드는 찍었니?)

B: あっ、もう少しで忘れるところだったよ。
(어머, 깜빡 잊을 뻔했다.)

매일 아침, 업무 전에 커피를 마셔.	毎朝、仕事の前にコーヒーを飲むんだ。
나가사와는 아직 출근 안 했니?	長沢はまだ出社していないの?

A: 長沢はまだ出社していないの?
（나가사와는 아직 출근 안 했니?）
B: 午前中はB社を訪問しています。
（오전 중에 B사를 방문 중입니다.）

나카이 씨는 오늘 아파서
쉰다고 합니다.

中井さんは今日、病気で休むそうです。

잠깐 쉬자.

ひと休みしよう。

오늘은 그만 마치자.

今日はこれで切り上げよう。

나머지는 내일 할게.

残りは明日やるよ。

오늘, 일은 몇 시에 끝나니?

今日、仕事は何時に終わる?

A: 今日、仕事は何時に終わる?
（오늘, 일은 몇 시에 끝나니?）
B: 7時頃には終わるはずだよ。
（7시 쯤에는 끝날 거야.）

오늘은 6시 정각에
퇴근하겠습니다.

今日は6時ちょうどに失礼します。

이번 주에는 매일 잔업이야.

今週は毎日残業だよ。

오늘은 잔업을 해야 해.

今日は残業しなくちゃ。

A: 今夜は何時にるの?
（오늘 밤에는 몇 시에 귀가하니?）
B: わからないな。今日は残業しなくちゃ。
（몰라. 오늘은 잔업을 해야 해.）

휴가

내일은 반나절 휴가를 내겠습니다.

明日は半休をとります。

이번 금요일에, 휴가를 내고 싶습니다만.

今度の金曜日、休みを取りたいのですが。

8월 1일부터 1주일간, 휴가를 내도 됩니까?

8月1日から1週間、休暇をとってもいいですか。

8월 8일부터는 출근하겠습니다.

8月8日から出社します。

휴가 중에는, 구보 씨가 내 일을 맡아서 합니다.

休暇中は、久保さんが私の仕事を引き継ぎます。

직장생활

職場生活

UNIT

05

직장에서 신경써야할 것은 먼저 人間関係(인간관계)입니다. 仲間(동료)들과 사이좋게 지내기 위해선 동료에게 좋은 일이 생겼을 때 진심으로 お祝い(축하)를 해줄 수 있는 매너가 필요합니다. 上司(상사)에겐 적절한 예절을 표하고 후배에게 따뜻한 마음을 보여준다면 만점짜리 직장인이 되겠지요.

동료와의 대화

오늘은 일이 잘 진행됐어.	今日は仕事がはかどったね。
이런 상태로 부탁할게.	この調子で頼むよ。
오늘은 상태가 안 좋아.	今日は調子がでないよ。
일이 진척되지 않아.	仕事が進まないなぁ。
일에 집중이 안 돼.	仕事に集中できないんだ。

> A: 仕事に集中できないんだ。
> (일에 집중이 안 돼.)
> B: 何か問題でもあるの?
> (무슨 문제라도 있니?)

| 무슨 좋은 기획이 생각났나? | 何かいい企画を思いついた? |
| 도움이 돼. | 頼りにしているよ。 |

320

| 그 서류, 어디에 두었나? | あの書類、どこに置いた？ |

> A: あの書類、どこに置いた？
> （그 서류, 어디에 두었나?)
>
> B: あなたがファイルに入れて持っていると
> 思うわ。
> （네가 파일에 넣어서 가지고 있는 것 같은데.)

| 또 부장님에게 꾸중 들었어. | また部長に叱られちゃったよ。 |

| 부장님은 왜 나에게는
그렇게 까다로울까? | 部長はどうして僕にはこんなに厳しいのかな？ |

| 부장님은 하나코를 편애하는
것 같지 않니? | 部長は花子をひいきしていると思わない？ |

| 너의 지나친 생각이야. | 君の思い過ごしだよ。 |

| 요즘 스트레스가 쌓였어. | この頃、ストレスがたまっているんだ。 |

| 모든 일을 나한테 떠넘기지 마요. | 何もかも私に押しつけないでよ。 |

> A: 報告書を書いておいてくれる？
> （보고서를 써줄래?)
>
> B: 何もかも私に押しつけないでよ。
> （모든 일을 나한테 떠넘기지 마요.)

| 그것도 업무의 일부야. | それも仕事のうちだよ。 |

> A: コピーとりなんて、もううんざり。
> （복사하는데 이제 진절머리가 나.)
>
> B: 文句を言わないで。それも仕事のうちだよ。
> （불평하지 마. 그것도 업무의 일부야.)

| 간사를 해주겠니? | 幹事をやってくれない？ |

321

휴가는 어땠어?	休暇_{きゅう か}はどうだった?

> A: 休暇_{きゅう か}はどうだった?
> (휴가는 어땠어?)
>
> B: すごくリラックスできたよ。
> (푹 쉬었어.)

휴가는 어떻게 보냈니?	休暇_{きゅう か}はどうやって過_すごしたの?

직장에서의 평가

저 녀석은 일을 잘해.	あいつは仕事_{し ごと}ができる。
너는 좋은 일을 하고 있구나.	君_{きみ}はいい仕事_{し ごと}をしているよ。
좋은 일을 했군.	いい仕事_{し ごと}をしたね。
발상이 독특하군.	発想_{はっそう}がユニークだね。
그는 매우 유능해.	彼_{かれ}はとても有能_{ゆうのう}だよ。
우수한 기술자야.	優秀_{ゆうしゅう}な技術者_{ぎ じゅつしゃ}だ。
그녀는 일에 열심이야.	彼女_{かのじょ}は仕事熱心_{し ごとねっしん}だ。
그는 이해가 빨라.	彼_{かれ}は飲_のみ込_こみが早_{はや}いんだ。
이번 부장님은 상당히 수완가야.	今度_{こん ど}の部長_{ぶ ちょう}はなかなかのやり手_てだよ。
그는 추진력이 있어.	彼_{かれ}は実行力_{じっこうりょく}があるんだ。

A: 中村にこの仕事を任せられるのかな？
（나카무라에게 이 일을 맡겨도 될까?）

B: 信用していいよ。彼は実行力があるんだ。
（믿어도 돼. 그는 추진력이 있어.）

그녀는 프로야.	彼女はプロだよ。
일이 더디구나.	仕事が遠いんだ。
그는 경험이 풍부해.	彼は経験が豊かだ。
매상의 증가는 그의 공적이야.	売り上げの増加は、彼の手柄だよ。
그 녀석은 쓸모가 없어.	あいつは使いものにならないよ。
그는 너무 자신감이 많아.	彼って自信過剰だわ。
늘 허풍을 떤다.	偉そうなことばかり言うのよ。
그녀는 일을 대충해.	彼女、仕事が雑だよ。
그에게는 책임감이 전혀 없어.	彼には責任感がまったくないんだ。
도움이 전혀 안 돼.	まったく頼りにならないよ。

05-3

일에 열중할 때

그 일, 내가 할게요.	その仕事、私にやらせてください。
이런 일은 잘 할 수 있어요.	こういった仕事は得意なんです。

	A: 君、本当にこの仕事を処理できるの? (자네, 정말 이 일을 잘 처리할 수 있나?) B: はい、こういった仕事は得意なんです。 (네, 이런 일은 잘 할 수 있어요.)

저는 숫자에 약합니다.	私、数字には弱いんです。
해봅시다.	やってみましょう。
해볼 만한 일입니다.	やりがいのある仕事です。
맡겨 주세요.	任せてください。
오래 전부터 하고 싶었던 일입니다.	長い間やりたかった仕事なんです。
최선을 다하겠습니다.	ベストを尽くします。
기대를 저버리지 않도록 열심히 하겠습니다.	期待を裏切らないように頑張ります。

	A: すべて君に任せるよ。 (모두 자네에게 맡기겠네.) B: 期待を裏切らないように頑張ります。 (기대를 저버리지 않도록 열심히 하겠습니다.)

간단한 일이야.	簡単な仕事だよ。
아무것도 아냐.	何てことないよ。

	A: その仕事、本当にひとりでできるの? (그 일 정말로 혼자서 할 수 있니?) B: もちろん、何てことないよ。 (물론, 아무것도 아냐.)

이 일은 저 혼자서는 무리입니다.	この仕事、私ひとりでは無理です。

| 누구에게 도와달라고 할까? | 誰かに手伝わせようか。 |

| 그렇게 간단하지 않아. | それほど簡単じゃないよ。 |

| 입으로 말하는 것은 간단하지만. | 口で言うのは簡単だけどね。 |

| 어려운 교섭이 될 것입니다. | 難しい交渉になりますよ。 |

PART 4

> A: B社との契約はとれそうかな?
> (B사와의 계약은 이루어질까?)
>
> B: そうですね。難しい交渉になりますよ。
> (글쎄요. 어려운 교섭이 될 것입니다.)

| 컴퓨터 조작은 자신이 없어. | コンピューターは苦手なんだ。 |

| 경리 일은 성격에 맞지 않아. | 経理の仕事は性に合わないんだ。 |

| 그 일에는 이토 씨가 적임자라고 생각합니다. | その経理には、伊東さんが適任だと思います。 |

인사이동

| 다음 달에 오사카 지사로 전근 가. | 来月、大阪支社に転勤するんだ。 |

| 다른 부서로 옮기고 싶어. | ほかの部署へ異動したいなぁ。 |

> A: ほかの部署へ異動したいなぁ。
> (다른 부서로 옮기고 싶어.)
>
> B: 異動の申請をしてみたら?
> (이동 신청을 해보지 그래?)

| 해외지사로 옮기고 싶습니다. | 海外拠点への異動を希望します。 |

	A: 海外拠点への異動を希望します。 (해외지사로 옮기고 싶습니다.) B: どこの拠点に興味があるの? (어느 지사에 관심이 있나?)
본사에서 이제 막 이동했습니다.	本社から異動してきたばかりです。
그는 지방 지점으로 좌천당했어.	彼、田舎の支店にとばされたのよ。

승진

과장으로 승진했어.	課長に昇進したよ。
그녀에게 승진은 의외네.	彼女に昇進は意外だわ。
저의 승진을 고려해 주셨으면 합니다.	私の昇進を考えていただきたいのですが。
승진 축하해!	昇進おめでとう!

해고

그는 해고되었어.	彼、クビになったのよ。
이 계약을 성사시키지 못하면 나는 해고당할지도 몰라.	この契約がまとまらなければ、僕はクビになるかもしれいな。
	A: これは会社にとって、とても重要な取引だね。 (이것은 회사로서는 매우 중요한 거래야.)

326

B: うん、この契約がまとまらなければ、僕
　はクビになるかもしれないな。
　(응, 이 계약을 성사시키지 못하면 나는 해고당할
　지도 몰라.)

UNIT5 職場生活

퇴직

PART 4

다나카 씨는 다음 달 정년퇴직합니다.	田中さんは来月、定年退職されます。
나는 정년퇴직 후에도 비상근으로 일을 계속할 겁니다.	私は定年後も非常勤で仕事を続けます。
우리 회사의 정년은 60세입니다.	当社の定年は60歳です。
다케이 씨가 경쟁사로 스카우트 되어 갔어.	武井さん、ライバル会社に引き抜かれたのよ。
야마다는 지난 달 퇴직했습니다.	山田は先月、退職しました。
퇴직하게 되어서 보고 드립니다.	退職することになりましたので、ご報告します。
퇴직 이유는 무엇입니까?	退職の理由は何ですか。

A: 退職の理由は何ですか。
　(퇴직 이유는 무엇입니까?)
B: アメリカの大学に留学するんです。
　(미국 대학으로 유학 갑니다.)

327

구직과 면접

求職と面接

UNIT
06

직장생활의 첫걸음은 직장을 구하는 것부터 시작됩니다. 직장은 求人広告(구인광고)나 推薦(추천)을 통해서 구하게 되는데, 어느 직장이나 채용을 하기 전에는 入社試験(입사시험)과 面接(면접)을 실시합니다. 전화로 일자리가 있는지 확인하고 싶을 때는 「お仕事を探していますが(일을 찾고 있는데요)」라고 묻습니다. 만약

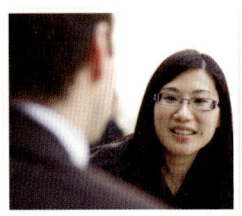

일자리가 있을 경우에는 이력서 준비와 회사의 위치를 물어본 다음 면접 약속을 하면 됩니다.

구인에 응모할 때

신문에 게재된 구인광고를 보고 전화했습니다.	新聞に掲載された求人の件でお電話しました。
귀사의 구인에 대해 문의드리고 싶습니다만.	御社の求人について伺いたいのですが。
어떤 직종에 자리가 비었습니까?	どんな職種に空きがあるのですか。

> A: どんな職種に空きがあるのですか。
> (어떤 직종에 자리가 비었습니까?)
> B: 今は営業担当者を募集しています。
> (지금은 영업담당자를 모집하고 있습니다.)

비서직에 자리가 있습니까?	秘書の職に空きはありますか。
아직 모집하고 있습니까?	まだ募集していますか。

328

관리직을 모집하고 있습니까?

管理職を募集しているのですか。

경리 일에 관심이 있습니다.

経理の仕事に興味があるのですが。

A: どの職種へのお問い合わせですか。
   (어느 직종에 문의하시는 겁니까?)
B: 経理の仕事に興味があるのですが。
   (경리 일에 관심이 있습니다.)

PART 4

홍보직에 응모하고 싶습니다만.

広報の職に応募したいのですが。

응모 조건은 무엇입니까?

応募の条件は何ですか。

A: 応募の条件は何ですか。
   (응모 조건은 무엇입니까?)
B: 3年以上の経験が必要です。
   (3년 이상 경험이 필요합니다.)

그 직종의 경험이 필요합니까?

その職種の経験が必要ですか。

A: その職種の経験が必要ですか。
   (그 직종의 경험이 필요합니까?)
B: 経験は問いません。
   (경험은 묻지 않습니다.)

근무는 언제부터 합니까?

勤務はいつからになりますか。

A: 勤務はいつからになりますか。
   (근무는 언제부터 합니까?)
B: すぐに入社していただきます。
   (즉시 채용하겠습니다.)

응모하려면 어떻게 하면 됩니까?

応募するためにはどうすればいいのですか。

> A: 応募するためにはどうすればいいのですか。
> (응모하려면 어떻게 하면 됩니까?)
> B: 写真を貼った履歴書を送ってください。
> (사진을 붙인 이력서를 보내주십시오.)

영어와 일본어 이력서가
필요합니까?

英語と日本語の履歴書が必要ですか。

이메일로 이력서를 접수받습니까?

Eメールで履歴書を受け付けてますか。

면접은 언제입니까?

面接はいつですか。

면접 예약을 하고 싶은데요.

面接の予約をしたいのですが。

면접을 보시는 분은 어떤
분입니까?

お会いする方はどなたですか。

면접을 받을 때

인사부의 하라다 씨를 만나
뵙고 싶습니다.

人事部の原田さんにお会いしたいのですが。

면접 보러 왔습니다.

面接にうかがいました。

귀사의 사업에는 늘 흥미를
가지고 있었습니다.

御社の事業には、ずっと興味を持っていました。

귀사는 매우 혁신적인 기술을
가지고 있다고 생각합니다.

御社は、とても革新的な技術をお持ちだと思います。

A: 当社<ruby>当社<rt>とうしゃ</rt></ruby>についてどう<ruby>思<rt>おも</rt></ruby>いますか。
(우리 회사에 대해 어떻게 생각합니까?)

B: <ruby>御社<rt>おんしゃ</rt></ruby>は、とても<ruby>革新的<rt>かくしんてき</rt></ruby>な<ruby>技術<rt>ぎじゅつ</rt></ruby>をお<ruby>持<rt>も</rt></ruby>ちだと<ruby>思<rt>おも</rt></ruby>います。
(귀사는 매우 혁신적인 기술을 가지고 있다고
생각합니다.)

지금은 A회사에서 영업을 하고
있습니다.

<ruby>今<rt>いま</rt></ruby>はA<ruby>社<rt>しゃ</rt></ruby>で<ruby>営業<rt>えいぎょう</rt></ruby>をしています。

A: <ruby>現在<rt>げんざい</rt></ruby>の<ruby>仕事<rt>しごと</rt></ruby>についてお<ruby>話<rt>はな</rt></ruby>しください。
(현재 일에 대해 말씀해 주십시오.)

B: <ruby>今<rt>いま</rt></ruby>はA<ruby>社<rt>しゃ</rt></ruby>で<ruby>営業<rt>えいぎょう</rt></ruby>をしています。
(지금은 A회사에서 영업을 하고 있습니다.)

회사의 중요한 프로젝트에
참여했습니다.

<ruby>会社<rt>かいしゃ</rt></ruby>の<ruby>重要<rt>じゅうよう</rt></ruby>なプロジェクトに<ruby>関<rt>かか</rt></ruby>わってきました。

사무용 소프트웨어 영업에서는
5년의 경험이 있습니다.

<ruby>業務用<rt>ぎょうむよう</rt></ruby>ソフトウェアの<ruby>営業<rt>えいぎょう</rt></ruby>では5<ruby>年<rt>ねん</rt></ruby>の<ruby>経験<rt>けいけん</rt></ruby>があります。

담당은 시장조사입니다.

<ruby>担当<rt>たんとう</rt></ruby>は<ruby>市場調査<rt>しじょうちょうさ</rt></ruby>です。

이 업계에 관해 잘 알고 있습니다.

この<ruby>業界<rt>ぎょうかい</rt></ruby>についてはよく<ruby>知<rt>し</rt></ruby>っています。

3년간 영업 보조를 하고 있습니다.

3<ruby>年間<rt>ねんかん</rt></ruby>、<ruby>営業<rt>えいぎょう</rt></ruby>のアシスタントをしています。

좀 더 책임 있는 일을 하고 싶습니다.

もっと<ruby>責任<rt>せきにん</rt></ruby>のある<ruby>仕事<rt>しごと</rt></ruby>がしたいのです。

그것은 어떤 일입니까?

それはどのような<ruby>仕事<rt>しごと</rt></ruby>ですか。

A: <ruby>経理部長<rt>けいりぶちょう</rt></ruby>のアシスタントを<ruby>探<rt>さが</rt></ruby>しているのです。
(경리부장 보조를 찾고 있습니다.)

B: それはどのような<ruby>仕事<rt>しごと</rt></ruby>ですか。
(그것은 어떤 일입니까?)

어떤 종류의 일입니까?	どのような職務_{しょくむ}になるのですか。
잔업은 많습니까?	残業_{ざんぎょう}は多_{おお}いですか。
어떤 직함입니까?	どのような肩書_{かたが}きになりますか。

どのような職務になるのですか。

残業は多いですか。

どのような肩書きになりますか。

> A: どのような肩書きになりますか。
> (어떤 직함입니까?)
> B: 肩書きは副部長です。
> (직함은 부부장입니다.)

건강상태는 양호합니다.	健康状態_{けんこうじょうたい}は良好_{りょうこう}です。
일본어를 말하는 데에 큰 문제는 없습니다.	日本語_{にほんご}を話_{はな}すことに大_{おお}きな問題_{もんだい}はありません。
토익 점수는 700점입니다.	TOEICのスコアは700点_{てん}です。

> A: 英語力_{えいごりょく}はどれぐらいですか。
> (영어실력은 어느 정도입니까?)
> B: TOEICのスコアは700点_{てん}です。
> (토익 점수는 700점입니다.)

06-3
응모자를 면접할 때

면접에 와 주셔서 감사합니다.	面接_{めんせつ}に来_きていただき、ありがとうございます。
간단하게 자기소개를 해주시겠습니까?	簡単_{かんたん}に自己紹介_{じこしょうかい}をしていただけますか。
현재의 일에 대해 물어보고 싶은데요.	現在_{げんざい}のお仕事_{しごと}についてうかがいたいのですが。

> A: 現在_{げんざい}のお仕事_{しごと}についてうかがいたいのですが。
> (현재의 일에 대해 물어보고 싶은데요.)

B: はい、C社で経理を担当しています。
(네, C사에서 경리를 담당하고 있습니다.)

당신의 업무경력에 대해 말씀해 주십시오.

あなたの業務経験についてお話しください。

전직을 생각한 이유는 무엇입니까?

転職を考えているのはなぜですか。

당신 경력은 이 일에 적합합니다.

あなたの経歴はこの仕事にぴったりです。

이것은 우리 회사의 신규 사업을 위해 신설된 직위입니다.

これは当社の新規事業のために新設されたポストです。

A: 仕事について説明していただけますか。
(일에 대해 설명해 주시겠습니까?)
B: これは当社の新規事業のために新設されたポストです。
(이것은 우리 회사의 신규 사업을 위해 신설된 직위입니다.)

이 일에는 광범위한 능력이 요구됩니다.

この仕事には幅広い能力が求められます。

손님과의 접촉이 많은 일입니다.

お客様との接触が多い仕事です。

이 업무에 당신의 능력을 어떻게 활용할 건가요?

この仕事で、あなたの能力をどのように活用しますか。

A: この仕事で、あなたの能力をどのように活用しますか。
(이 업무에 당신의 능력을 어떻게 활용할 건가요?)
B: 数字の管理に関する私の能力は、この仕事に役立つはずです。
(숫자 관리에 관한 제 능력은 이 업무에 도움이 될 겁니다.)

PART 4

333

시장개발에 관한 일에
관심있습니까?

市場開発の仕事に興味はありますか。

A: 市場開発の仕事に興味はありますか。
(시장개발에 관한 일에 관심있습니까?)

B: はい、それについては多少経験があります。
(네, 그것에 대해서는 다소 경험이 있습니다.)

컴퓨터는 잘 다룹니까?

コンピューターの操作は得意ですか。

A: コンピューターの操作は得意ですか。
(컴퓨터는 잘 다룹니까?)

B: はい、事務用の主なソフトは、たいてい
操作できます。
(네, 사무용 주요 소프트웨어는 대부분 다룰 줄
압니다.)

일본어는 어느 정도 할 수 있습니까?

日本語はどれぐらい話せますか。

일본어 이외의 외국어는 할
줄 압니까?

日本語以外の外国語は話せますか。

언제부터 일을 시작하실 수
있습니까?

いつから仕事を始められますか。

A: いつから仕事を始められますか。
(언제부터 일을 시작하실 수 있습니까?)

B: すぐに始められます。
(바로 시작할 수 있습니다.)

06.4 조건을 설명할 때

직속 상사는 영업부장이 될 겁니다.

直属の上司は営業部長になります。

근무시간은 어떻게 됩니까?

就業時間はどうなっていますか。

A: 就業時間はどうなっていますか。
（근무시간은 어떻게 됩니까?）
B: 月曜日から金曜日の9時から5時までです。
（월요일부터 금요일 9시부터 5시까지입니다.）

복지제도에 대해 알려 주십시오.
福利厚生について教えてください。

전근 가능성은 있습니까?
転勤の可能性はありますか。

근무규칙에 대해 설명하겠습니다.
就業規則について説明しましょう。

입사한 해의 유급휴가는
10일간입니다.
入社した年の有給休暇は10日間です。

상여는 연 2회입니다.
賞与は年2回です。

현재의 급료는 얼마입니까?
現在の給料はいくらですか。

A: 現在の給料はいくらですか。
（현재의 급료는 얼마입니까?）
B: 税込みで年収600万円です。
（세금 포함해서 연봉 600만 엔입니다.）

희망하신 급료는 얼마입니까?
給料の希望はどれぐらいですか。

최초 3개월은 수습기간입니다.
最初の3か月は試用期間です。

335

회사방문약속

会社訪問約束

UNIT 07

거래처를 방문할 때는 먼저「時間があ
ればお会いしたいんですが(시간이
있으면 찾아뵙고 싶은데요)」라고 전화로
우선 상대에게 방문 의사를 밝히고
허락을 하면 만날 약속을 합니다. 비서나
당사자가 아닌 다른 사람을 통해 약속을
정할 때는 자신의 신분과 용건, 그리고
만나고자 하는 날짜와 시간 등을 밝혀두는
것이 좋습니다. 지금 당장 방문하기를
원할 때는「すぐにうかがいます(지금 찾아뵙겠습니다)」라고 하면 됩니다.

방문 시간을 정할 때

내일 찾아뵙고 싶은데요.	明日お伺いしたいのですが。
내일은 몇 시에 볼 수 있습니까?	明日は何時にお会いできますか。
내일은 사무실에 계십니까?	明日は事務室におられますか。
다음 금요일에 다시 뵐 수 있을까요?	次の金曜日にまた会えますでしょうか。
지금 찾아봐도 되겠습니까?	これからお伺いしてもいいですか。
금방 찾아뵙겠습니다.	すぐに伺います。
가까운 시일에 찾아뵙겠습니다.	近いうちにお伺いします。
2시라면 괜찮습니다.	2時なら大丈夫です。
언제든지 좋습니다.	いつでも結構です。

오늘은 하루 종일 사무실에 있습니다.	今日は一日中事務所におります。
오전 10시로 해주시겠습니까?	午前10時にしていただけますか。
10시에 기다리고 있겠습니다.	10時にお待ちしております。
그럼 2시에 뵙시다.	では2時に会いましょう。
기무라 씨와 만날 약속이 됐습니다.	木村さんに会う約束が取れました。

방문 장소를 정할 때

어디서 만날까요?	どこでお会いしましょうか。
그쪽으로 찾아뵐게요.	そちらに伺いますよ。
제가 그쪽으로 갈까요?	私がそちらに参りましょうか。
제 사무실까지 와 주시겠습니까?	私のオフィスまで来ていただけますか。
무슨 표시가 있습니까?	何か目印はありますか。
모퉁이에 맥도날드가 있습니다.	角にマクドナルドがあります。
금방 알 수 있어요.	すぐに分かりますよ。
만일 만나지 못했을 때는 저희 회사로 전화주세요.	万一会えなかったときは私の会社に電話してください。

스케줄을 조정할 때

언제로 할까요?	いつにしましょうか。
언제가 사정이 괜찮겠습니까?	いつが都合がいいですか。
언제 비어 있습니까?	いつ空いていますか。
언제 가면 가장 좋을까요?	いつ行けば一番いいのでしょうか。
다음 주는 어때요?	来週はどうです?
모임 시간을 정하고 싶은데요.	会合の時間を決めたいのですが。
30분 이상은 걸리지 않으니까요.	30分以上はかかりませんから。
그 날은 사정이 안 좋습니다.	その日は都合が悪いです。
유감스럽지만 안 됩니다.	あいにくできません。
오전 9시에 스케줄이 잡혀 있습니다.	午前9時にスケジュールが入っています。
저희 회사 사람을 보낼까요?	当社の者を出向かせましょうか。

P A R T 4 ビジネス会話

회사방문과 접대

会社訪問と接待

UNIT

08

자사를 방문하는 손님을 맞이하거나 거래처를 방문해야 하는 일은 비즈니스맨에게 하루 일과의 중요한 부분입니다. 자신의 회사를 찾아오는 사람을 맞이할 때는 「何のご用件でしょうか(무슨 용건이십니까?)」라고 용건을 묻고, 다른 회사를 찾아갔을 때는 먼저 자신의 신분을 밝히고 「木村 さんはいらっしゃいますか(기무라 씨는 계신가요?)」라고 찾아온 용건과 만나고 싶은 사람을 부탁합니다.

PART 4

방문했을 때의 인사

시그마사의 홍길동이라고 합니다.	シグマ社のホンギルドンと申します。
기다리고 있었습니다.	お待ちしておりました。
저희는 시그마사의 대리인입니다만.	私どもはシグマ社の代理の者ですが。
기무라 씨가 여러분을 기다리고 있었습니다.	木村があなた方をお待ちしておりました。
매번 신세가 많습니다.	毎度お世話になっております。
기무라 씨를 뵙고 싶은데요.	木村さんにお会いしたいのですが。
히로스에 씨는 계십니까?	広末さんはいらっしゃいますか。
방금 자리를 비웠습니다.	たった今、席を外したところです。
무슨 용건이십니까?	ご用件は何でしょうか。

339

광고 담당하시는 분을 뵙고 싶은데요.	広告担当の方とお目にかかりたいのですが。
담당자를 뵐 수 있을까요?	係りの方とお会いできますか。
자, 앉으십시오.	どうぞお座りください。
기다리게 해서 미안합니다.	お待たせしてすみません。
시그마사의 김 씨로부터 소개받아 왔습니다.	シグマ社のキムさんに紹介されて来ました。
제 명함입니다.	私の名刺です。
좀더 일찍 뵙지 못해 죄송합니다.	もっとはやくお目にかかれなくてすみません。

접대

오늘밤도 접대야.	今夜も接待だよ。
누구를 접대하니?	だれを接待するの?
접대는 피곤해.	接待は気疲れするね。
이것도 일의 일부라서.	これも仕事のうちだからね。
어디서 접대하니?	どこで接待するの?
늘 가는 그 가게에서요.	いつものお店ですよ。
무엇을 드시겠습니까?	何をお飲みになりますか。
과장이 건배를 제창했어.	課長が乾杯の音頭を取った。
그는 사내에서 「술상무」라고도 해.	彼は社内で「接待課長」とも言われている。

그는 술자리서 분위기 메이커야.	彼はヨイショをしつつ、場を盛り上げるのがうまい。
어느 회사에나 그런 사람이 반드시 있어.	どこの会社にもああいう人が必ずいるよね。
딱딱한 이야기는 이 정도로 하고….	堅い話はこのくらいにして…。
눈이 높군요.	お目が高いですね。
입에 맞으실지 어떨지….	お口に合いますかどうか…。
청주는 어떠십니까?	日本酒はいかがですか。
(술을) 따르겠습니다.	おつぎしましょう。
상당히 좋은 가게군요.	なかなかいいお店ですね。
술도 요리도 맛있군요.	お酒も料理もおいしいですね。
이 가게에는 자주 오십니까?	このお店にはよくいらっしゃるんですか。
거래처의 간부를 요정에서 접대했어.	取引先の幹部を料亭で接待した。
오늘밤 접대에는 사장도 동석했어.	今夜の接待には社長も同席した。
한집 더 가시겠습니까?	もう一軒いかがですか。
이거, 짐이 되겠습니다만….	こちら、お荷物になりますが…。
접대를 받는 데 이골이 나 있군.	接待されることに慣れっこになっているんだね。
불황으로 접대가 현저히 줄었어.	不況で接待がめっきり減った。

지불은 법인카드로 부탁합니다. 支払いは法人カードでお願いします。

연간 접대비는 얼마 정도일까? 年間の接待費はどれくらいかな。

접대비를 너무 썼어. 接待費を使い過ぎたよ。

製品説明

U N I T
09

다른 회사에 방문해서 제품을 설명할 때는 회사 소개에 관한 책자, 제품안내서, 견본 등 설명할 자료를 미리 준비해 세밀히 검토해 둘 필요가 있습니다. 또한 설명해야 할 상대방의 수준을 고려해 그것에 따른 별도의 자료를 마련해 두는 것도 좋은 방법이라 할 수 있습니다. 설명 하는 도중「질문이 있으시면 문의하십시오.」라고 상대방이 알아들었는지를 확인할 때의 표현도 잊지 맙시다.

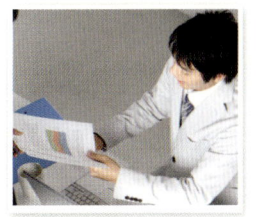

09-1 세일즈 포인트

세일즈 포인트는 뭡니까?	セールスポイントは何ですか。
이것에 필적할 만한 것은 없습니다.	これに匹敵するものはありません。
최고 품질의 상품입니다.	とても高品質の商品なのです。
저희 회사의 제품은 최고의 품질입니다.	当社の製品は最高の品質です。
품질 면에서는 저희가 한수 위입니다.	品質の点では我々が一枚上手です。
더 작아졌습니다.	より小さくなりました。
많은 공간을 차지하지 않습니다.	大きなスペースを取りません。
이건 들고 운반하기가 매우 편합니다.	これは持ち運びがとても楽です。
접을 수가 있습니다.	折り畳むことができます。

343

조작이 보다 간단합니다.	操作がより簡単です。
이건 조절할 수 있습니다.	これは調節ができます。
이건 튼튼하게 만들어졌습니다.	これは丈夫に作られています。
매우 경제적이기도 합니다.	とても経済的でもあるんです。
연간으로 따지면 많은 절약을 할 수 있습니다.	年間ではかなり節約ができます。
손해는 끼쳐드리지 않는다고 약속하겠습니다.	損はさせないと約束します。
이건 상품이 말해주고 있습니다.	それは商品が物語っています。

 09-2

신제품을 설명할 때

저희 회사의 신제품을 설명하고 싶은데요.	当社の新製品をご紹介したいのですが。
이것이 당사의 신제품입니다.	これが当社の新製品です。
이것이 신제품인 안경입니다.	これが新製品のメガネです。
이것은 당사의 최신 모델입니다.	こちらは当社の最新モデルです。
팸플릿을 보십시오.	パンフレットをどうぞ。
이것이 신제품 목록입니다.	これが新製品のリストです。
이것이 새로운 모델입니까?	これは新しいモデルですか。
4월에 갓 나왔습니다.	四月に出たばかりです。

상품을 설명할 때

사용 방법에 대해서 설명 드리겠습니다.	使用方法についてご説明いたします。
어디가 새로워졌습니까?	どこが新しくなりましたか。
팸플릿은 최신 것입니다.	パンフレットは最新のものとなっています。
이것이 샘플입니다.	こちらがサンプルです。
타사 제품보다 작고 가벼워졌습니다.	他社製品より小さく軽くなっております。
품질이 좋아졌습니다.	品質が良くなっています。
품질에 관해서는 이것이 제일입니다.	品質に関してはこれが一番です。
적어도 5년은 갑니다.	少なくとも5年はもちます。
왜 이것을 써야 하는지 말해주세요.	なぜこれを使うべきかを言ってください。
이것이 저희 회사 제품의 이점입니다.	これが当社の製品の利点です。
이것은 무엇으로 만들어졌습니까?	これは何でできているんですか。
무게는 어느 정도입니까?	重さはどのくらいですか。
이것은 특허가 나와 있습니까?	これに特許が出ていますか。
이것이 제 최신 발명품입니다.	これが私の最新の発明品です。
특허는 출원 중입니다.	特許は出願中です。
구입하기 전에 상품을 시험해보고 싶은데요.	購入する前に商品を試してみたいのですが。

PART 4

345

종래의 기종에는 결함이 있었습니다.	従来の機種には欠点がありました。
저희 회사에서 만듭니다.	自社で作っています。
정기적인 점검이 필요합니다.	定期点検が必要です。
장기 보증은 있습니까?	長期の保証はありますか。

상담

相談

UNIT 10

비즈니스 업무에서 상당한 비중을 차지하는 것은 상담 내용입니다. 해외 출장 혹은 국내에서 외국인 バイヤー(바이어)를 만나 교섭할 경우, 사전에 행동 계획을 충분히 마련해 두어야 합니다. 나름대로 계획서를 일본어로 작성한다면 나중에 대단히 유용할 것입니다. 교섭에 임할 때에는 バイヤー의 조건을 충분히 숙지하여 자사의 조건을 제시하고 납득시켜 타협점을 찾아야 합니다.

10-1 예산과 견적

어느 정도의 예산이십니까?	どのくらいのご予算でしょうか。
대충 얼마 정도입니까?	だいたいいくらくらいですか。
저희 예산 범위에서 가능합니까?	我々の予算内で可能ですか。
견적서를 만들어 줄래요?	見積書を作ってくれますか。
이게 견적입니다.	こちらが見積もりになります。

10-2 가격

이것은 얼마에 팝니까?	これはいくらで売りますか。
세금이 포함되어 있나요?	税込みですか。
도매가격은 얼마입니까?	卸値はいくらなんですか。

이것은 소매가격으로 얼마가 됩니까?	これは小売りではいくらになるのですか。
가격을 제시해 주시겠어요?	指し値を言っていただけますか。
저희 회사의 가격표를 동봉했습니다.	当社の価格表を同封しました。
그 가격은 무척 매력적입니다.	その値段はとても魅力的です。
가격은 적당한 것 같습니다.	値段は手頃だと思います。
내용에 비해 쌉니다.	内容のわりに安いです。
그건 터무니없이 비쌉니다.	それはべらぼうに高いですよ。
그것이 시세입니다.	それが相場です。

가격 교섭

좀더 싸게 안 됩니까?	もう少し安くなりませんか。
현금으로 사면 깎아 줄래요?	現金で買ったら負けてくれますか。
이 상품에 이 가격은 너무 비쌉니다.	この商品にこの値段では高すぎますよ。
어느 정도 할인이 가능합니까?	どのくらいの割引きが可能ですか。
가격이 가장 문제입니까?	価格が一番問題ですか。
가격을 낮춰드릴 수 있습니다.	価格をお下げできます。
이 가격이면 어떠세요?	この値段ではどうですか。
이것도 사면 얼마에 해줄래요?	これも買ったら、いくらにしてくれますか。

이런 지불조건이면 어떻습니까?	こういう支払い条件ではいかがですか。
이제 더 이상 깎아드릴 수 없습니다.	もうこれ以上負けられません。
그것을 원가로 드릴 수는 없습니다.	それを原価で差し上げることはできません。

검토

지금 답변을 주실 수 있습니까?	今、お返事をいただけますか。
금요일까지 답변을 주실 수 있습니까?	金曜日までにお返事をいただけますか。
언제 답변을 주실 수 있겠습니까?	いつお返事をいただけますでしょうか。
시간을 좀 주세요.	少し時間をください。
잠시 시간을 더 주실 수 있습니까?	もうしばらくお時間をいただけますか。
지금 당장 답변을 해야 합니까?	今すぐにお答えしないとだめですか。
정식으로 연락드리겠습니다.	改めてご連絡いたします。
부디 재검토해 주실 수 없겠습니까?	どうか再検討していただけないでしょうか。
지불 조건을 재고해 주세요.	支払い条件を再考してください。
서로 다시 한번 검토해봅시다.	お互いに再度検討してみましょう。
그렇게 오래 기다릴 수 없습니다.	そんなに長く待てません。
결론은 나왔습니까?	結論は出ましたか。

| 저희 회사가 요구하는 기준을
채우지 못했습니다. | 当社の求める基準を満たしていません。 |

계약의 성립과 결렬

문제는 없겠지요?	問題はないでしょう。
구입하시겠습니까?	購入されますか。
요구를 받아들이겠습니다.	お申し出をお受けいたします。
말씀대로 하겠습니다.	お言葉に甘えさせていただきます。
주문해 주셔서 감사합니다.	ご注文をありがとうございます。
계약서를 완성해 주시겠습니까?	契約書を完成していただけますか。
계약서를 잘 읽으세요.	契約書をよく読んでください。
주문을 서류로 확인하고 싶은데요.	ご注文を書類で確認したいのですが。
그럼 사인을 해주시겠습니까?	では、サインをいただけますか。
여기에 사인을 부탁합니다.	ここにサインをお願いします。
상담이 전혀 진척이 안 돼요.	商談が一向に進まないんですよ。
상대방이 좀처럼 좋은 회답을 주지 않아서요.	先方がなかなかいい返事をくれなくてね。
상대방의 의향을 파악할 수 없어요.	先方の意向がつかめないんです。
상대방에게도 결코 나쁜 이야기(조건)는 아닌데요.	先方にとっても決して悪い話ではないのですが。

| 모든 거래를 취소했습니다. | すべての取引をキャンセルしました。 |

지불

매월 월말에 청구서를 보내드리겠습니다.	毎月月末に請求書をお送りします。
달마다가 아니라 한꺼번에 지불하고 싶은데요.	月ごとではなくて一括で支払いたいのですが。
일괄지불로 부탁합니다.	一括払いでお願いします。
엔으로 지불하겠습니다.	円でお支払いします。
지불 조건이 아무래도….	支払いの条件がどうも…。

PART 4

納品とクレーム

UNIT 11

일본 바이어(바이어)와 계약을 체결한 후 또는 계약이 체결되지 않은 경우라도 외국인과 비즈니스를 하는 데 있어서 제품의 注文(주문), 在庫(재고) 확인, 船積(선적), クレーム(클레임), 決済(결제) 등에 필요한 기본적인 표현은 반드시 익혀두어야 합니다. 그렇지 않을 경우 외국 바이어로부터 비즈니스에 대한 전화를 받았을 경우 당황스러울 수밖에 없습니다.

납품과 물류

언제 출하할 수 있습니까?	いつ出荷できますか。
저희들은 이달 말까지 상품이 필요합니다.	私どもは今月末までに商品が必要です。
출하는 매일 하고 있습니다.	出荷は毎日行っています。
1주일 이내에 보내드리겠습니다.	一週間以内にお届けします。
이 상품은 다 떨어졌습니다.	これらの商品は切らしております。
다음 출하는 예정대로입니다.	次の出荷は予定どおりです。
시간대로 납품할 수 없습니다.	時間どおりに納品できません。
배달이 이틀 정도 늦겠습니다.	お届けが二日ほど遅れます。

클레임

손해를 변상해 주세요.	損害を弁償してください。
클레임이 있는데요.	クレームがあるのですが。
이 일의 책임자가 누구입니까?	この仕事の責任者は誰ですか。
어떻게 해주실 수 있겠습니까?	何とかしていただけないでしょうか。
이 상품은 질적으로 떨어집니다.	この商品は質的に劣っています。
이건 계약위반입니다.	それは契約違反です。
이제 댁과는 두 번 다시 거래하지 않겠습니다.	もうおたくとは二度と取引はしません。
그쪽에서는 지불을 거부하고 있습니다.	先方は支払いを拒否しています。

클레임에 대한 사죄와 대응

죄송합니다.	申し訳ありません。
폐를 끼쳐드렸습니다.	ご迷惑をかけました。
정말 죄송하게 생각합니다.	本当にすまなく思っております。
걱정을 끼쳐 죄송합니다.	心配かけてすみません。
드릴 말씀이 없습니다.	返す言葉がありません。
제 잘못을 용서해 주십시오.	私の過ちを許してください。

353

앞으로는 더욱 조심하겠습니다.　これからはもっと気をつけます。

클레임에 대응할 때

조사해서 즉시 연락드리겠습니다.　お調べして、折り返しご連絡します。

당장 그렇게 하겠습니다.　すぐにそう致します。

그 문제는 저희들이
처리하겠습니다.　その問題は、私どもで処理致します。

실수로 다른 상품을 보내고
말았습니다.　手違いで別の商品をお送りしてしまいました。

파손된 것을 반송해 주시겠습니까?　破損しているものをご返送いただけますか。

곧바로 올바른 물건을
보내드리겠습니다.　すぐに正しい品物をお送りいたします。

저희들의 실수였습니다.　私どもの手違いでした。

VOL. TWO
実用日本語会話
실용 일본어회화

PART

5

対話表現
대화 표현

PART 5 対話表現

긍정과 부정

肯定と不正

UNIT
01

상대의 말에 긍정할 때 쓰이는 감탄사로는 はい가 있으며, 부정할 때 쓰이는 감탄사로는 いいえ가 있습니다. 또한 다른 사람의 말을 긍정할 때는「そうです(그렇습니다)」, 부정할 때는「ちがいます(아닙니다)」라고 합니다. 흔히 そうです의 부정형인「そうではありません(그렇지 않습니다)」이라고 하기 쉬우나 そうではありません은 좀더 구체적으로 지적해서 부정할 때 쓰며, 단순히 사실과 다르다고 할 때는 ちがいます라고 합니다.

UNIT1 肯定と不正

긍정의 마음을 전할 때

네, 그렇습니다.	はい、そうです。

> A: あなたはお医者さんですか。
> 　　(당신은 의사입니까?)
>
> B: はい、そうです。
> 　　(네, 그렇습니다.)

응.	うん。
그렇습니다.	そうです。

> A: あなたは東京にお住まいですよね?
> 　　(당신은 동경에 살고 계시죠?)
>
> B: そうです。
> 　　(그렇습니다.)

저도 그렇습니다.	私もそうです。

360

A: すごく疲れました。
(너무 피곤합니다.)

B: 私もそうです。
(저도 그렇습니다.)

알겠습니다.

わかりました。

A: タクシーを呼んでください。
(택시를 불러주세요.)

B: わかりました。
(알겠습니다.)

물론이야.

もちろん。

A: 私たちと一緒に行く?
(우리와 같이 갈래?)

B: もちろん。
(물론이야.)

말씀하신 그대로입니다.

まったくそのとおりです。

A: 旅行は楽しかったですか。
(여행은 즐거웠습니까?)

B: まったくそのとおりです。
(너무 즐거웠습니다.)

바로 그거야!

それだよ!

A: この本を探しているの?
(이 책을 찾고 있니?)

B: それだよ! どこで見つけたんだい?
(맞아! 어디에서 찾았어?)

| 틀림없이 그래. | きっとそうだよ。 |

> A: このダイアモンド、本物かな?
> (이 다이아몬드, 진짜야?)
>
> B: きっとそうだよ。
> (틀림없어.)

| 그렇게 생각해요. | そう思います。 |

> A: その仕事、明日までにできる?
> (그 일을 내일까지 할 수 있겠어?)
>
> B: はい、そう思います。
> (네, 그렇게 생각합니다.)

| 보증해. | 保証するよ。 |

> A: この薬、本当に効くの?
> (이 약, 정말 효과 있어?)
>
> B: うん。保証するよ。
> (응, 내가 보증해.)

| 맞았어! | 当たり! |

부정의 마음을 전할 때

| 아뇨, 아닙니다. | いいえ、違います。 |

> A: 鈴木さんですか。
> (스즈키 씨입니까?)
>
> B: いいえ、違います。
> (아뇨, 아닙니다.)

| 아닙니다. | 違います。 |

A: 君はフランス語を話せるんだよね?
（자네는 프랑스어를 할 줄 알지?）

B: 違います。まったく話せません。
（아닙니다. 전혀 못합니다.）

그렇지 않습니다.

そうではありません。

A: 鈴木さんは弁護士ですよね?
（스즈키 씨는 변호사시죠?）

B: そうではありません。先生ですよ。
（그렇지 않습니다. 선생님이세요.）

절대 아니야!

絶対に違うよ!

A: 鈴木をデートに誘ったの?
（스즈키에게 데이트 신청했어?）

B: 絶対に違うよ!
（절대 아니야!）

당치 않아.

とんでもない!

A: カラオケに行こうよ。
（가라오케에 가자.）

B: とんでもない! 今日中にこの仕事を終わらせなければならないんだ。
（당치 않아! 오늘 중으로 이 일을 끝내야 해.）

저도 그렇지 않습니다.

私もそうではありません。

A: 騒々しい音楽は好きじゃないんです。
（시끄러운 음악은 안 좋아해요.）

B: 私も好きではありません。
（저도 안 좋아합니다.）

363

난 아니야.

僕<ruby>ぼく</ruby>じゃないよ。

> A: ケーキを全部<ruby>ぜんぶ</ruby>食<ruby>た</ruby>べてしまったのは誰<ruby>だれ</ruby>なの?
> (케이크를 전부 먹어버린 사람은 누구니?)
>
> B: 僕<ruby>ぼく</ruby>じゃないよ。
> (난 아니야.)

물론 아냐.

もちろん違<ruby>ちが</ruby>うよ。

> A: 私<ruby>わたし</ruby>のことを利用<ruby>りよう</ruby>したの?
> (나를 이용한 거야?)
>
> B: いや、もちろん違<ruby>ちが</ruby>うよ。
> (아니, 물론 아냐.)

아니, 한 번도 없습니다.

いいえ、一度<ruby>いちど</ruby>もありません。

> A: アフリカに行<ruby>い</ruby>ったことはありますか。
> (아프리카에 간 적이 있나요?)
>
> B: いいえ、一度<ruby>いちど</ruby>もありません。
> (아니오, 한 번도 없어요.)

항상 그런 것은 아니야.

いつもというわけじゃないよ。

> A: 毎日<ruby>まいにち</ruby>ここで昼食<ruby>ちゅうしょく</ruby>をとるの?
> (매일 여기에서 점심을 먹니?)
>
> B: いつもというわけじゃないよ。
> (항상 그런 건 아니야.)

이젠 그렇지 않아.

もうそうじゃないよ。

> A: まだタバコを吸<ruby>す</ruby>っているの?
> (아직도 담배를 피우니?)
>
> B: もうそうじゃないよ。やめたんだ。
> (이제 그렇지 않아. 끊었어.)

364

아무것도 아니야.

何^{なん}でもないよ。

> A: どうしたの?
>   (무슨 일 있어?)
> B: 何^{なん}でもないよ。
>   (아무것도 아니야.)

아니, 괜찮습니다.

いいえ、結構^{けっこう}です。

> A: コーヒーをもう少^{すこ}しいかがですか。
>   (커피를 좀 더 드릴까요?)
> B: いいえ、結構^{けっこう}です。
>   (아니, 괜찮습니다.)

유감스럽지만 안 됩니다.

残念^{ざんねん}ながらだめです。

안 될 것 같습니다.

だめだと思^{おも}います。

찬성과반대

賛成と反対

UNIT
02

일본인은 자신의 의견을 애매하고 완곡하게 대답하는 편입니다. 「同意します(동의합니다)」 또는 「私もそう思います(저도 그렇게 생각합니다)」 등은 상대방의 의견에 동의하거나 찬성할 때 쓰이는 기본적인 표현이며, 반대로 상대방의 의견에 동의하지 않거나 반대할 때 기본적으로 쓰이는 표현은 「同意しかねます(동의하기 어렵습니다)」 또는 「私はそう思いません(저는 그렇게 생각하지 않습니다)」등이 있습니다.

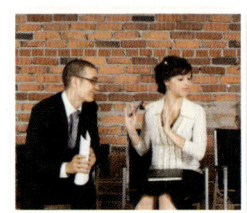

02-1 찬성을 나타낼 때

동의합니다.	賛成(さんせい)です。
전적으로 찬성입니다.	まったく同感(どうかん)です。
그 점에선 너의 의견에 찬성해.	その点(てん)については賛成(さんせい)だ。
나도 그렇게 생각해.	私(わたし)もそう思(おも)う。

> A: 中村(なかむら)はいい人(ひと)だと思(おも)うわ。
> (나카무라는 좋은 사람이라고 생각해.)
> B: 私(わたし)もそう思(おも)う。 (나도 그렇게 생각해.)

네가 말한 대로야.	君(きみ)の言(い)うとおりだ。

> A: 君(きみ)は今(いま)すぐタバコをやめるべきだ。
> (너는 당장 담배를 끊어야 해.)
> B: 君(きみ)の言(い)うとおりだ。
> (네가 옳아.)

좋은 생각이야!

いい考えだね!

너의 의견에 동의해.

君の意見に賛成だよ。

지당한 말이야.

それはもっともだね。

A: もっと節約するべきだと思うんだ。
（좀더 절약해야 한다고 생각해.）

B: それはもっともだね。
（지당한 말이야.）

네가 말한 것은 지당해.

君の言うことはもっともだ。

좋아.

いいよ。

A: コーナー・カフェでお昼を食べましょう。
（코너 카페에서 점심 먹읍시다.）

B: いいよ。
（좋아.）

그걸로 됐어.

それでけっこうです。

난 그래도 좋아.

僕はそれでいいよ。

A: 遙を誘ってもいい?
（하루카를 초대해도 될까?）

B: 僕はそれでいいよ。
（나는 그래도 좋아.）

확실히 그래.

確かにそうだね。

나도 마침 그렇게 생각하고 있었어.

私もちょうどそう思っていたのよ。

	A: 春子の誕生日のお祝いをしなければ。 ハるこ　たんじょう び　　　　いわ (하루코의 생일을 축하해줘야 해.) B: 私もちょうどそう思っていたのよ。 わたし　　　　　　　　　　おも (나도 마침 그렇게 생각하고 있었어.)
이의는 없습니다.	異議はありません。 い　ぎ
	A: 新しい規則についてどう思いますか。 あたら　　　き そく　　　　　　おも (새로운 규칙에 대해 어떻게 생각하십니까?) B: 異議はありません。 い　ぎ (이의는 없습니다.)

UNIT2 賛成と反対

반대를 나타낼 때

반대합니다.	反対です。 はんたい
당신 의견에 반대합니다.	あなたの意見には反対です。 　　　　　い けん　　　はんたい
그것에는 반대야.	それには反対だ。 　　　　はんたい
	A: あなたはこの計画に賛成、それとも反対? 　　　　　　けいかく　さんせい　　　　　　はんたい (너는 이 계획에 찬성이야, 반대야?) B: それには反対だ。 　　　はんたい (그것에는 반대야.)
너의 의견에 강력히 반대해.	君の意見には大反対だ。 きみ　い けん　　　だいはんたい
나는 그렇게 생각하지 않아.	私はそうは思わないよ。 わたし　　　　　おも
그렇게 생각할 수 없어.	そうは思えないよ。 　　　　おも
나는 다른 의견이야.	僕は違う意見だ。 ぼく　ちが　い けん

368

좋은 생각이라고는 생각할 수 없어. いい考えだとは思えないね。

네가 틀려. 君は間違っているよ。

> A: 子育てなんて簡単だと思うわ。
> (아이들 키우는 게 쉽다고 생각해.)
>
> B: 君は間違っているよ。
> (네가 틀려.)

그건 무리야. それは無理だよ。

> A: もっと大きな家に引っ越しましょうよ。
> (더 큰 집으로 이사합시다.)
>
> B: それは無理だよ。
> (그건 무리야.)

그것은 권하고 싶지 않아. それは勧められないな。

> A: 仕事を辞めようと思うんだ。
> (일을 그만둘까 해.)
>
> B: それは勧められないな。
> (권하고 싶지 않아.)

바보 같은 소리 하지 마라! ばかなことを言わないでよ!

> A: 仕事を辞めてハワイに引っ越したいんだ。
> (일을 그만두고 하와이로 이사하고 싶어.)
>
> B: ばかなことを言わないでよ!
> (바보 같은 소리 하지 마요!)

절대 안 돼! 絶対にダメ!

A: スカイダイビングをやりたいのだけど。
(스카이다이빙을 해 보고 싶은데.)

B: 絶対にダメ!
(절대로 안 돼!)

잘될 거라고 생각하지 않아.

うまくいかないと思うよ。

A: 僕たち、独立して事業を始めてはどうかな?
(우리, 독립해서 사업을 시작해 보는 게 어떨까?)

B: うまくいかないと思うよ。
(잘될 것 같지 않은데.)

좀 더 현실적으로 생각해.

もっと現実的に考えろよ。

너는 너무 낙관적이야.

君は 楽 観的すぎるよ。

PART 5 対話表現

불확실한 응답

不確実な回答

U N I T

03

일본인은 자신의 생각이나 주장을 단정적으로 표현하지 않고 완곡하게 표현하는 경향이 많습니다. 그것은 상대의 기분을 상하게 하지 않으려는 배려와 폐를 끼치지 않으려는 마음에서 나온 것이라고 볼 수 있습니다. 따라서 추측을 할 때는 「~と思います(~라고 생각합니다)」, 「~でしょう(~일(할) 것입니다)」 등의 표현이 있습니다. 만약 일본인이 애매하게 대답을 했다면 그것은 분명 거절을 뜻하므로 주의합시다.

PART 5

추측할 때

그녀는 분명 올 것입니다.	彼女はきっと来ると思いますよ。
저게 우리들이 탈 버스겠지요.	あれが私たちの乗るバスでしょうね。
저기에 앉아 있는 사람은 기무라 씨인 것 같군요.	あそこに座っている人は木村さんらしいですね。
억측입니다만….	憶測ですけど…。
이번 여행은 재미있었겠죠.	今度の旅行は面白かったでしょう。
그다지 좋은 사람은 아닌 것 같아요.	あまりよい人ではないと思いますよ。
예, 맑을 것입니다.	ええ、晴れると思いますよ。
그는 분명 올 것입니다.	彼はきっと来るでしょう。

애매하게 대답할 때

아마도 그럴걸.	たぶんね。
아마도 그렇지 않을걸.	たぶんそれはないよ。

> A: 松本は来るの?
> (마츠모토는 올까?)
>
> B: たぶんそれはないよ。
> (아마도 오지 않을 거야.)

그렇게 생각해.	そうだろうね。
그럴지도 몰라.	そうかもしれないね。
네가 옳을지도 몰라.	あなたの言うとおりかもね。
확실히 몰라.	はっきりわからないよ。
약간.	多少ね。

> A: 酔っ払っているの?
> (취했니?)
>
> B: う~ん、多少ね。 (응, 약간.)

경우에 따라 달라.	場合によるよ。

> A: 来週の会議には出られる?
> (다음 주 회의에 참석할 수 있어?)
>
> B: 場合によるよ。
> (상황에 달렸어.)

그렇다면 좋겠어.	そうだといいけれどね。

A: 君ならできるよ!
(너라면 할 수 있어!)

B: そうだといいけれどね。
(그렇다면 좋겠어.)

어느 쪽이라고 말할 수 없어.

どちらとも言いきれないよ。

A: あなたは社交的なタイプですか。
(당신은 사교적인 타입입니까?)

B: そうだな。どちらとも言いきれないよ。
(글쎄. 그렇다고 할 수도 있고 아니라고 할 수도 있어요.)

뭐라고 말할 수 없어.

何とも言えないね。

A: 私たちが勝つと思う?
(너는 우리가 이길 거라 생각해?)

B: 何とも言えないね。
(뭐라고 말할 수 없어.)

너 좋을 대로 해.

君の好きなものでいいよ。

A: 夕食は何にする?
(저녁은 뭘 먹을까?)

B: 君の好きなものでいいよ。
(네가 좋아하는 거 아무거나.)

네가 원한다면 그렇게 하자.

君がそう言うのなら、それでいいよ。

A: 今夜は外食しましょう。
(오늘밤 외식합시다.)

B: 君がそう言うのなら、それでいいよ。
(네가 원한다면 그렇게 하자.)

아무래도 좋아.

どうでもいいよ。

A: 白いシャツを着ようかしら、それともピンク?
　　(흰색 셔츠를 입을까, 아니면 분홍색?)
B: どうでもいいよ。
　　(아무래도 좋아.)

03-3
대답을 보류할 때

생각해 볼게.

考えておくよ。

A: この仕事を引き受けてくれないか?
　　(이 일을 맡아주지 않을래?)
B: 考えておくよ。(생각해볼 게.)

생각 좀 해보자.

考えさせてよ。

지금 바로는 결정 못하겠어.

今すぐには決められないな。

하룻밤 생각을 좀 해볼게요.

ひと晩考えさせてください。

A: この車を買いませんか。
　　(이 차를 사겠습니까?)
B: そうですね。ひと晩考えさせてください。
　　(글쎄요. 하룻밤 생각을 좀 해볼게요.)

생각할 시간을 주세요.

考える時間をください。

A: 僕と一緒にソウルへ行ってほしいんだ。
　　(나와 함께 서울에 갔으면 좋겠어.)
B: 考える時間をください。
　　(생각할 시간을 주세요.)

아직 확답을 드릴 수는 없습니다.

まだはっきりした返事はできないんです。

침착하게 다시 생각해 봐야겠어.

頭を冷やして考え直さなければ。

어떻게 하면 좋을지를 검토해
보겠습니다.

どうしたらいいかを検討してみます。

A: 一層の値引きを考えていただきたいの
　　ですが。
　　(가격을 더 할인해 주셨으면 합니다만.)

B: どうしたらいいかを検討してみます。
　　(어떻게 하면 좋을지를 검토해 보겠습니다.)

PART 5

375

사람을 부를때

人を呼ぶ時

UNIT
04

서로 아는 사이라면 이름이나 직책, 호칭으로 표현하지만, 모르는 사람을 부를 때는 보통 「すみません(실례합니다)」라고 합니다. 하지만 상대의 이름만을 부를 때는 신중을 기해야 합니다. 이것은 상대와 무척 친한 사이에만 쓸 수 있으므로 친근한 사이가 아니면 실례가 됩니다. 또한 상대와 대화를 원할 때는 상대의 사정을 살피며 お暇ですか(시간 있으세요?)라고 하면 됩니다.

 04-1

사람을 부를 때

어이!	おい!
저-.	あのう。
저, 실례합니다.	あのう、すみません。
여보세요.	もしもし。
저-, 잠깐 ….	あのう、ちょっと…。
저기, 잠깐 기다려요.	ねえ、ちょっと待って。
미안합니다. 좀 여쭤보고 싶은데요.	すみません。ちょっとうかがいたいのですが。
여러분, 들으세요!	皆さん、聞いてください!

376

호칭을 부를 때

아버지!	お父さん!
선생님!	先生!
웨이트리스!	ウエートレスさん!
아가씨, 손수건이 떨어졌어요.	お嬢さん、ハンカチ落としましたよ。
다나카 씨, 잠깐 실례해요.	田中さん、ちょっとすみません。

주의를 끌 때

봐요.	見て。
저어, 저게 뭐지?	ねえ、あれ、何?
들어봐요.	聞いて。
좀 들어줘.	ちょっと聞いてよ。
잘 들어요.	よーく聞いてね。
됐니?	いいかい?
저 그러니까….	あのさあ…。
뭐야, 이거!?	何これ!?

PART 5

377

044

말을 꺼낼 때

저어.	あのね。
할 이야기가 있는데.	話^{はなし}があるんだけど。
이야기하고 싶은 것이 있어.	話^{はな}したいことがあるの。
들어 주었으면 하는 것이 있는데.	聞^きいてもらいたいことがあるんだけど。
지금, 이야기해도 될까?	今^{いま}、話^{はな}してもいい?
지금, 시간 좀 있나?	今^{いま}、少^{すこ}し時間^{じかん}ある?
지금, 잠깐 괜찮겠니?	今^{いま}、ちょっといい?
의논하고 싶은 일이 있어.	相談^{そうだん}したいことがあるの。
실은 말이야….	実^{じつ}はさあ…。

말을 걸때

声を掛ける時

UNIT

05

어떤 상대방과 대화를 나누고 싶다는 자신의 의사를 밝힐 경우에는 「お話 ししたいことがありますが(드릴 말씀이 있는데요)」라고 말하고, 특정인과의 대화를 위해서 끼어든 경우에는 「お話中, 申し訳ありま せんが(말씀 중에 죄송합니다)」라고 표현합니다. 또한 말문을 자연스럽게 트기 위해서는 공통의 화제로 상대의 주의를 끌도록 합시다. 「いい天気でしょう(날씨가 좋죠?)」처럼 날씨부터 시작하는 것이 가장 무난한 표현입니다.

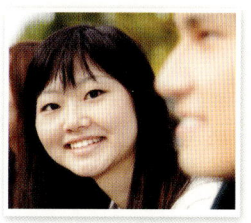

PART 5

05-1

UNIT5 声を掛ける時

말을 걸 때

날씨가 좋군요.	いい天気ですね。
시원해서 기분이 좋군요.	涼しくて気持ちがいいですね。
날씨가 우중충하네요.	いやな天気ですね。
이 자리에는 누가 있습니까?	この席はどなたかおられますか。
멀리까지 가십니까?	ご遠方までお出かけですか。
신문은 어떠십니까?	新聞はいかがですか。
경치가 멋지네요.	すばらしい眺めですね。
일본어를 하십니까?	日本語をお話しになりますか。
일본어는 어때요?	日本語はどうですか。

여기는 처음입니까?	こちらは初めてですか。
실례합니다.	ちょっとすみません。
실례합니다, 뭘 떨어뜨리셨네요.	すみません、何か落としましたよ。
미안합니다, 이곳은 금연입니다.	すみません、ここは禁煙ですよ。
있잖아.	あのね。
들어 봐!	聞いて!
여러분, 잠깐 주목해 주세요.	皆さん、ちょっと聞いてください。
잠깐 시간 좀 내줄 수 있어요?	今、ちょっといいかな?
바쁘실 텐데 죄송합니다.	お忙しいところすみません。
말씀 중인데 죄송합니다.	お話し中すみません。
할 얘기가 있는데.	話があるんだけど。

> A: 話があるんだけど。
> 　　(할 말이 있는데.)
> B: いいわよ。何かしら?
> 　　(좋아. 뭐야?)

듣고 싶니?	聞きたい?

> A: すごいニュースがあるんだ。聞きたい?
> 　　(굉장한 뉴스가 있어. 듣고 싶니?)
> B: 教えてよ。何なの?
> 　　(가르쳐줘. 뭐야?)

380

| 이걸 들으면 놀랄 거야. | これを聞いたら驚くと思うけれど。 |

> A: これを聞いたら驚くと思うけれど。
> (이걸 들으면 놀랄걸.)
> B: 何だい? 興味あるな。
> (뭔데? 궁금하잖아.)

상황에 따라 말을 걸 때

| 좀 도와 드릴까요? | 何かお役に立てますか。 |

| 난처한 것 같은데요. 제가 할 수 있는 게 있습니까? | お困りのようですが、私にできることがありますか。 |

| 안색이 좀 안 좋은 것 같군요. | 少し顔色が悪いようですね。 |

| 실례지만, 이전에 뵈었던가요? | 失礼ですが、以前にお会いしたでしょうか。 |

| 실례합니다만, 어디에서 (오셨나요)? | 失礼ですが、どちらから? |

| 실례합니다만, 이전에 어디선가 만나지 않았습니까? | 失礼ですが、以前どこかでお会いしませんでしたか。 |

| 가와무라 씨가 아니세요? 서울에서 만난 김입니다. | 川村さんじゃありませんか。ソウルで会ったキムですよ。 |

| 일본 분이십니까? | 日本の方ですか。 |

대화 도중에 말을 걸 때

| 선생님, 실례합니다. 질문해도 되겠습니까? | 先生、すみません。質問してもよろしいでしょうか。 |

말씀 중입니다만….
お話の途中ですけど…。

지금 바쁘십니까?
今お忙しいですか。

잠깐 말씀드려도 되겠어요?
ちょっとお話ししていいでしょうか。

잠깐 시간을 주시겠습니까?
ちょっとお時間をいただけますか。

말씀드리고 싶은 게 있는데요.
お話ししたいことがあるのですが。

말씀 중에 실례합니다만, 잠깐 말씀드리고 싶은 게 있는데요.
お話中失礼ですが、ちょっとお話をしたいのですが。

좀 여쭙고 싶은 게 있는데요.
ちょっとお尋ねしたいことがあるのですが。

시간을 많이 드릴 수 없습니다.
お手間はとらせません。

2, 3분 정도로 괜찮으시겠습니까?
二、三分でよろしいですか。

용건을 말할 때

용건을 말씀하십시오.
ご用件をどうぞ。

거래를 하고 싶습니다만.
取引をしたいんですが。

계약건에 대해서 상담하고 싶은데요.
契約の件について商談したいんですが。

기무라 씨와 오늘 만나기로
약속을 했는데요.

木村さんと今日会うことに約束したんですが。

다나카 씨와 통화하고 싶은데요.

田中さんとお話ししたいんですが。

맞장구와되묻음

アイズチと問い返し

UNIT 06

맞장구는 상대의 이야기를 잘 듣고 있으니 계속하라는 의사 표현의 하나입니다. 일본어에서 주로 쓰이는 자연스런 맞장구로는 そうですか, なるほど, そのとおりです 등이 있으며, そうですか는 상대의 말에 적극적인 관심을 피력할 때 쓰이는 표현으로 우리말의 「그렇습니까?」에 해당합니다. 친구나 아랫사람이라면 가볍게 끝을 올려서 そう?나 そうなの?로 표현하면 적절한 맞장구가 됩니다.

맞장구를 칠 때

과연.	なるほど
알았어.	わかったよ。
모르겠어.	わからないな。
확실히 그래.	確かにそうだね。
그래서?	それで?
듣고 있어.	聞いているよ。
그래서 어떻게 됐어?	それからどうしたの?
그거 흥미롭군.	それは面白いね。
정말 끔찍해.	それはひどいな。

그렇겠지.

そうだろうね。

> A: 中村ったら、成功して得意になっているの
> よ。
> (나카무라는 성공해서 의기양양하고 있어.)
>
> B: そうだろうね。
> (그렇겠지.)

정말 놀라워.

それは驚きだね。

그래서 어떻다는 거야?

それがどうかしたの?

> A: あなたって、中村に対して冷たいのね。
> (너, 나카무라에게 차갑더라.)
>
> B: それがどうかしたの?
> (그래서 어떻다는 거야?)

예를 들면?

たとえば?

> A: そのチャリティーのためにできることは
> たくさんあるんだよ。
> (그 자선쇼를 위해서 할 수 있는 일이 많이 있어.)
>
> B: たとえば?
> (예를 들면?)

그거 잘됐네.

それはよかったね。

> A: 母の体調はよくなってきているよ。
> (엄마의 건강이 좋아지고 있어.)
>
> B: それはよかったね。
> (그거 잘됐네.)

| 그거 안 됐군. | それは気の毒ね。 |

> A: 先週、うちの犬が死んだんだ。
>   (지난주에 우리집 개가 죽었어.)
> B: それは気の毒ね。
>   (그거 안 됐어.)

| 그거 유감스럽군. | それは残念だな。 |

> A: 悪いけれど、スキー旅行には行けないんだ。
>   (불행하게도 스키여행에 못 가.)
> B: それは残念だな。
>   (그거 유감이야.)

| 역시. | やっぱりね。 |

> A: すみませんが、チケットは売り切れです。
>   (죄송하지만 티켓은 매진입니다.)
> B: やっぱりね。
>   (역시.)

06-2
되물을 때

뭐라고?	何?
뭡니까?	何ですか。
정말?	本当?
뭐라고 말했니?	何て言ったの?
뭐라고 말한 거니?	何か言った?

A: 何か言った?
  (뭐라고 말한 거니?)
B: いや、何でもないよ。
  (아니, 아무 것도 아니야.)

다시 한 번 말해 봐.

もう一度言って。

다시 한 번 말씀해 주시겠어요?

もう一度言ってもらえますか。

무슨 말씀인지 잘 모르겠습니다만.

おっしゃっていることがよくわからないのですが。

무슨 뜻입니까?

どういう意味ですか。

그것을 설명해 주시겠습니까?

そこのところを説明していただけますか。

조금 천천히 말씀해 주겠어요?

もっとゆっくり話してもらえますか。

좀더 크게 말씀해 주세요.

もっと大きな声で話してください。

안 들려요.

聞こえないよ。

안 들렸어.

聞こえなかったんだ。

요점을 말해 줄래요.

要点を言ってくれないかな。

무슨 얘기야?

何の話?

A: おめでとう! よくやったね。
  (축하해! 잘했어.)
B: 何の話?
  (무슨 얘기야?)

무엇 때문에?

何のために?

387

A: 次回は1時間早く来てください。
（다음에는 1시간 빨리 오세요.）

B: 何のために?
（무엇 때문에?）

누가 그래? ·

誰がそう言ったの?

A: 赤ワインは身体にいいって聞いたよ。
（적포도주는 몸에 좋다고 들었어.）

B: 誰がそう言ったの?
（누가 그래?）

정말 그가 그렇게 말했어?

本当に彼がそう言ったの?

확인할때

確認する時

UNIT

07

わかる와 知る는 우리말의 「알다」로 해석되는 동사이지만, わかる는 듣거나 보거나 해서 이해, 인식한다는 의미로 쓰이며, 知る는 학습이나 외부로부터의 지식을 습득하여 안다는 의미로 쓰입니다. 흔히 「알겠습니다」의 표현으로 わかりました를 쓰지만, 상사나 고객에게는 承知しました나 かしこまりました를 쓰는 것이 좋다.

또한 그 반대 표현인 「모르겠습니다」도 わかりません이 아니라 わかりかねます라고 하는 것이 좋습니다.

07-1

이해를 확인할 때

| 알겠니? | わかる? |

| 알았니? | わかった? |

> A: もっと一生懸命に勉強してほしいのよ。わかった?
> (좀더 열심히 공부하기를 바란다. 알겠니?)
>
> B: わかったよ。
> (알았어.)

| 그렇지? | ね? |

> A: このソフトウェア、操作が簡単なんだね。
> (이 소프트웨어, 조작이 간단하네.)
>
> B: ね? 言ったとおりでしょ。
> (그렇지? 내 말대로지?)

389

분명히 알겠어?

はっきりわかったかな?

> A: はっきりわかったかな?
> （분명히 알겠어?）
> B: はい、完全に理解しました。
> （네, 확실히 이해했습니다.）

그걸 확실히 해두고 싶어.

その点をはっきりさせておきたいんだ。

> A: 誰の責任なの? その点をはっきりさせてお
> きたいんだ。
> （누구 책임이야? 그 점을 확실히 해두고 싶어.）
> B: それは青山の責任だよ。
> （그것은 아오야마 책임이야.）

그걸 확인해 두고 싶어.

そのことを確認しておきたいんだ。

내가 말하고 있는 것 알겠어?

私の言っていることがわかる?

무슨 말인지 알았니?

どういうことかわかったかな?

여기까지는 알겠니?

ここまではわかる?

내 말 듣고 있니?

私の話を聞いてる?

> A: 私の話を聞いてる?
> （내 말 듣고 있니?）
> B: うん、それで?
> （응, 그래서?）

내가 말하는 것, 들리니?

私の言っていること、聞こえる?

> A: 私の言っていること、聞こえる?
> （네가 말하는 것, 들리니?）
>
> B: いや、周りがうるさすぎるんだ。
> （아니, 주변이 너무 시끄러워서.）

확실하니?

確かにそうなの?

> A: 中村さん、大阪に転勤するんだよ。
> （나카무라 씨, 오사카로 전근될 거래.）
>
> B: 確かにそうなの?
> （확실해?）

PART 5

확실해.

確かだよ。

괜찮아?

それでいい?

> A: 私は遅れると思うわ。それでいい?
> （나는 늦을 것 같아. 괜찮겠니?）
>
> B: 問題ないよ。
> （괜찮아.）

너도 그렇게 생각하지?

君もそう思うだろ?

UNIT7 確認する時

이해를 나타낼 때

그렇군요, 알겠습니다.

なるほど、分かります。

과연, 잘 알았습니다.

なるほど、よく分かりました。

그는 이해가 빨라.

彼は飲み込みが早い。

391

모르겠습니다.	分かりません。
정말로 모르겠어요.	本当に知らないんです。
저도 모르겠습니다.	わたしも知らないんです。
도무지 모르겠습니다.	さっぱり分かりません。
들은 적도 없습니다.	聞いたこともありません。
그건 금시초문인데요.	それは初耳ですね。
잘 모르겠어요.	よく分からないのです。
어렴풋이 밖에 모르겠습니다.	ぼんやりとしか分かりません。

 07-3

일본어 이해를 나타낼 때

조금 말할 뿐입니다.	ちょっとだけ話します。
그다지 잘 못합니다.	あまりうまくないのです。
저의 일본어는 아직 초보입니다.	私の日本語はまだ初歩です。
말하는 데는 익숙하지 못합니다.	話すのに慣れていません。
겨우 상대와 통하는 정도입니다.	やっと相手に通じる程度です。
별로 말할 기회가 없습니다.	あまり話す機会がありません。
일본어로 잘 말하지 못하는 것도 있습니다.	うまく日本語で言えないことがあります。
아뇨, 아직 서툽니다.	いいえ、まだ下手です。

아직 멀었습니다.	まだまだです。

잘 알아들을 수 없을 때

들립니까?	聞こえてますか。
목소리를 크게 할까요?	声を大きくしましょうか。
말투가 너무 빠릅니까?	話し方が速すぎますか。
다시 한 번 말해 주겠어요?	もう一度言ってくれますか。
미안합니다. 다시 한 번 말씀해 주시겠습니까?	すみません、もう一度言ってくださいませんか。
못 알아듣겠습니다. 다시 한 번 부탁합니다.	聞き取れません。もう一度お願いします。
너무 빨라서 모르겠습니다. 천천히 말해 주겠어요?	速すぎてわかりません。ゆっくり話してくれませんか。
더 확실히 말해 주겠어요?	もっとはっきり話してくれますか。
귀가 멀어서 잘 알아듣지 못합니다.	耳が遠くてよく聞き取れません。

PART 5

393

대화의 진행

対話の進行

UNIT

08

대화를 하다 보면 짧고 간단한 표현으로 상대에게 확실한 의사 표시를 할 수 있습니다. 예를 들면 전철 안에서 복잡한 사람들 사이를 헤치고 내리려고 할 때「길 좀 비켜 주세요.」를 일본어로 어떻게 표현할까? 이 표현을 직역해서 말하려고 하다 보면 이미 말할 기회가 놓치게 됩니다. 이럴 때는 간단히「すみません(미안합니다)」라고 합니다. 따라서 외국인과 대화를 할 때는 쉽고 짧은 표현을 사용하는 것이 대화를 계속할 수 있는 요령입니다.

08-1

생각하면서 말할 때

글쎄.

そうだなぁ。

> A: 今度はいつ会おうか。
> (이제 언제 만날까?)
> B: そうだなぁ。 水曜日はどう?
> (글쎄. 수요일은 어때?)

내 말은,

つまり、

> A: 松本はパーティーに来るの?
> (마츠모토는 파티에 오니?)
> B: 彼女は忙しいんだ… つまり、来られないんだよ。
> (그녀는 바빠서… 내 말은, 못 와.)

| 무슨 말을 하려고 했더라? | 何を言おうとしたんだっけ? |

| 어디까지 말했지? | どこまで話したかな? |

> A: 最後まで言わせてくれよ。どこまで話したかな。
> (내가 말을 끝마칠게. 어디까지 말했지?)
>
> B: 教授に会いに行ったっていうところまでよ。
> (교수를 만나러 갔었다고 까지야.)

| 어떻게 말해야 할지 모르겠어. | 何て言ったらいいのかわからないのだけど。 |

> A: デートはどうだった?
> (데이트는 어땠니?)
>
> B: 何て言ったらいいのかわからないのだけ
> ど、あまりうまくいかなかったわ。
> (어떻게 말해야 할지 모르겠어. 썩 잘되지는 않았어.)

| 어떻게 말하면 좋을까? | 何て言ったらいいのかな? |

| 뭐였더라? | 何だったかな? |

| 적당한 말이 생각나지 않지만. | 適当な言葉が思いつかないのだけど。 |

| 내가 알기로는, | 私の知る限りでは、 |

> A: 会議には何人出席するんですか。
> (회의에 몇 사람이 출석합니까?)
>
> B: 私の知る限りでは、4人です。
> (내가 알기로는 네 명입니다.)

私に関して言えば、

A: プロジェクト全体を延期しなければ。
(프로젝트 전체를 연기해야 해.)

B: 私に関して言えば、何とかなります。
(내 의견을 말하자면, 어떻게든 됩니다.)

個人的には、

A: 授業はどうだった?
(수업은 어땠니?)

B: 個人的には、気に入らなかったね。
(개인적으로는, 마음에 들지 않았어.)

はっきり言って、

A: はっきり言って、彼が有能だとは思えないんだ。
(분명히 말해서, 그가 유능하다고 생각지 않아.)

B: 私もそう感じるわ。
(나도 그렇게 느껴.)

まじめな話、

A: 本当に彼女と結婚するわけじゃないだろう?
(정말 그녀와 결혼할 거는 아니지?)

B: まじめな話、ゆうべ彼女にプロポーズしたんだ。
(진지하게 말하자면, 어젯밤 그녀에게 청혼했어.)

08-2

화제를 바꿀 때

화제를 바꾸자.

話題をえよう。

> A: 中村の話はもう聞き飽きたわ。
> (나카무라 이야기는 듣는 것조차 지겨워.)
>
> B: わかったよ。話題をえよう。
> (알았어. 화제를 바꾸자.)

이제,

さて、

> A: さて、次は栄養について考えてみましょう。
> (이제, 다음에는 영양에 대해서 생각해 봅시다.)
>
> B: わかりました。ビタミンEについて質問したいのですが。
> (알겠습니다. 비타민E에 대해 질문하고 싶은데요.)

그런데,

ところで、

> A: おいしいステーキでした。
> (맛있는 스테이크였습니다.)
>
> B: 本当に。ところで、寿司はお好きですか。
> (정말이야. 그런데 초밥은 좋아합니까?)

이야기는 다르지만,

話は違うけど、

> A: つまり、何もかもうまくいったんだ。
> (결국 모든 게 다 잘 됐어.)
>
> B: よかったね。話は違うけど、明日、春子に会うんだ。
> (잘됐다. 이야기는 다르지만, 내일 하루코를 만날 거야.)

397

이야기가 주제에서 벗어났어.	話がそれてしまったね。
주제로 돌아가자.	本題に戻ろう。
다음 화제로 옮깁시다.	次の話題に移りましょう。
화제를 바꾸지 마.	話をそらさないで。

> A: 話題をえよう。
> (다른 얘기 좀 해보자.)
> B: 話をそらさないで。
> (화제를 바꾸지 마.)

그런 이야기는 나중에 하자.	その話はあとにしよう。
그것에 대해서는 다시 정식으로 얘기하자.	そのことについては、また改めて話そう。
그 이야기는 그만두자.	その話はやめよう。
그 얘기는 이제 그만해.	その話はもうやめて。

> A: 確か君もダイエットをしていたんだよね。
> (확실히 너도 다이어트했다고 생각했어.)
> B: その話はもうやめて。
> (그 얘기는 이제 그만해.)

지금, 그 일은 얘기하고 싶지 않아.	いま、そのことは話したくないんだ。

> A: 春子とはまだ付き合っているの?
> (하루코와는 아직 사귀고 있니?)
> B: うーん、いま、そのことは話したくないんだ。
> (응, 지금, 그 얘기는 하고 싶지 않아.)

그건 입 밖에 내서는 안 돼.	それは禁句だよ。

> A: 中村さん、新しい部長とうまくいってないのよ。
> (나카무라 씨, 새로 온 부장님과 사이가 좋지 않아.)
> B: シーッ、それは禁句だよ。
> (쉬, 그런 얘기는 하면 안 돼.)

08-3 🗣 말을 재촉할 때

말해 봐.	話してよ。

> A: 落ち込んじゃうなぁ。
> (우울해.)
> B: 何があったの? 話してよ。
> (무슨 일 있니? 말해봐.)

좀 더 자세히 말해봐.	もっと詳しく話して。
그 얘기를 듣고 싶어.	その話、聞きたいな。
뭐라고 말 좀 해봐.	何か言ってよ。
흥미가 있어.	興味あるよ。
무엇을 생각하고 있니?	何を考えているの?
어땠어?	どうだった?

A: 例の新しいイタリア料理店に行ったんだよ。
(그 새로운 이탈리아 식당에 갔었어.)

B: どうだった?
(어땠어?)

어떻게 됐어?

どうなった?

A: 昇給の件で上司と話をしたよ。
(진급 건으로 상사와 얘기했어.)

B: どうなった?
(어떻게 됐어?)

마음에 들었니?

気に入った?

A: あなたからの花束、受け取ったわ。ありがとう。
(네가 보내준 꽃다발 받았어. 고마워.)

B: 気に入った?
(마음에 들었니?)

인상은 어땠니?

印象はどうだった?

말이막힐때

言葉がつかえる時

UNIT

09

잠깐 말이 막히거나 생각을 하면서 말할 때의 연결 표현은 상대의 기분을 거슬리지 않기 위해서도 매우 중요하고 회화에서 가장 기본적인 기술의 하나라고 할 수 있습니다. 「あのう, ~(저, ~)」은 대화에서 침묵을 피할 때 적절하게 쓸 수 있는 표현입니다. 이건 「ちょっと待ってください~(잠시 기다려 주십시오~)」에 해당하는 대화의 연결 표현이므로 자연스럽게 말하면서 다음 말을 생각하도록 합시다.

말이 막힐 때

에~ 그러니까….	え～と…。
요컨대 그….	つまり、その…。
뭐더라?	何^{なん}だっけ?
하지만….	でも…。
그래서….	それで…。
응…, 그러니까….	うん…、だから…。
저어….	あのう…。
목구멍에서 빙빙 도는데 나오질 않아.	のどまで出^でかかっているんだ。
저 말이죠	あのね…。
글쎄요….	まあ、そうですね…。

그러니까….	つまり…。
뭐라 말하면 좋을지….	何て言ったらいいのか…。
뭐라고 말하면 좋을지 모르겠는데….	何と言ったらいいのかわからないのだけれど…。
어떻게 말하면 좋을지 모르겠지만….	どう言えばいいか、わからないけれど…。

09-2 답변을 요구할 때

뭔가 말해줘.	何か言ってよ。
더 자세히 알고 싶어.	もっと詳しく知りたいんだ。
여행은 어땠니?	旅行はどうだった?
잘 듣고 있어.	ちゃんと聞いてるよ。
회의는 어땠니?	会議はどうだった?
이야기를 계속하게.	話を続けてくれ。
세상 돌아가는 이야기를 했을 뿐이야.	世間話をしただけだよ。
영화는 어땠니?	映画はどうだった?
연극은 재미있었니?	芝居はおもしろかった?
지금 그것을 의논하고 싶어.	今そのことを話し合いたいんだ。
영어로 이야기하자.	英語で話そう。

잡담이라도 합시다.	雑談<ruby>ざつだん</ruby>でもしましょう。
요점만 말해 주세요.	要点<ruby>ようてん</ruby>だけ話<ruby>はな</ruby>してください。
오늘은 어땠니?	今日<ruby>きょう</ruby>はどうだった?
자 이야기를 계속하세요. 듣고 있으니까.	どうぞ話<ruby>はなし</ruby>を続<ruby>つづ</ruby>けてください。聞<ruby>き</ruby>いているから。

 09-3
상대방 얘기를 일단 인정하고 다음 말을 이을 때

실례합니다만….	失礼<ruby>しつれい</ruby>ですが…。
다를지도 모르겠습니다만….	違<ruby>ちが</ruby>うかもしれませんが…。
(말씀하신 대로일지도 모르겠습니다 (당신의) 생각이 틀린 것 같군요.	おっしゃるとおりかもしれませんが、お考<ruby>かんが</ruby>えちがいのようですね。
의견은 존중합니다만, 저는 다른 생각을 갖고 있습니다.	ご意見<ruby>いけん</ruby>は尊重<ruby>そんちょう</ruby>しますが、私<ruby>わたし</ruby>は別<ruby>べつ</ruby>の考<ruby>かんが</ruby>えを持<ruby>も</ruby>っています。
말씀하신 것은 사실이겠지만….	おっしゃることは本当<ruby>ほんとう</ruby>でしょうが…。
말씀하신 뜻은 잘 알겠습니다만….	おっしゃる意味<ruby>いみ</ruby>はよくわかりますが…。
그건 정말로 만족스럽습니다만….	それはいかにも結構<ruby>けっこう</ruby>なんですが…。
글쎄, 그건 인정하지만….	ま、それは認<ruby>みと</ruby>めますが…。
과연, 하지만 문제는….	なるほど、でも問題<ruby>もんだい</ruby>は…。
오해하지 말아 주셨으면 합니다만….	誤解<ruby>ごかい</ruby>しないでいただきたいのですが…。

믿지 않을지도 모르겠습니다만…	信じられないかもしれませんが…。
좀 이상하다고 생각할지도 모르겠습니다만….	ちょっと妙だと思うかもしれませんが…。
기분 나쁘지 않으셨으면 합니다만….	気を悪くしないでいただきたいんですが…。

 말을 꺼내거나 주저할 때

저어….	あのう…。
잠깐 기다려 주세요.…	ちょっと待ってください。
저어, 분명….	ええと、たしか…。
저어, 글쎄요.	ええと、そうですね。
기다려요, 사전을 어디에 놓았지.	待ってよ、辞書をどこへ置いたかな。

 적당한 말이 생각나지 않을 때

어젯밤, 음… 이름은 뭐였더라… 그 사람을 만났어요.	昨夜、ええと…名前は何と言ったか…あの人に出会いましたよ。
뭐라고 말을 했더라. 그래그래….	何を言いかけていたんだっけ。そうそう…。
그래, 잠깐 기다려 주세요. 뭐였더라….	あれ、ちょっと待ってくださいよ。何でしたっけ…。
저어, 어디까지 말했더라.	ええと、どこまで話したかな。

아무래도 적당한 말이 생각이 나질 않습니다만⋯.	どうもうまい言葉が思いつかないのです が⋯。
일본어로는 뭐라고 하는지 모르겠는데요⋯.	日本語では何と言うのかわかりませんが⋯。
뭐라고 하면 좋을지⋯.	何と言ったらよいか⋯。
일본어로는 뭐라고 하는데⋯.	日本語では何とかと言うんですが⋯。
글쎄요, 이런 식으로 말해볼까요?	そうですね、こんなふうに言いましょうか。
제가 알기로는⋯.	私の知る限りでは⋯。
자, 이렇습니다.	ほら、こうなんですよ。
괜찮다면, 콜라나 뭐를 줄 수 있어요?	よかったら、コーラか何かをもらえますか。
그는 또 지각했어. 차가 고장 났다던가 뭐라던가 하더군.	彼はまた遅刻したよ。車が故障したとかどう とかだった。
저, 일종의 실내 게임입니다.	あの、一種の室内ゲームなんですよ。
봐, 저런 것 같은 건데요⋯.	ほら、あれみたいな物なんですが⋯。
저, 내가 말하는 뜻은 알겠어요?	あの、私の言う意味はわかるでしょう?
요컨대, 제가 하고 싶은 말은⋯.	つまり、私が言いたいのは⋯。
요컨대, 제가 말하고 싶었던 것은⋯	つまり、私が言いたかったのは⋯。

PART 5

09-6 말하면서 생각할 때

돈 좀 빌릴 수 없겠나. 그래, 천 엔.	少しお金貸してもらえないかなあ、そうだな、千円。
잠시 생각해볼게요.	ちょっと考えさせてください。
잠깐 기다리세요. 예정표를 봐야 하는데….	ちょっと待ってくださいよ。予定表を見ないと…。
그거 좋겠군요. 하지만 예정표를 보고요.	それはいいですね。でも予定表を見させてください。
저어, 글쎄요.	ええと、そうですね。
확실하지 않지만, 5시에는 올 것입니다.	はっきりしませんが、五時には来ると思います。
잘 모르겠습니다만, 아마….	よくわかりませんが、たぶん…。
제 기억이 올바르다면….	私の記憶が正しければ…。
잘 기억이 안 나지만….	よく覚えてないが…。
굳이 말하자면….	強いて言うとしたら…。

09-7 말을 막을 때

너저분하게 말참견하지 마.	ごちゃごちゃ口出ししないでよ。
큰소리 지르지 마!	大声を出すな!
투덜거리지 마!	ぶつぶつ言うな!

406

좀 얌전하게 해라.	<ruby>少<rt>すこ</rt></ruby>しおとなしくしなさい。
시끄럽게 하지 마!	がみがみ<ruby>言<rt>い</rt></ruby>うな!
말대꾸하지 말아요!	<ruby>口<rt>くちごた</rt></ruby>答えはしないで!
잠자코 있어. 너는 말이 많아!	<ruby>黙<rt>だま</rt></ruby>っていろよ。あんたはおしゃべりだな!

意見表現
의견 표현

의견

意見

UNIT 01

「~についてどう思いますか(~에 대해서 어떻게 생각하세요?)」는 뭔가에 대해서 상대의 견해를 묻는 가장 기본적인 표현입니다. 그밖에 「ご意見はいかがですか(의견은 어떠십니까?)」 등이 있습니다. 이에 대해 자신의 의견이나 견해를 말하고자 할 때는 먼저 私の考えでは、~(내 생각은, ~) 등으로 서두를 꺼내고 하고 싶은 말을 연결하면 됩니다. 상대방의 의견을 칭찬할 때는 「そのとおりです(바로 그겁니다!)」 등으로 표현할 수 있습니다.

의견을 나타낼 때

생각이 있어.	考えがあるんだ。
좋은 생각이 있어.	いい考えがあるよ。
제안하고 싶은 게 있습니다.	提案したいことがあります。
이렇게 하면 어때?	こうしたらどうかな?

> A: こうしたらどうかな? 中村さんに話して みるんだ。
> (이렇게 하면 어때? 우리가 나카무라 씨께 얘기해 보는 거야.)
>
> B: ああ、それはいい考えだね。
> (그래, 그거 좋은 생각이다.)

내 생각으로는 해봐야 할 것 같아.	僕の意見としては、やってみるべきだと思うよ。

A: どうしたらいいかしら?
(어떻게 하면 좋을까?)

B: 僕の意見としては、やってみるべきだと思うよ。
(내 생각으로는 저걸 해봐야 할 것 같아.)

나로서는 찬성할 수 없어.

私としては賛成できないわ。

A: あなたはどう思う?
(너는 어떻게 생각해?)

B: 私としては賛成できないわ。
(나로서는 찬성할 수 없어.)

한마디 하고 싶습니다.

ひとこと言わせてください。

끝까지 말할게.

最後まで言わせてよ。

분명히 말해 둘게.

はっきり言っておこう。

A: いちいち指示しないでよ!
(일일이 지시하지 말아요!)

B: はっきり言っておこう。私は父親なんだ。
(분명히 말해 둘게. 난 네 아빠야.)

넌 어때?

あなたは?

A: 私はチキンサンドイッチをいただきます。あなたは?
(저는 치킨 샌드위치를 먹겠습니다. 당신은요?)

B: 私はハンバーガーにします。
(저는 햄버거를 먹을게요.)

넌 어떻게 생각해?

あなたはどう思う?

411

> A：車を買い替える必要があるわ。あなたはどう思う？
> （차를 새로 살 필요가 있어. 너는 어떻게 생각해?）
>
> B：賛成だよ。
> （찬성이야.）

너의 의견을 말해줘.	君の意見を聞かせてよ。
생각하고 있는 것을 말해줘.	思っていることを聞かせて。
뭐 다른 건 없어?	ほかに何かある？
그렇게 생각하지 않니?	そう思わない？

 01-2

의견을 받아들일 때

물론.	いいよ。

> A：ちょっと待ってくれる。
> （잠깐만 기다려줄래?）
>
> B：いいよ。
> （물론.）

알았어요.	わかりました。

> A：タクシーを呼んでもらえますか。
> （택시를 불러 주실래요?）
>
> B：わかりました。
> （알았어요.）

문제없어.	お安いご用だよ。

> A: お皿を洗ってくれる?
> (접시를 닦아 줄래?)
> B: お安いご用だよ。
> (문제없어.)

기꺼이.

喜んで。

> A: 家まで送ってもらえますか。
> (집까지 데려다 줄래요?)
> B: 喜んで。
> (기꺼이.)

기꺼이 도와줄게.

喜んで手伝うよ。

무엇을 하면 되겠니?

何をすればいいの?

뭘 해주기를 바라니?

何をしてほしいの?

네가 말하는 대로 할게.

君の言うとおりにするよ。

> A: この部屋の模様替えを手伝ってくれる?
> (이 방을 다시 꾸미는 걸 도와줄래?)
> B: わかった。君の言うとおりにするよ。
> (알았어. 네 말대로 할게.)

가능한 무엇이든 할게.

できることなら何でもするよ。

서슴없이 부탁해라.

遠慮しないで言ってよ。

쉬운 일이야.

簡単なことさ。

내가 할게.

私がやっておくわ。

A: このビデオ、返しにいってくれるかな？
(이 비디오, 반납해 줄래?)

B: いいわよ。私がやっておくわ。
(좋아. 내가 할게.)

내게 맡겨.

僕に任せて。

A: 飛行機の予約をしておいてくれる？
(비행기 예약해 줄래?)

B: わかった。僕に任せて。
(알았어. 내게 맡겨.)

어쩔 수 없군.

しょうがないなぁ。

A: デパートまで車で連れていってくれる？
(백화점까지 차로 데려다 줄래?)

B: しょうがないなぁ。
(어쩔 수 없군.)

상관없습니다.

まったくかまいませんよ。

01-3

의견을 거절할 때

유감스럽게도 그건 못하겠어.

残念だけどそれはできないよ。

A: お金を貸してくれる？
(돈 좀 빌려줄래?)

B: 残念だけどそれはできないよ。
(안됐지만 그럴 수가 없어.)

미안하지만 도와줄 수가 없어.

悪いけれど力になれないわ。

> A: 僕の代わりに報告書を書いてくれる?
> (나 대신 보고서를 써줄래?)
> B: 悪けれど力になれないわ。
> (미안하지만 도와줄 수 없어.)

도와주고 싶지만 그럴 수가 없어. お役に立ちたいのですが、できません。

미안하지만 지금은 바빠서요. すみませんが、今は忙しいので。

다른 사람에게 부탁하세요. ほかの人に頼んでください。

안 되는 건 안 되는 거야. ダメなものはダメだね。

그것은 무리한 요구야. それは無理な相談だよ。

나에게 부탁하는 것은 실수야. 僕に頼むのは間違いだ。

절대 싫어! 絶対にイヤ!

> A: 中村が君とデートしたがっているよ。
> (나카무라가 너랑 데이트하고 싶어 해.)
> B: 絶対にイヤ!
> (절대 싫어!)

의논할 여지도 없어. 議論の余地はないね。

그건 내 일이 아니야. それは私の仕事じゃないわ。

> A: この書類をコピーしてくれる?
> (이 서류를 복사해 줄래?)
> B: それは私の仕事じゃないわ。
> (그것은 내 일이 아니야.)

그렇게 곤란하게 하지 마. そんなに断らせないでよ。

415

A: お願いだよ。本当に君の助けが必要なんだ。
（부탁이야. 정말 너의 도움이 필요해.）

B: できないわ。そんなに断らせないでよ。
（못해. 그렇게 곤란하게 하지 마.）

그만해 둬!

勘弁してよ!

A: 僕の代わりにこの仕事をやってくれる?
（내 대신에 이 일을 해줄래?）

B: 勘弁してよ!
（그만 좀 해!）

내 입장이 되어 봐.

こちらの身にもなってよ。

A: 取引先に電話して断っておいてよ。
（거래처에 전화해서 거절하겠니?）

B: こちらの身にもなってよ。あなたのミスなのに。
（내 입장이 되어 봐. 네 잘못인데.）

적당히 해라.

いいかげんにしろよ。

안 된다고 말했잖아.

ダメだって言ったでしょ。

416

허락과 요구

壊す要求

UNIT 02

상대에게 허락을 구할 때 가장 일반적인 표현이 「~てもいいですか(~해도 되겠어요?)」이다. 그밖에 「~てもかまわない(~해도 상관없다)」, 「~ても差し支えない(~해도 지장이 없다)」 등이 있습니다. 승낙할 때는 「いいですよ(좋아요)」라고 하며, 「どうぞ」는 허락을 하는 표현으로 상황에 따라 「앉으세요, 가세요, 하세요」 등으로 다양하게 쓰일 수 있습니다. 반대로 단호하게 거절할 때는 「だめです(안 됩니다)」라고 하면 됩니다.

PART 6

허락을 구할 때

들어가도 될까요?	入ってもいいですか。
화장실 좀 써도 될까요?	お手洗いをお借りできますか。
한 가지 물어봐도 됩니까?	ひとつ聞いてもいいですか。
이 책을 빌려도 되겠니?	この本を借りてもいい?

> A: この本を借りてもいい?
> (이 책을 빌려도 되겠니?)
>
> B: もちろん。読み終わるまで持っていていいよ。
> (물론. 다 읽을 때까지 봐.)

담배를 피워도 됩니까?	タバコを吸ってもいいですか。

417

A: タバコを吸ってもいいですか。
  (담배를 피워도 됩니까?)

B: ええ、かまいませんよ。 (예, 피우세요.)

함께 가도 되니?
一緒に行ってもいい?

옆에 앉아도 됩니까?
隣に座ってもいいですか。

여기에 주차해도 됩니까?
ここに駐車してもいいですか。

여기 앉아도 됩니까?
ここに座ってもいいですか。

A: ここに座ってもいいですか。
  (여기 앉아도 됩니까?)

B: ええ、どうぞ。 (네, 앉으세요.)

여기서 사진을 찍어도 됩니까?
ここで写真を撮ってもいいですか。

잠깐 봐도 됩니까?
ちょっと見てもいいですか。

가능하면 회의를 내일로
연기하고 싶습니다만.
できれば会議を明日に延期したいのですが。

가능하면 내일 쉬고 싶습니다만.
できれば明日、休ませてもらいたいのですが。

지장이 없다면, 이만 가보고
싶은데요.
さしつかえなければ、これで失礼したいのですが。

가능하면 그만 둬주셨으면
좋겠습니다만.
できればやめてほしいのですが。

A: タバコを吸ってもいいですか。
  (담배를 피워도 됩니까?)

B: できればやめてほしいのですが。
  (가능하면 피우지 마셨으면 좋겠어요.)

418

허락할 때

좋아.	いいよ。
좋고말고!	いいとも!
너에게 달려 있어.	君^{きみ}にかかっているんだ。
네가 상관하지 않으면.	君^{きみ}がかまわなければ。
지장이 없으면….	差^さし支^{つか}えなければ…。
예, 하세요.	ええ、どうぞ。
이제 돌아가도 돼.	もうってもいいよ。
무엇이건 가능한 일이라면.	何^{なん}なりと、できることなら。
물론.	もちろん。
알겠습니다.	かしこまりました。
네, 알았어요.	はい、了解^{りょうかい}。
상관없어요.	構^{かま}わないよ。
알았습니다.	わかりました。
찬성합니다.	賛成^{さんせい}します。
맡겨요.	まかせてよ。
기꺼이 할게.	喜^{よろこ}んでするよ。
하는 수 없군요.	仕方^{しかた}ないですね。

PART 6

네, 마음대로.	どうぞ、ご自由に。
어느 쪽이든 상관없어요.	どちらでも構いませんよ。
내일은 캐주얼한 차림도 괜찮아요.	明日はラフな格好でいいですよ。

 허락하지 않을 때

유감스럽지만 안 됩니다.	残念ながらだめです。
가능하면 그만두세요.	できれば止めてください。
아냐! 안 돼!	いや! だめ!
아직 안 돼.	まだだめだ。
지금은 안 돼. 나중에.	今はだめだ。あとでね。
여기선 안 돼.	ここではだめだ。
절대 용서 못해!	絶対許さん!
아니, 안 됩니다.	いいえ、いけません。
그건 좀 곤란한데요.	それはちょっと困るんですが。

 요구할 때

신분증명서를 보여 주세요.	身分証明書を見せてください。
야간공사를 즉시 중단하세요.	夜間工事をすぐにやめてください。

폭력배는 여기서 나가라!	暴力団はここから出ていけ!
임금인상을 요구하면 되지 않을까?	賃上げを要求したらいいじゃないか。
처우개선을 요구합니다.	待遇の改善を要求します。
이 일은 TOEIC 900점 이상의 영어실력이 필요합니다.	この仕事にはTOEIC900点以上の英語力が必要です。
여기서 앞으로 진행하려면 패스워드를 입력해 주세요.	ここから先に進むにはパスワードを入力してください。
변명은 됐으니까, 돈을 갚아요.	言いわけはいいから、お金を返してよ。
구체적으로 설명해 주시겠습니까?	具体的に説明していただけますか。

PART 6

섭득과의논

説得と議論

UNIT
03

상대방을 설득할 때는「私の言うことを聞きなさい(내말 들으세요)」라고 하고, 상대방의 주장에 따를 때는「ダメもとでやってみましょうよ(시험삼아 해봅시다)」라는 표현을 쓸 수 있습니다. 또한 상대에게 설명을 요구할 때는「くわしく説明してください(자세히 설명해 주세요)」라고 하며, 자신이 설명할 때는「ご説明申し上げます(설명 드리겠습니다)」라고 말하면 됩니다.

03-1

설득할 때

네 힘이 반드시 필요해.	君の力がぜひとも必要なんだ。
이 일을 할 수 있는 것은 당신밖에 없어요.	その仕事ができるのはあなたしかいないんです。
나의 결심은 확고합니다.	僕の決心は固いんです。
이 기회에 새 팩스를 삽시다.	この際、新しいファックスを買いましょう。
하면 돼요.	やればできますよ。
시험삼아 해봅시다.	ダメもとでやってみましょうよ。
보기만 하는 것으로는 안 돼요.	みるだけならダメですよ。
평생소원이야.	一生のお願い。

설명할 때

설명해 봅시다.	説明してみましょう。
우리 회사의 경영방침에 대해서 설명하겠습니다.	わが社の経営方針について説明します。
금년 사업계획의 개략을 말씀드리겠습니다.	今年度の事業計画の概略を申し上げます。
요점은 두 가지입니다.	要点は2つです。
순서에 따라서 설명하겠습니다.	順を追って説明します。
그 점에 대해서 보충설명을 하자면, 이렇게 말할 수 있습니다.	その点について補足説明をすると、こう言えます。
그것에 대해서 자세하게 설명하겠습니다.	それについてかみ砕いて説明します。
이에 관해서는 나중에 말씀드리겠습니다.	これに関しては後述します。
그것으로는 아직 설명이 부족합니다.	それではまだ説明不足です。
새로운 네트워크 시스템에 대해서 그림으로 설명하겠습니다.	新しいネットワークシステムについて図で説明します。
이에 대해서는 설명할 필요도 없을 것 같습니다.	これについては説明するまでもないと思います。

의논할 때

의논할 게 있어.	相談があるんだけど。

의논하고 싶은 것이 있어. 相談したいことがあるんだ。

네 의견이 듣고 싶어. 君の意見が聞きたいんだ。

솔직한 의견을 말해줘. 正直に意見を言ってほしいんだ。

조언 좀 해 주시겠습니까? 何かアドバイスしてもらえませんか。

부장님한테 의논하는 것이 좋겠어. 部長に相談した方がいいよ。

누구에게 의논하면 좋을지 모르겠어. 誰に相談したらいいか、わからないんだ。

A: 誰に相談したらいいか、わからないんだ。
(누구에게 의논하면 좋을지 모르겠어.)

B: 専門家に聞くべきだと思うわ。
(전문가에게 물어봐야 할 것 같아.)

의사에게 물어봐야 해. 医者に相談するべきだよ。

A: この薬を飲むべきかしら?
(이 약을 먹어야 할까?)

B: 医者に相談するべきだよ。
(의사에게 물어봐야 해.)

부모님과는 의논했니? 親には相談したの?

A: 親には相談したの?
(부모님과는 의논했니?)

B: いや、どう言っていいかわからないんだ。
(아니, 어떻게 말해야 좋을지 모르겠어.)

의논할 수 있는 사람은 너뿐이야. 相談できるのは君だけなんだよ。

그는 무엇이든 아내와 상의해. 彼って何でも奥さんに相談するのよ。

그것에 대해 의논하자.	そのことについて相談しよう。
상의해 줘서 고마워.	相談してくれてうれしいよ。
고마워. 조금 기분이 좋아졌어.	ありがとう。少し気が楽になったわ。
언제든지 상담에 응할게.	いつでも相談にのるよ。

> A: 話を聞いてくれてありがとう。
> (얘기를 들어줘서 고마워.)
> B: うん、いつでも相談にのるよ。
> (응, 언제든지 상담에 응할게.)

PART 6

나라도 괜찮다면 상담에 응할게.	私でよかったら、相談にのるわよ。

> A: 私でよかったら、相談にのるわよ。
> (나라도 괜찮다면 상담에 응할게.)
> B: ありがとう。でも、デリケートな問題なんだ。
> (고마워. 하지만 민감한 문제야.)

비밀 이야기를 할 때

여기서만 하는 얘기야.	ここだけの話なんだけどね。

> A: ここだけの話なんだけどね。
> (여기서만 하는 얘기야.)
> B: 言って。何なの?
> (말해봐. 뭔데?)

비밀 이야기야.	秘密の話なんだ。

누구에게도 말해서는 안 돼.

誰にも言ってはダメよ。

> A: 誰にも言ってはダメよ。
>   (누구에게도 말해서는 안 돼.)
> B: 言わないよ。
>   (말 안 할게.)

이것은 아직 누구에게도
얘기한 적 없어.

これはまだ誰にも言っていないんだけど。

누구에게도 말하지 않겠다고
약속할 수 있어?

誰にも言わないって約束できる?

비밀 지킬 수 있어?

秘密を守れる?

그녀는 입이 가벼워.

彼女って口が軽いのよ。

> A: 春子に言ってもいい?
>   (하루코에게 말해도 돼?)
> B: やめて、彼女って口が軽いのよ。
>   (안 돼, 그녀는 입이 가벼워.)

이것은 우리 둘 만의 비밀이야.

これは二人だけの秘密だよ。

나카무라한테는 비밀로 하자.

中村には内緒にしておこう。

이것은 절대로 비밀이야.

これは絶対に秘密だよ。

> A: これは絶対に秘密だよ。
>   (이것은 절대로 비밀이야.)
> B: わかった。誰にも言わないから。
>   (알았어. 누구에게도 말하지 않을게.)

다른 사람에게 누설해서는 안 돼.

人に漏らしてはダメだよ。

내부 정보야.

内部情報なんだ。

A: どうしてそんなことを知っているの?
(어떻게 그런 것을 알고 있니?)
B: 内部情報なんだ。
(내부 정보야.)

누군가가 비밀을 누설했어.

誰かが秘密を漏らしたのね。

잠깐 들었어.

ちょっと聞いたのだけど。

A: ちょっと聞いたのだけど、婚約したんで
すってね。
(잠깐 들었는데, 약혼했대요.)
B: 誰に聞いたの?
(누구에게 들었니?)

그것은 공공연한 비밀이야.

それは公然の秘密だよ。

A: 鈴木と石毛が付き合っているなんて、知
らなかったわ。
(스즈키와 이시게가 사귄다니 몰랐어.)
B: それは公然の秘密だよ。
(그것은 공공연한 비밀이야.)

조언과 주의

助言と注意

UNIT 04

일본어로 충고나 조언을 할 때 쓰이는 문형 표현으로는 「~なさい(~하시오)」처럼 명령조부터 「~するほうがいいのではないでしょうか(~하는 것이 좋지 않을까요?)」처럼 완곡하게 표현하는 경우에 이르기까지 여러 가지가 있습니다. 충고나 조언은 받는 사람의 입장에 따라서 언짢게 들릴 수도 있으므로 상대의 입장을 충분히 파악한 다음, 가능하면 직접적으로 충고나 조언을 하는 것보다 우회적으로 하는 것이 좋습니다.

충고할 때

스스로 해라.	自分でやりなさい。
중도에 포기하지 마.	中途半端でやめるな。
그것을 하는 것은 너의 의무야.	それをするのが君の義務だ。
잘 생각하고 결심해라.	よくよく考えて決心しなさい。
냉정하게 잘 생각해라.	頭を冷やしてよく考えなさい。
좀 더 노력을 해야 해.	もう少しの努力をするべきだ。
좀 더 분발해야 해.	もう少し頑張るべきだ。
그 남자를 가볍게 봐서는 안 돼.	あの男を甘く見てはいけない。

모든 일에 더 적극적이길 바란다.	すべてのことにもっと積極的になってもらいたい。
나는 내 경험을 바탕으로 이렇게 말하는 거야.	私は私の経験をふまえてこう言ってるんだ。
섣불리 믿으면 안 돼.	簡単に信用したらだめだ。
서두르지 않는 게 좋겠어.	急いだほうがいいわよ。
그것은 현명하지 않아요.	それは賢明ではありませんね。
제대로 일하지 않으면 잘려요.	ちゃんと働かないとくびになるよ。
다시 생각하는 게 좋지 않겠니?	考え直したほうがいいんじゃない?
섣불리 믿으면 안 돼.	簡単に信用したらだめだ。

조언할 때

| 좀 말해주고 싶은데. | ちょっと言わせてもらいたいんだけど。 |

> A: 私の書いた報告書、どうですか。
> (제가 쓴 보고서는 어떻습니까?)
> B: ちょっと言わせてもらいたいんだけど、これは長すぎるよ。
> (좀 말해주고 싶은데 이것은 너무 길어.)

| 이것은 내 경험에서 하는 말이야. | これは僕の経験から言っているんだよ。 |

> A: 私はそうは思わないわ。
> (나는 그렇게는 생각하지 않아.)
> B: これは僕の経験から言っているんだよ。
> (이것은 내 경험에서 하는 말이야.)

내 충고가 도움이 되었으면 좋겠어. 私のアドバイスが役に立つといいんだけど。

마지막까지 해야 해. 最後までやるべきだよ。

> A: 僕はもう諦めるよ。
> (나는 이제 포기할래.)
> B: いや、最後までやるべきだよ。
> (안 돼, 마지막까지 해야 해.)

그게 가장 중요한 거야. そこが肝心なんだよ。

잘 기억해 둬. よく覚えておいてね。

> A: 毎朝8時に来なければならないんですか。
> (매일 아침 8시에 와야 합니까?)
> B: 規則なのよ。よく覚えておいてね。
> (규칙이야. 잘 기억해 둬.)

말해 두는데. 言っておくけどね。

> A: 言っておくけどね。彼は後悔するよ。
> (말해 두는데. 그는 후회할거야.)
> B: 君の忠告はもうたくさんだ。
> (네 충고는 이제 충분해.)

생각 해 봐. 考えてみろよ。

> A: なぜ私にその仕事はできないって思うの?
> (왜 내가 그 일을 못할 거라고 생각하니?)
> B: 考えてみろよ。大変な仕事なんだ。
> (생각 해 봐라. 힘든 일이야.)

내 충고를 들어. 僕の忠告を聞けよ。

| 무리하지 마. | 無理しないでね。 |

| A: すごく忙しくて、毎日りが遅いんだ。
(너무 바빠서 매일 귀가가 늦어.) |
| B: 無理しないでね。(너무 무리하지 마.) |

| 초조해하지 마. | 焦らないでね。 |

| 서두를 필요는 없어. | あわてる必要ないよ。 |

| A: しまった! もう1時じゃないか。
(안 돼! 벌써 1시잖아.) |
| B: あわてる必要ないよ。会議は1時半からだ。
(서두를 필요는 없어. 회의는 1시 반부터야.) |

| 그것은 네 자신이 결정할 일이야. | それは君自身が決めることだよ。 |

| A: どうしたらいいの? (어떻게 하면 좋지?) |
| B: それは君自身が決めることだよ。
(그것은 네 자신이 결정할 일이야.) |

04-3

주의를 줄 때

| 한 가지 주의를 주고 싶은데. | ひとつ注意しておきたいんだけど。 |

| 너를 비난할 생각은 없어. | あなたを非難するつもりはないのよ。 |

| 불쾌하게 생각하지 말고 들어. | 気を悪くしないで聞いてね。 |

| A: 気を悪くしないで聞いてね。
(불쾌하게 생각하지 말고 들어.) |
| B: 何だい? 言ってくれよ。(뭔데? 말해 봐.) |

네가 걱정돼서 하는 말이야.
君のためを思って言っているんだ。

친구니까 말하는 거야.
友達だから言うんだよ。

너도 조만간 알게 될 거야.
君もそのうちわかるよ。

그러니까 내가 말했잖아.
だから言ったじゃないか。

> A: 大失敗したよ。
>   (큰 실수했어.)
> B: だから言ったじゃないか。
>   (그러니까 내가 말했잖아.)

두 번 다시 이런 일 없도록 해.
二度とこんなことがないようにね。

그렇게 발끈하지 마.
そんなにムキになるなよ。

> A: 何だって? 僕には無理だって言うのかい?
>   (뭐라고? 나에게는 무리라는 거야?)
> B: そんなにムキになるなよ。
>   (그렇게 발끈하지 마.)

겁먹지 마.
うろたえるなよ。

진지하게 해.
まじめにやってよ。

웃을 일이 아니야.
笑い事じゃないよ。

> A: すごくおかしかったんだ。
>   (너무 웃겼어.)
> B: 笑い事じゃないよ。君の失敗だろ。
>   (웃을 일이 아니야. 네 실수야.)

그건 무리야.
それはやり過ぎだよ。

432

A: 1か月で5キロやせたいの。
（1개월에 5킬로그램을 빼고 싶어.）

B: それはやり過ぎだよ。
（그건 무리야.）

입 조심해라.

口を慎みなさい。

바보 같은 짓은 그만둬.

ばかな真似はやめなさい。

내버려둬.

放っておきなよ。

A: 彼の私に対する態度、頭にくるわ。
（그가 나를 대하는 태도에 화가 나.）

B: 放っておきなよ。あいつはただのろくでなしだ。
（내버려둬. 그 녀석은 그저 별 볼일 없는 놈이야.）

방심하지 마.

油断するなよ。

UNIT4 助言と注意

변명할 때

변명하지 마.

言い訳するなよ。

A: ほかのことで忙しくて、それに…。
（다른 일로 바빠서, 게다가….）

B: 言い訳するなよ。
（변명하지 마.）

변명은 듣고 싶지 않아.

言い訳は聞きたくないわ。

변명은 이미 실컷 들었어.

言い訳はもうたくさん。

A: それにはもうひとつ理由があるんです。
（게다가 또 한 가지 이유가 있어요.）

B: 言い訳はもうたくさん。
（변명은 이미 실컷 들었어.）

그건 변명이 안 돼.

そんなの言い訳にならないよ。

A: 遅刻したのは、道路が混んでいたからなんです。
（지각한 것은 도로가 막혀서입니다.）

B: そんなの言い訳にならないよ。
（그건 변명이 안 돼.）

적당히 핑계를 댈 거야.

適当に言い訳しておくよ。

A: また遅れたのね。部長が怒っているわよ。
（또 늦었구나. 부장님이 화나셨어.）

B: 適当に言い訳しておくよ。
（적당히 핑계를 댈 거야.）

저 사람은 핑계를 잘 대.

あいつは言い逃れがうまいんだ。

말대꾸할 준비를 하는 녀석이야.

ああ言えばこう言うっていう奴なんだ。

억지 쓰지 마.

屁理屈を言うなよ。

말을 돌리지 마.

話をそらすなよ。

변명은 됐으니까, 돈을 갚아요.

言いわけはいいから、お金を返してよ。

말싸움할 때

제멋대로 말하지 마.

わがまま言<small>い</small>うなよ。

> A: 私<small>わたし</small>、この仕事<small>しごと</small>はやりたくないわ。
> (나, 이 일은 하고 싶지 않아.)
>
> B: わがまま言<small>い</small>うなよ。全員<small>ぜんいん</small>でやらなければ
> いけないんだ。
> (제멋대로 굴지 마. 우리 모두가 해야 해.)

이제 와서 그런 말 하지 마.

今<small>いま</small>さらそんなこと言<small>い</small>わないでよ。

> A: 週末<small>しゅうまつ</small>のスキー旅行<small>りょこう</small>、行<small>い</small>かないことにするわ。
> (주말의 스키 여행, 안 가기로 할래.)
>
> B: 今<small>いま</small>さらそんなこと言<small>い</small>わないでよ。
> (이제 와서 그런 말 하지 마.)

바보 같은 소리 하지 마.

ばかなことを言<small>い</small>わないでよ。

> A: 君<small>きみ</small>は金<small>かね</small>が目当<small>めあ</small>てで僕<small>ぼく</small>と付<small>つ</small>き合<small>あ</small>っているん
> だな。
> (너는 돈을 바라고 나와 사귄 거네.)
>
> B: 何<small>なん</small>ですって? ばかなことを言<small>い</small>わないでよ。
> (뭐라고? 바보 같은 소리 하지 마.)

바보스러운 것도 정도가 있어.

ばかにもほどがあるよ。

> A: 中村<small>なかむら</small>にお金<small>かね</small>を貸<small>か</small>したんだ。
> (나카무라에게 돈을 빌려 줬어.)
>
> B: ばかにもほどがあるよ。あいつは絶対<small>ぜったい</small>に
> 返<small>かえ</small>さないぞ。
> (바보스러운 것도 정도가 있어. 그는 절대로 갚지
> 않을 거야.)

435

놀리지 마.	ばかにするなよ。
그것은 내가 할 소리야.	それはこっちのセリフだ。

> A: 君にこの仕事ができるのかな。
>   (네가 이 일을 할 수 있으려나.)
> B: それはこっちのセリフだ。へまをするなよ。
>   (그건 내가 할 소리야. 일을 망치지나 마.)

거짓말을 했구나.	ウソをついていたのね。
속였구나.	だましたんだな。
나에게 뭔가를 숨기고 있어.	私に何か隠しているわね。
너를 못 믿겠어.	あなたって信用できないわ。
허풍떨지 마.	偉そうなことを言うなよ。

> A: このプロジェクトについては、僕が何もかも知っているから。
>   (이 계획에 대해서는 내가 모두 알고 있으니까.)
> B: 偉そうなことを言うなよ。責任者は僕なんだ。
>   (허풍떨지 마. 책임자는 나야.)

나에게 지시하지 마.	私に指示しないでよ。

> A: 彼と付き合うのはやめた方がいいよ。
>   (그와 사귀는 것을 그만두는 게 좋아.)
> B: 私に指示しないでよ。
>   (지시하지 마.)

분풀이 하지 마.	八つ当たりしないでよ。

逃げるなよ!

A: また別のときに話そう。
(다음에 얘기하자.)

B: 逃げるなよ! まだ話は終わっていないんだ。
(도망가지 마! 아직 얘기 끝나지 않았어.)

PART 6

437

의뢰와 희망

依頼と希望

UNIT 05

상대방에게 무언가를 의뢰할 때 가장 많이 쓰이는 표현으로는 「お願いします(부탁합니다)」가 있으며, 그밖에 의뢰나 요구 표현인 「~てください(~해주세요)」 등이 있습니다. 하지만 「~てください」는 상대에게 직접적으로 행동할 것을 요구하는 것이므로 경우에 따라서는 불쾌감을 줄 수 있으므로 상대의 기분을 거슬리지 않는 「~ていただけませんか、~てくださいませんか」 등처럼 완곡한 표현을 쓰는 것이 좋습니다.

05-1

의뢰를 할 때

부탁합니다.	お願_{ねが}いします。

> A: コーヒーはいかがですか。
> (커피 드릴까요?)
> B: お願_{ねが}いします。
> (부탁합니다.)

부탁이 있는데.	お願_{ねが}いがあるんだけど。
부탁해도 될까?	お願_{ねが}いしてもいい?
좀 도와주겠니?	ちょっと手伝_{てつだ}ってくれる?
이 짐을 옮겨주세요.	この荷物_{にもつ}を運_{はこ}んでください。

내일, 전화주시면 좋겠습니다만.	明日、電話をいただきたいのですが。
내일 아침 7시에 깨워 주겠니?	明日の朝、7時に起こしてくれる?
이 소포를 우편으로 보내줄 수 있습니까?	この包を郵便で送ってもらえませんか。
잠깐 시간을 내줄 수 있습니까?	ちょっとお時間をいただけますか。
스테레오 소리를 줄여 주세요.	ステレオの音を小さくしてください。
그에게 말씀해 주시면 감사하겠습니다만.	彼と話をしてもらえるとありがたいのですが。
우리 집까지 자동차로 데려다 주실 수 있습니까?	私の家まで車で送ってもらえますか。
번거로운 일이라는 건 알지만.	面倒だとは思うのだけど。
부탁한다.	お願いだから。

05-2

희망을 나타낼 때

그렇게 하고 싶어.	そうしたいんだ。
그렇게 하고 싶습니다.	そうしたいと思います。
기쁘게 그렇게 하겠습니다.	喜んでそうします。
함께 와주면 좋겠다.	一緒に来てほしいんだ。
내 입장을 이해해줘.	私の立場をわかってほしいのよ。
연설을 해주셨으면 좋겠습니다.	スピーチをしてほしいのですが。

맥주 한 잔 더 주세요.　　　ビールをもう1杯ください。

다시 뵙고 싶군요.　　　またお会いしたいですね。

일본 회사에 취직하면 좋겠어.　　　日本の会社に就職できればいいのだけど。

> A: 大学を卒業したらどうするの。
>   (대학을 졸업하면 어떻게 할 거야?)
> B: 日本の会社に就職できればいいのだけど。
>   (일본 회사에 취직하면 좋겠어.)

그렇다면 좋겠는데.　　　そうだといいのだけど。

> A: 彼は来ると思う?
>   (그가 올 거라고 생각해?)
> B: そうだといいのだけど。
>   (그러면 좋겠는데.)

곧 나아졌으면 좋겠어.　　　早くよくなるといいね。

그러지 않으면 좋겠는데.　　　そうではないといいのだけど。

> A: 明日は雨が降るのかな?
>   (내일 비가 올까?)
> B: そうではないといいのだけど。
>   (그러지 않으면 좋겠는데.)

꼭 다시 해보고 싶어.　　　ぜひもう一度やってみたいわ。

> A: ダイビングは気に入った?
>   (다이빙은 좋았니?)
> B: すごく面白かったわよ! ぜひもう一度やっ
>   てみたいわ。
>   (너무 재미있었어! 꼭 다시 해보고 싶어.)

440

그의 의견을 꼭 듣고 싶어.　　ぜひ彼の意見を聞いてみたいね。

그녀를 몹시 만나고 싶어 죽겠어.　　彼女に会いたくてたまらないよ。

아, 담배가 피고 싶어.　　ああ、タバコが吸いたいなぁ。

술 마시러 가고 싶어.　　飲みに行きたい気分だよ。

A: 仕事は終わったの?
（일은 끝났니?）

B: うん、飲みに行きたい気分だよ。
（응, 술 마시러 가고 싶어.）

기대하고 있어.　　楽しみにしているの。

불평과 난처함

不平と困り

UNIT 06

일이 잘못되었거나 기대한 만큼의 결과가 나오지 않았을 때 화가 나는 법입니다. 이런 불평이나 불만을 나타낼 때 자신도 모르게 나오는 소리가 일본어에서는 「ちぇっ(쳇)」, 「あっ, しまった(아뿔싸)」등이 있습니다. 「불평을 늘어놓다」라고 할 때는 「不平を並べる」라고 합니다. 또한 진절머리가 나거나 지루할 때는 「退屈だ(지루해)」라고 말하거나 「もうたくさんだ(이제 됐어)」라고 말합니다.

06-1

불평할 때

불만스러운 게 있습니다.	苦情(くじょう)を言(い)いたいのですが。
그것이 불만입니다.	そのことについては不満(ふまん)です。
불평 좀 그만해!	文句(もんく)を言(い)うなよ!
그는 불평만 해.	あいつは文句(もんく)ばかり言(い)っているんだ。
그에게 잔소리를 좀 할 거야.	あいつに文句(もんく)を言(い)ってやろう。
너한테 할 말이 있어.	君(きみ)に言(い)いたいことがあるんだ。
무슨 불만 있니?	何(なに)か不満(ふまん)があるの?
뭐가 불만이야?	何(なに)が不満(ふまん)なの?
진지하게 말하고 있는 거야.	まじめに言(い)っているのよ。

442

어떻게 좀 해봐!

<ruby>何<rt>なん</rt></ruby>とかしてよ!

이건 웃기는 일이야!

こんなこと、ばかげているわ!

무슨 생각을 하고 있는 거야?

<ruby>何<rt>なに</rt></ruby><ruby>考<rt>かんが</rt></ruby>えてるんだよ。

> A: <ruby>明日<rt>あす</rt></ruby>から10<ruby>間<rt>かん</rt></ruby>、<ruby>休暇<rt>きゅうか</rt></ruby>をとっていいですか。
> (내일부터 10일간 휴가를 내도 됩니까?)
> B: <ruby>何<rt>なに</rt></ruby><ruby>考<rt>かんが</rt></ruby>えてるんだよ。
> (무슨 생각을 하고 있는 거야?)

불공평해.

<ruby>不<rt>ふ</rt></ruby><ruby>公平<rt>こうへい</rt></ruby>だよ

말로 하는 것은 쉬워.

<ruby>口<rt>くち</rt></ruby>で<ruby>言<rt>い</rt></ruby>うのは<ruby>簡単<rt>かんたん</rt></ruby>だよ。

> A: すぐに<ruby>新<rt>あたら</rt></ruby>しい<ruby>仕事<rt>しごと</rt></ruby>に<ruby>慣<rt>な</rt></ruby>れるよ。
> (금방 새 일에 빨리 익숙해질 거야.)
> B: <ruby>口<rt>くち</rt></ruby>で<ruby>言<rt>い</rt></ruby>うのは<ruby>簡単<rt>かんたん</rt></ruby>だよ。
> (말이야 쉽지.)

너는 말뿐이야.

<ruby>君<rt>きみ</rt></ruby>は<ruby>口<rt>くち</rt></ruby>ばっかりだ。

> A: ごめん。いつか<ruby>埋<rt>う</rt></ruby>め<ruby>合<rt>あ</rt></ruby>わせするよ。
> (미안해. 언젠가 보충할게.)
> B: <ruby>君<rt>きみ</rt></ruby>は<ruby>口<rt>くち</rt></ruby>ばっかりだ。
> (너는 말뿐이야.)

너는 지나친 요구를 하고 있어.

<ruby>君<rt>きみ</rt></ruby>は<ruby>要求<rt>ようきゅう</rt></ruby>が<ruby>厳<rt>きび</rt></ruby>しすぎるんだよ。

너는 모든 것에 다 불평이야.

<ruby>君<rt>きみ</rt></ruby>は<ruby>何<rt>なに</rt></ruby>にでも<ruby>文句<rt>もんく</rt></ruby>をつけるんだな。

서둘러 줄래?

<ruby>急<rt>いそ</rt></ruby>いでもらえないかな?

| 왜 그렇게 시간이 걸려? | どうしてそんなに時間がかかるんだよ？ |
| 좀더 조용히 해 주시겠습니까? | もう少し静かにしてもらえませんか。 |

난처할 때

곤경에 처해 있어.	困ったことになった。
문제가 생겼어.	問題があるんだ。
그게 문제야.	それが問題なんだよ。

> A: 時間が足りないよ。
> （시간이 부족해.）
> B: それが問題なんだよ。
> （그게 문제야.）

어려워.	難しいなあ。
어떻게 해야 할까?	どうしたらいいんだろう？
포기해야 해.	諦めるしかないな。
그것이 고민거리야.	それが悩みの種なんだ。

> A: 君はお父さんを説得しなければいけないよ。
> （너는 아버지를 설득해야 해.）
> B: それが悩みの種なんだ。
> （그것이 고민거리야.）

| 망설이고 있는 중이야. | 行き詰まっているんだ。 |

A: どうするつもりだい?
   (어떻게 할 거야?)

B: わからないよ。行き詰まっているんだ。
   (모르겠어. 고민 중이야.)

어떻게 할 수가 없어.　どうしようもないよ。

A: どうするの?
   (어떻게 할 거야?)

B: どうしようもないよ。
   (어떻게 할 수가 없어.)

바보 같은 짓을 했어.　バカなことをしちゃったよ。

실패했어.　失敗したなあ。

그걸 하지 말았어야 했어.　あんなことするんじゃなかった。

이럴리가 없는데.　こんなはずじゃなかったのに。

A: 誰も迎えに来ていないわよ。
   (아무도 마중 나오지 않았어.)

B: おかしいなあ。こんなはずじゃなかったのに。
   (이상한데. 이럴리가 없는데.)

혼쭐났어.　ひどい目にあったよ。

그건 너무해.　それはあんまりだ。

A: この仕事、今日中に終わらせてほしいのよ。
   (이 일, 오늘 중으로 끝내기를 바란다.)

B: それはあんまりだ。
   (그건 너무해.)

445

최악이야.	<ruby>最悪<rt>さいあく</rt></ruby>だ。
머리가 아파.	<ruby>頭<rt>あたま</rt></ruby>が<ruby>痛<rt>いた</rt></ruby>いよ。
되는 일이 하나도 없어.	<ruby>何<rt>なに</rt></ruby>もかもうまくいかないんだ。
참담한 기분이야.	まったく<ruby>落<rt>お</rt></ruby>ち<ruby>込<rt>こ</rt></ruby>んじゃうよ。
이제 끝장이다.	もうおしまいだ。

A: 山田さんが課長に昇進するんだよ。
(야마다 씨가 과장으로 승진해.)

B: 彼は僕のことが嫌いなんだよ。もうおしまいだ。
(그는 나를 싫어해. 이제 끝장이야.)

446

명령과 금지할때

命令と禁止する時

UNIT

07

상대의 행위를 제지할 때 보통 「やめなさい(그만 둬라)」, 「だめ(안 돼)」라고 합니다. 경고의 표현은 경찰이 범인을 체포하거나 금지구역에서 행위를 저지할 때, 또는 위험한 상황을 알릴 때 많이 쓰이므로 만일의 상황에 대비하여 익혀두면 여행할 때 도움이 됩니다. 경고할 때는 대부분 어감이 거칠고 직접적인 명령형이나 금지 표현으로 합니다. 따라서 이러한 경고의 표현은 여자보다는 남자들이 많이 씁니다.

PART 6

명령할 때

빨리 떠날 준비를 해라.	早く出かける準備をしなさい。
건강에 주의해.	健康に注意しなさい。
기다려!	待って!
더 빨리 완성하세요.	もっと早く仕上げてください。
시간을 지켜.	時間を守りなさい。
출발 진행.	出発進行。
어이, 조용히 해!	こら、静かにしろ!

447

거절할 때

사담 금지입니다.	私語禁止です。
그런 짓을 하면 안 돼!	そんなことしちゃダメよ!
이 방에 무단으로 들어가서는 안 돼.	この部屋に無断で入ってはいけない。
큰 목소리를 내서는 안 됩니다.	大きな声を出してはいけません。
전기를 켜두지 마세요.	電気をつけっ放しにしないでください。
여기는 금연입니다.	ここは禁煙です。
이 책을 복사하는 것은 금지되어 있습니다.	この本をコピーすることは禁じられています。
차안에서의 휴대전화 이용은 사양해 주십시오.	車内での携帯電話のご利用はご遠慮ください。
손을 대면 안 됩니다.	手を触れてはいけません。